民国佛学讲记系列

圆觉经讲义
附亲闻记

谛闲法师/讲述

江味农/记

上海古籍出版社

图书在版编目(CIP)数据

圆觉经讲义附亲闻记 / 谛闲法师讲述;江味农记.
—上海:上海古籍出版社,2014.1(2025.4重印)
(民国佛学讲记系列)
ISBN 978-7-5325-6989-2

Ⅰ.①圆… Ⅱ.①谛… ②江… Ⅲ.①大乘-佛经②
《圆觉经》-研究 Ⅳ.①B942.1

中国版本图书馆 CIP 数据核字(2013)第 194146 号

民国佛学讲记系列
圆觉经讲义附亲闻记
谛闲法师　讲述
江味农　记
上海古籍出版社出版发行
(上海市闵行区号景路 159 弄 1-5 号 A 座 5F　邮政编码 201101)
(1) 网址:www.guji.com.cn
(2) E-mail:guji1@guji.com.cn
(3) 易文网网址:www.ewen.co
上海展强印刷有限公司印刷
开本 787×1092　1/32　印张 15.25　插页 5　字数 232,000
2014 年 1 月第 1 版　2025 年 4 月第 5 次印刷
印数 6,351—7,450
ISBN 978-7-5325-6989-2
B·837　定价:78.00 元
如发生质量问题,读者可向承印公司调换
电话:021-66366565

非"依他起"的民国佛教
（代出版前言）

民国佛学，无论是放在两千多年的中国佛教史中考察，还是置于近现代中国思想文化系统内比照，都是那样地特色鲜明而不容忽视。然而，我们对还不及百年的民国佛教，真的有清晰的认识了吗？在出版界、文化界所呈现的一片"民国热"中，民国佛教是否真正得到了应有的重视？答案则是不尽人意的。这两方面的不相应，触发了我们以民国佛教界的佛教著作为主体，选编一套丛书的想法。

应当说，民国佛教所具有的丰沛意涵，它在当时文化生态中所表现出来的那种特有姿态，以及对今人所能带来的诸多启迪，绝对不局限于佛教界。然而，在佛教的价值被严重低估的今天，今人对佛教，尤其对是民国佛教的了解与认识，多囿于非个中人套用西学模式的阐释。因此,选编以民国教界为主的佛学著作(以教界的立场,佛学即是佛教),就是希望另开一扇窗,让读者能够看到反映那个时代佛教原生态的文本,从而能更全面地在当时的历史文化大背景中去回顾与考量民国佛教的历史,体味它的精神价值与特色所在。

结合历史文化的背景论衡民国佛学的价值与特色,契入的角度应该很多,可以是历史的,也可以是社会的;可以是思想的,也可以是学术的。但无论哪个角度或者是综合的考察,都可以明显地感受到,那是一个正处在剧烈变化动荡中的时代,用时兴的语言来说,就是正处在一个前所未有的转型期中。

时人身处于这种处处求"变",处处在"转"的大环境中,虽有自觉或不自觉,主动或随流之分,但大都明显地交织着中与西、传统与现代之间的纠结与困惑,还多少带有一种"随风飘零"、"无可奈何"的况味在。这种状态,即使不能完全说是"做不得主",但自信度不足则或多或少应该是有的。而思想文化界在那种被动语态下所生发的思考及对应性研究,也往往都是外缘性的,也多少让人觉得有"气短"之感。

所谓外缘性,其具体的表现往往有以下这些方面:在讨论问题、寻求原因时,其基本的问题意识总体上偏重于时代性、文化性,而缺乏超越性与本质意义上的思考,即因过于注重功利实效而遮蔽了理念理想这些根本性的问题;夸大工具理性的作用,而对价值理性常有忽视;太在意于向西学靠,习惯于套用人家的话语来说自家的问题;因刻意追求所谓的学术规范,致使本质性的问题反被忽略;过于强调以某一类单一的学术规范(也是西化的)为标准,来替代学术表达的多样性;重学术而轻思想,强调技术性专业性而掩盖思想的欠缺与贫乏,如此等等。虽然,这些表现在民国时代,较之现今还不算十分突出,但性质相近。就此而言,可以借用挑战—回应模式来概括晚清民国时期思想文化界的特点。又因为,那些外缘性的研究虽然类型各有不同,有中西论衡式的,也有取现代与传统相对峙的框架做比对考量的,更有将两者同构叠加的,然而在本质上,都可以归结为是在某种压力下的被动式,所以,又可借用佛教唯识学"依他起"的概念为其定性。在此,我们无意讨论这种为迎合而有的调适或策略究竟会带来怎样的结果。指出上述文化现象,是企望先为读者提供民国佛教(学)所处时代的历史文化背景,从而可以在比较之中更深切地了解佛教界在那个时代其弘教风格的特色所在。

至于这种外缘性的研究表现在佛学上的特点,往往是依西学的分科法,将佛教视为一外在的、客观的对象,予以被尊之为纯学术的研究。较有代表性的如汤用彤先生、吕澂先生等(他们的前辈欧阳竟无居士类型较复杂)。虽然这些前辈与二十世纪后叶大陆佛教学者有所不同,他们对佛教的内在价值并非视而不见,也不排斥,但总体上还是将佛教信仰一路置于视线之外的。与前一类不同,另一类则保持传统佛学之一贯,谨守佛教立场,依佛法的内在理路,结合着人生及时代问题来阐说佛法佛理,始终以信仰与解脱为中心与重心,以佛教固有的话语来阐扬佛教的精神与价值。这个特色,就是非外缘性的、即非"依他起"的弘教风格。与前者其影响多在部分之学术界有异,后者则在更广泛的社会层面上发生作用。应该说,两者各有形态,各有特色,也各有范域,共同构成了民国佛教的整体。但真正能体现佛教之内在精神,则还是应以后者为代表。

　　当然,以上的划分只是一个大概,或者说是一种方便说法。就当时而言,两者的影响或作用也常常会交替地发生。且学术研究并非与信仰对立,顾此也并非必然失彼,两者兼顾而一样地能有卓越成就如印顺导师者,即是二十世纪佛教研究的典范。再如江味农居士的《金刚经讲义》，既保持了传统讲经的特色，在教言教，凸显佛教第一义，又注重对现代学术成果的汲取及现代学术方法的活用，同样是两不相碍的。可惜的是，这种学风，传承者鲜，以致当今学界与出版界，对民国学术界的佛学研究虽不乏重视，而对教界的成果却几无关注、甚至缺乏基本的了解；尤其是对那些纯以弘法为务的讲经说法类著作，似乎根本不在其视域之内。然而，我们恰恰认为那类弘法性著作，以其非"依他起"的性质，才能彰显佛教的精神，也最能代表民国佛教的特色，舍此必不能全面地认识当时的佛教何以能立足于当代，也不能真正看清民国佛教的价值所在。

还需指出的是，将民国佛教定性为非外缘性，并不等于说民国佛教的姿态都是"独来独往"，与世隔绝地"自说自话"；也并非无视资取西方现代学术方法和理论从事佛学研究所获得的成果。在世间范围内，任何存在的价值都是相对的，究竟以何种方法来阐发佛学更为有效，非三言两语就能说清，因此，对民国期间所存在的两种研究倾向之高下暂不予评说。在此仅想说明，在思想文化界主流的话语都是外缘性，亦即"依他起"的大背景下，佛教界却始终以自己的方式说着自己要说的话，而这种看似"异样"其实正常的叙事方式，很显然地透现，在那个"大转型"的时代，另有一种"不转"的可能性与存在维度；后者在展现其独特的价值及风采之同时，更为我们提供了在世界格局下不同文化之间交流的经验。

以下，试就本丛书第一辑所选的读本作具体的申论。

先说作者。首辑四种，除上文已提到的江味农居士的《金刚经讲义》外，还有谛闲法师的《圆觉经讲义附亲闻记》、太虚法师的《药师经讲记》和黄智海居士的《阿弥陀经白话解释》。所选作者，都有一定代表性。如谛闲法师既为晚清民国佛学泰斗，又被视为"旧派"佛教的代表人物，在当时即倍受教、学两界推崇；而相对"旧派佛教"，太虚法师则为民国"新派佛教"的领袖人物，且在国际上也有相当的影响，是研究现代中国佛教绕不过的人物。另两位江味农居士和黄智海居士，则是民国佛教居士界的重要人物；而居士佛教的勃兴，实乃民国佛教之一大特色。取两僧两俗为代表，不乏典型意义。

再说文本。如《圆觉经》为大乘佛教的重要经典，自唐佛陀多罗译出后，历代各宗各派多有疏解讲习。此经因主张一切众生皆有"如来圆觉妙心"（《普贤章》），被后世判教者划为华严部。谛闲法师以一天台大家(四十三代传人)详解是经，且不说内中称性发挥，俯拾可见的精彩思想，仅其依循台宗家法，严守法度的讲经风格，读者便能一见佛学研究的原生态。谛闲法师一生讲经无数，风格始终一贯，据当时教界媒体记载，法师每讲经，听众往往以千记，时有轰动，效果之佳，或能令当今在"大讲堂"上走红者歆羡。

如果说谛闲法师是一位倾向于传统型的高僧，他习惯于旧有的讲经论学的方法，乃情理中事，那么，思想和眼界都很"新潮"的太虚法师，一贯强调要以人间佛教的理念弘法传教，著作中也每多谈论西学，但在讲经时却全取传统的科判方式，条分缕析，一板一眼，而全无"新潮"之态，那就很值得玩味了。这是否意味着，在虚大师的眼里，那种"新潮"的表述方式，于弘法说教、续佛慧命之实践并非对机、适宜，或至少是效果欠佳，难尽人意呢？其实，虚大师在《评〈梁启超〉大乘起信论考证》一文中就有过这样明确的说法："吾以哀日本人西洋人治佛学者，丧本逐末，愈趋愈远，愈走愈歧，愈钻愈晦。"虚大师实际上指出了，适应时代的内涵阐发与坚守传统的讲学理路，不仅可能兼容不悖，而且可以相得益彰。新有新的意义，但坚持(或保守)更有坚持(或保守)的价值。如本丛书选其《药师经讲记》,从目录上看:甲乙丙丁、悬论、叙请(序)分、正说(宗)分、流通分……层次历然,格式完全是旧式的,毫无"现代感"可言。而在内在的理路上,则始终以佛教信解行证、教理行果来组织问题并展开说明,同样显得很不"现代"。

然而不得不要说的是,虚大师此书所透出的理念,又是很现代的。在佛教契理契机的原则指导下,大师始终认为,现代社会对佛教的开展首先应着重于现实人生问题的关注,即生死解脱的实践首先得从"生"的对治开始。而一切"生"的问题,都是现实问题。所以,佛教的弘法手段及其自身的生存发展,不仅应有与现代社会相契合的特点,而且尤需注意佛教与"现代人类生活相资相养之关系(参见《药师经讲记》"悬论"一"缘起")。虚大师这种对于佛教践行的开放性、现代性与对于佛学研究的保守性,看似矛盾,其实透现出大师级教内佛学家优游于现代又不为现代压力所动的那份从容与自信。而这种自信与从容,并不仅仅体现于一二高僧身上。如江味农居士在《金刚经讲义》中这样说:"今日欲救人心,挽回世运,惟有弘扬佛法,以其正是对症良方故也。"(页349)且"正以对病之故,恰与人情相反"(同上),所论明确宣示了不迎合,不媚俗之佛教精神。也因此,秉承佛教传统,用佛教自己的话,说佛教该说的事,所谓"在教言教",在当时的佛教界,也实在是最自然不过的事。于是便有了那份淡定从容、自重自信。这一点,在黄智海居士的《阿弥陀经白话解释》中也有同样的体现。

《阿弥陀经》,是中国佛教净土宗的一部重要经典,在大众社会影响很大。此经为引导、提振信众的信心,对西方佛国殊胜的描述具体详尽。如对于没有佛教信仰,或未能全面了解佛教的读者来说,佛国的奇特完全超出常识,会感到不可思议,甚至难以信受。"白话解"的受众当然大都并非深于佛学者,然而作者并没有回避那些与世俗常识不一致的内容,因为他深知《阿弥陀经》中的佛国胜景所示的是先觉者功德圆满的果报,亦即佛教实践逻辑的应然与必然,它启迪着人们因信仰而敞开其实践生命,并使之有无限拓展的可能性。而就信仰者言,西方佛国的殊胜也正是其美好的愿景。也因此作者不刻意去考虑修辞策略,依然严格按佛教的知识体系来解释其中的名相,不讨巧,不迎合,纯粹而又坚定;唯一的随缘变通,就是用白话形式作为方便,而方便的目的,也正是为了使受众便于接受经典的精义。

站在佛教角度看,这本得到近代高僧印光大师肯定并推荐的著作，其表达方式的纯佛教化，内容的合法（佛）理化，在在彰显了佛教自我存在的理由与价值指向，这对于一位弘法者而言，本来平常，但放在近代以来科学主义当令的大背景下看，如果没有信仰的坚定与知见的精到，那实在是很难做到的。有幸的是，这本"白话解"，与江味农居士的《金刚经讲义》，在当时即被视为民国居士讲（解）经著作的双璧，并一版再版，其受欢迎的程度，已足以说明问题。而如果我们超越信与不信那种简单的价值分判，扩大到更广泛的文化层面，从诸如宗教现象学、宗教社会学、知识社会学等角度去理解把握佛教信仰系统及其知识谱系的特点，那么，像"白话解"这类著作，对于以宗教为核心的多学科研究，无疑也是一类相当有价值的文本。这也就是说，民国佛教界这类讲经弘法著作，它所提供给我们的信息是多重的，即从这个层面上讲，也足以作为一种经典传世。

从以上对文本的述介中，读者或已能看出，民国佛学非依他起的特质，其表征，首先体现在表述形式，即语言的表达上。

我们知道，语言是思想的载体，语言表达思维；但同时，语言也影响思维，甚至能决定思维的方式。而思维方式的改变，会对一个人，乃至整个社会的发展方向发生影响，虽然这个过程可能是缓慢的。换言之,人既是通过语言来理解、认识世界,又是藉着语言来解释、建构世界,并在语言建构的世界中安顿。因此,海德格尔说"语言是存在之家"(《关于人道主义的书信》),伽达默尔更是把人定义为具有语言的存在;顺着这一理路,西方现代语言学明确将语言定性为具有"思想本体性"。这些提法都相当深刻,对于我们理解民国佛教非依他起阐述的必要性与合理性也很有启发。

虽然,在究竟的层面上,佛教认为,语言的基本属性是"假名",是一种"性空"之有,并不具有本体的性质。但佛教因世间而有,在世间层面上,佛教主要还是依靠文字语言的方便来建立并开展整个教法。这是因为,全部佛陀的经教,最终都是由文字语言才得以保存。其次,以手指月,后来的学佛者,因有佛法教理的指示、引领,才能有效地去探究、体认佛法的理体。复次,佛教在世间的开展,文字语言也是历代高僧大德弘教传道的主要工具。总而言之,千百年来,佛教正是在这样的因应发展过程中,形成了一套稳定的话语体系。而佛教正是有了这套稳定且又体系宏大的的言语系统,使其成为一个世界大教,使其能有效地摄受众生。

应该说,每一种文化,都有自身的言语系统,从而使其在与其他文化部类相处中,具有独立的地位与存在价值。同理,佛教如果丢失了自己的一套话语系统,不要说佛教在世间的开展无法进行,甚至不能成其为佛教了。此所以,如历史上像道安大师对格义佛教的批评,鸠摩罗什大师、玄奘大师等高僧对寻求最佳佛经翻译语言的实践探索,如此等等,无一不是为建立佛教自己的言语体系所进行的努力。而出现在民国高僧大德身上那种非依他起的弘教风格,同样具有这样的意义与性质。需要指出的是,这种非依他起的弘教实践,也确实是成功的。试看新文化运动以来,作为中国传统文化重要组成部分的佛教,相比其他传统文化,其稳定性明显高了许多,其很大一部分原因就是传统佛教的那一套话语体系基本上还得以保持着一种稳定态势,即始终以"内在性"的话语谈论佛教有关明心见性、生死解脱的核心问题。这一点,只要稍稍考察一下台湾佛教的情况,就能得到说明。因此,如何维护或建立一套能真正体现自身价值系统的话语体系,如何保持语言的净化与纯化,应是关乎佛教乃至其他文化生存与发展的重大问题,颇值得我们去探索、深思。

罗　颢

目录

原序

三藏十二分教,能诠所诠,千派万别,而同归于一。一者何? 一如来净圆觉心也。无染之谓净,无漏之谓圆,无无明之谓觉。合净圆觉三,而为如来妙明之真心,亦为众生同具之本体。而即背心迷体者,起悟进修之不二妙门也。然而修多罗中,求其直指此一妙门,破二障而除四病,摄五性而被三根,机无不投,义无不显者,惟一圆觉了义经。虽然,末世众生,障深业重,读诵已鲜,何论受持,如目盲人,对日月轮,虽光照大千,亦熟视而无所睹焉。

乃有乘大愿船,击大法鼓,教以凡夫之所迷者迷此,贤圣之所修者修此,无上法王之所证者证此,智无不照,理无不彰,语必透宗,义皆显体,揭真性而示真修,提掣流浪生死众生，一一导归如来大圆觉海中，其惟我　谛公大师乎。大师秉止观之法印，澈佛祖之心源。慨大法之沉冥，悯众生之苦恼。于是缵灵峰遗志，演畅宗风。继圭峰弘文，别出手眼。长途跋涉，而振锡于上都。暑汗纷披，而焦音于法座。讲演历两阅月之久，成圆觉经讲义数十万言。其间一科一判，一句一味，一色一香，无不从无上法王大陀罗尼门中，自在流出。且以士夫积垢之深也。研教乘者，则除烦恼之障，或犹易于所知。不得意者，则拒妄念之生，又如以石压草。　大师曰：所知本非障，道在不执而已矣。妄念不必除，道在不为所转而已矣。毗笈摩药，拔诸惑箭，真济世之医王也。然而恶缘既众，尘事方殷，三学不易齐修，四依又难恒值。　大师复恻然愍之，而教以念佛法门。其始也，以净念治其染念。其继也，以一念冥其杂念。尘想销融，则不止之妙止也。佛号分明，则不观之妙观也。如是念兹在兹，至于念而无念，无念而念。空有双超，理智一如，则即空即假即中。不知不觉，而入平等本际，圆满十方，神通大光明藏。于不二境，现诸净土，岂非不思议解脱也哉！凡此所谈，无非妙谛，则又　大师于讲义外，称性发挥，应机开示者也。煦与蒋子显觉，黄子显琛，日侍讲席，耳无停听，手不停书，录成两卷，亦不下数十万

言。盛矣哉！此法会也！如大火聚，近之则立化根尘。如清
凉池，入之则顿除热恼。吾知护法筵者，上则有天龙八部。沾
法雨者，下逮于畜鬼三途。盖法音冥契乎佛心，斯佛力遍弥于
法界。理无或爽，信而有征。感应道交，千载一时矣！嗟乎！
纭纭众生，漂流业海。迷途久暗，今则导以破暗之灯。幻念缘
尘，今则授以照尘之镜。所愿离圆觉之名相，悟圆觉之本元。
对境而念念知宗，随缘而心心契体。空亦无寄，岂堕名言。有
复何妨，当知幻化。惟能单提夫一念，念念洪名。自不被转于
六根，根根妙用。无庸测度，只么修行。信极愿深，同登极乐
矣。于是随诸会众，散诸华香，恭敬供养，信受奉行。承　大师
命，而述其要略如此。更愿持此法音，遍满十方，尽未来际。
与无量众生，同深悲仰，共证圆明。庶几不负我佛度世之恩，
而满　大师说法之愿也欤。

民国七年夏历六月，菩萨戒弟子江宁江杜法名妙煦熏沐
稽首谨序

题辞

　　如来一代时教,总摄化机。欲其分根显性,随类示修,言简而意周,理圆而教大,原始要终,无非了义,直捷痛快,独逊此经。故此经为十二部之眼目也。佛言:"此经唯显如来境界,唯佛如来能尽宣说。"足见今番,虽尽情演畅,如大海之一滴,全身之一毛耳。须知大方广,法身也。圆觉,般若也。修多罗了义,解脱也。三非三,真谛也。一非一,俗谛也。非一非三,而三而一,中道第一义谛也。诸佛证之,是满证,非分证也。众生具之,非分具,是全具也。如来宣说,说本证法也。众生演畅,畅本具法也。以是而知。身海固多,多即觉性,多无多相也。毛滴虽少,少亦觉性,少无少相也。明于此,乃可与道也。故得讲义外,乃有亲闻记而发生焉。讲义,先述而后讲。亲闻记，先讲而后录。一而二，二而一也。经纬交罗，纵横毕备。合而参之，真风一段。若作文字观，又是认影迷头矣。乌乎可！

谛闲题

凡例

　　一是书为煦等亲侍　谛闲大师圆觉道场，随听随记。集三人之心力，经多次之考订，而后脱稿。每一段落稿成，即呈　大师笔削点定。复请徐蔚如居士复勘一过。力求精审，然后付印。蒙　大师锡名曰，圆觉亲闻记，纪实也。

　　一此记要旨有三：一、凡关于名相，讲义中未能一一罗列，而为学人所必应了知者。二、教理宏深，骤难领会之处。经　大师推阐尽致，可与讲义互相发明者。三、　大师称性而谈，于讲义外，别有发挥，的示吾人以起悟玄机，进修捷要者。以上三端，务求详确。期以副弘法者之悲心，满慕道者之深愿。

　　一听讲时，煦等约定，各记所闻。每日听罢，乃就三人所录者,删其繁复,会其精要,编纂成文。其中语气,则一一求合讲时口吻,轻重抑扬之间,不敢丝毫出入。惟当记录时,虽各凝神屏气,手腕欲脱。然犹有刹那而过,笔不及追者。故于　大师所讲,不过十得八九。若曰一语不漏,愧未能也。

一此记之与讲义,一是法座亲宣,一是禅居手撰,同为大师法语。然大师笔妙,得其粲华之舌以发扬之,精神愈活跃于纸上。故取此记与讲义合读,自能无幽不显,无滞不通,有左右逢源之乐。在躬逢胜会者,恍如重理故书。即未预讲筵者,不啻面聆法诲。煦等所以不辞谫陋,纂成此记。而于大师语气必求吻合者,此也。

一读佛书者,科判最关紧要!故此记于讲义中科判,依照详列,不敢苟简。非但眉目清疏,便于读时对照。且俾科判渐熟于胸中,而后本经之纲领义趣,秩然涣然,易于融会贯通。(按,此条系单行本原文,今之汇编,即从省略)

一书中皆用普通文字,务求显豁。以期圆觉妙理,修持法要,得以普及。区区微意,幸大雅鉴之。

一读此记者,必与讲义参互读之,方得要领。故于每科所列经文,但标起讫,不更全载,以省篇幅。(按,此条亦单行原文,今以汇编,无须复列经文)

一本经全文，共十二章。讲义开端，则有释题。本书皆于每页边栏之侧，一一标出，极便读者检寻。

一每章所记，因讲演有详略之殊，故文字有多寡之异，不敢意为增损。

一付印时细加校勘，反复数次，历时月余，方告成书。亥豕鲁鱼，如仍不免，尚希校正见示，以便荟萃列表，另印单张，存佛经流通处，用备购取。不但煦等之幸，亦读者诸君之幸也。

释题

○甲一　释经题

【讲】 例释此经,有五重玄义:一释名。二显体。三明宗。四论用。五判教。释此五重,有通有别。通则七番共解,别则五章各释。例如利钝,须广略二门也。言七番者:一标章。二生起。三引证。四观心。五料简。六开合。七会异。标章令易忆持,起念心故。生起使不杂乱,起定心故。引证经文佛语,起信心故。观心即闻即行,起精进心故。后三起慧心故。起五心,成五力,七觉调平,八正成因,冀得三解脱果故。

【记】 一切经皆有总题,此大方广圆觉修多罗了义十字,即当经之总题也。然自始至终,所谈者无非圆觉。此二字最宜注重,不可作文字会,须从自性观。圆觉之性,众生本具。一名大圆满觉,亦名大圆觉海。何谓五重玄义?佛经讲题,各宗不同,以各有宗规故。如贤宗以十门显义,台宗以五章释题。义者深有所以,玄者微妙难思。台宗诸师,如南岳智者之时,本经尚未来。明代蕅益大师,欲为本经作疏,而往生时至,其愿未满。今此五重玄义,乃山僧本台宗教义,创为发挥者也。

一切经皆有七番用意,其解释亦即有七番用意,故曰七番共解。而此共解,为诸经所应有,故曰通释。

标章即分科,所谓标其章段,以提大纲。生起者,如一释名,二显体,三明宗,四论用,五判教,五重次第相生而起,故曰生起。经必有名,故先之以释名。名者,假名也。名必有体,故次之以显体。体者,实理也。宗者,依理而起修,故次之以明宗。用者,因修而发用,故次之以论用。断烦恼,除习气,所谓用也。教者,因用有差别,如权、实、偏、圆、大乘、小乘,种种教相不同,故须判别,而以判教终焉。金口印定,是曰引证。销归自己,是为观心。料简者,简别也。开者广谈,合者略说。原是一名,开为诸名,既通诸名,仍归一名,是谓会异。此三本应列在观心之前。五心，即念、定、信、进、慧。五心起，而五根——五根之名与五心同——之力用成，则能降伏烦恼。而七觉支——一择法觉二精进觉三喜觉此三分属慧四除觉五舍觉六定觉此三分属定七念觉此一分兼定慧——调平，八正道——正见正思惟正语正业正精进正定正念正命——成因。有此正因，方可冀证三解脱果一定解脱。二无相解脱。三无作解脱也。

〇乙一　释名

〇丙一　就经中佛定五名彰存略

【讲】　按经中佛自定名有五：一云，此经名大方广圆觉陀罗尼。今存五字，略去三字。以五显三密，显能摄密故。二云，亦名修多罗了义。此名全存。以修多罗乃大藏之都名，了义是显了之真义故。三云，亦名秘密王三昧。以王三昧是密意，只可心通，难以言传，以显离言说相故。四云，亦名如来决定境界。此名亦全略。意谓如来决定境界，唯佛与佛，乃能知之，非下地菩萨可测，以显离心缘相故。五云，亦名如来藏自性差别。此名亦全略。意谓如来藏中差别别相，众生本来具足。圣不增，凡不减。数若恒沙，言不能尽。若假言说，说亦徒劳故。大藏诸经，或佛说时便自定名，如《法华》《金刚》之类。或佛灭后结集者立名，如《弥陀》《入楞伽》之类。今经佛自定名有五，而翻译略三存二。《大疏》云："事周理尽，须建五名。取要标题，且存两号。"其旨深哉！

【记】 显能摄密者，显有文字可谈，密无文字可说。然显即显其密，密即密其显。显密原无二致，故显能摄密。秘密王三昧者，三昧是定，王是自在。如来藏自性差别此名全略者，证到方知，何劳言说。佛本定有五名。而翻经或存或略，皆有深意。故曰其旨深哉！

○丙二　就经题通别诸字正解释

○丁一　合论通别

○戊一　约一化论通别

【讲】 大藏中一切经典，皆有通别二名。教行理三，皆论通别。且如今题，大方广等十字。名异众典，故教别。同名为经，为教通。依教起行，为行不同。从一行乃至无量行，故行别。会同常乐，故行通。理虽无名，因门名理。理随于门,四教十六门入理,故理别。门随于理,理本无二,故理通。

【记】 一化者,一大藏教之化也。依文字般若,起观照般若,是为依教起行。为行不同者,如《弥陀》以念佛为行,《华严》以广修十度为行,本经则修止观为行。行虽种种不同,然皆勤求常乐之佛果,是为会同常乐。因门名理者,门乃入道之门。或从空门入,而理证真空。或从有门入,而理契妙有。故理从名别,因门名理。四教者,天台化仪四教,一顿教,二渐教,三秘密教,四不定教。化法四教,一藏教,二通教,三别教,四圆教。十六门者,有门,空门,亦有亦空门,非有非空门,四教各具此四门,合十六门。四教虽各具四门,门门俱得入道。然寻诸经论,藏教多用有门,通教多用空门,别教多用亦有亦空门,圆教多用非有非空门。见四教仪。

○戊二 约一经论通别

【讲】 始自如是,终至奉行。一部文辞,能诠相异故教别,所诠性同故教通。顿渐圆修,三观,二十五轮,各异,故行别。同成妙观,故行通。行行各具全理,故理别。一行全理融摄诸行,故理通。

○戊三　约一题论通别

【讲】　大方广,即理。圆觉,谓圆照清净觉相,即行。修多罗了义,即教。对于经字,任运有通别意。

○戊四　约一字论通别

【讲】　首云大字,梵语摩诃。具含三义,华云大多胜。大即理。多即行。胜即教。理性无边,故称大。行门无数,故称多。教相高广,故称胜。以理大故教行亦大。行多故教理亦多。教胜故理行亦胜。一字具无量义,一一义中,义复无量。一字尚尔,况一题,况一经,况一切经耶?

○丁二　分释通别

○戊一　释别名

○己一　简定

【讲】　一切诸经,别名无量。举要言之,不外七种:一单人。二单法。三单喻。四人法。五人喻。六法喻。七人法喻。所谓单三,复三,具足一也。单人,如《佛说阿弥陀经》。单法,如《摩诃般若经》。单喻,如《梵网经》。人法，如《药师如来本愿功德经》。人喻，如《菩萨璎珞经》。法喻，如《妙法莲华经》。人法喻，如《如来师子吼一乘方广经》。略指如此，余可类推。

【记】 上来各科，讲义明释，无待赘言。

○己二 正释

○庚一 释大方广

【讲】 夫心、佛、众生，三无差别。无差别性，即是圆觉妙性。此之觉性，在圣不增，在凡不减。一性一切性，一切性一性。何须作此三释耶？特以性德在缠，人莫能晓。如暗室中宝，谁能知者。故必约佛界三德，以明其致。而昧者又独让能于佛，故又约九界三性，以验其同。十界并陈，理事悉等。殊不知事理两重三千，同居一念。而又嫌佛法太高，众生法太广，故须约现前一念之心，以识其要。若果知心、佛、众生三无差别，则言言见谛，句句知宗。为不了者，故作三翻讲说。

【记】 约心法为略释，约佛法为广释，约生法为例释。九界三性者，众生通于九界。众生之三性，即佛之三德。三性，了因性、缘因性、正因性也。迷了因性成惑，迷缘因性成业,迷正因性成苦。两重三千者,事理两重也。两重三千,同居一念,故须约心法。

〇辛一　约心法释

【讲】　此大方广三字,直指吾人现前一念心性,全彰一经所谈之理体也。大者,常遍义。从体得名。非对小言大,若大外有小可对,非真大故。亦非先小后大。以先小后大,非本大故。意谓吾人现前一念心性,实无方隅,亦无分剂,无前无后,并无时劫,竖穷横遍,当体绝待,不可思议故也。经云:"觉性遍满,圆无际故。"当知六根遍满法界。根遍满故,当知六尘遍满法界。如是八万四千陀罗尼门,遍满法界等。皆直指现前一念,当体当遍,无欠无余。故名曰大。方者,法则义。从相得名。以吾人现前一念心相,相即无相,无相不相。故能不变随缘,随方取法,一一皆能任持自性,轨生物解。谓圣凡乃至蠢动含灵,无不全具。虽流浪生死,受种种形。而此心性,未尝少欠。故曰任持。设使返流得源,背尘合觉。最初虽因知识开示,然其知解,从觉性生。如水土之润生谷麦等芽。芽从种生,不由水土。经云,"圆觉流出清净真如，菩提涅槃，及波罗密教授菩萨"等。此即指现前一念心相之方法也。故名曰方。广者，多博义。从用得名。言吾人现前一念之心性，本有过恒沙之妙用。潜兴密应，无有穷尽。此一一用，同于觉性，无有边际，无有分限。经云："圆觉净性，现于身心，随类各应。"即指有情无情色空明暗，乃至一毛一尘，无非圆觉妙性之所应现。故经云："无边虚空，觉所显发。觉圆明故，显心清净。心清净故，四大、六根、十二处、十八界、二十五有清净。"指六凡法界，是觉性应现也。如是乃至十力、四无畏、十八不共法、三十七助道品，八万四千陀罗尼门，一切清净。指四圣亦觉性应现也。如是等义，即指现前一念之妙用。故名曰广。善读经者，能向此三字中，识取自心，则无上宝王，不求自至。善观心者，能向一介尔心中，识取妙理，则无边法藏，触处洞明。故约心法释也。

【记】 现前一念心性之心性，不能作妄想会。大者常遍义，竖穷三际为常，横遍十方为遍。

〇辛二　约佛法释

【讲】　夫心法圆具，何所不周。以迷强不知，更观果德。验果知因，令自荐取。非谓心外更有佛法也。复有三意：一示了真清净，二示达妄元空，三示顿悟成佛。

【记】　迷强不知者，心法圆具，心外更无佛法。约心法言，一科已足。以众生迷力强故，不知现前一念之心性，即诸佛果德。故更观诸佛所证之果德，以验知吾人本具之因心，故须约佛法释。

〇壬一　示了真本净

【讲】　经云："一切众生，种种幻化，皆生如来圆觉妙心。犹如空华，从空而有。"又云："末世众生，应当远离一切幻化，远离心故。心如幻者，亦复远离。远离为幻，亦复远离。离远离幻，亦复远离。得无所离，即除诸幻。"观此，可见一真之体，原无一物。只消了得真体本净，万境如幻，则当下远离，本体如如，原无余欠。所以如来因地修圆觉者，知是空华，即无轮转矣。如是则体相用三，本自圆成。体则离过绝非，即法身德。相则竖穷横遍，即般若德。用则具足恒沙，即解脱德。故称大方广,为佛果之三德也。

【记】 犹如空华者,一念不觉,迷此妙心,则成六凡依正二报。一念顿悟,明此妙心,则成四圣依正二报。然以佛眼观之,同一空华。应当远离一切幻化者,吾人有此妙心而不知,由未能远离一切幻化故,故当远离。远离心故句,此心指妄想言。无明妄想,本是幻化,幻化不离,真空不现。一真之体,指妙心也。

○壬二 示达妄元空

【讲】 经云:"末世众生,欲求如来净圆觉心,应当正念。坚持禁戒。先依如来奢摩他行。晏坐静室,恒作是念:我今此身,四大和合,如其四大各离,身在何处?即知此身,毕竟无体。和合为相,假名为身。进观此心,但因假合,妄有六根。六根四大,中外合成。妄有缘气,于中积聚,似有缘相,假名为心。"观此,可见身心皆幻,世界原无,身世既无,万法安有? 故称之曰达妄元空。何以故? 虚空性故。常不动故。如来藏中,无起灭故,无知见故。如法界性,究竟圆满,遍十方故。此即所谓大方广是佛果之三德也。

【记】　达妄元空句,以众生不达妄空而了真净,所以须修。应当正念坚持禁戒,先依如来奢摩他行三句。正念者,无念也,即《起信论》之直心。将现在胡思乱想,一齐放下,则正念自显。如何放得下,须修奢摩他之止行。修止如何下手? 须持禁戒。戒如大乘之十重小乘之四夷是。杀、盗、婬、妄,即四夷不但为佛法之根本戒,即俗人犯此,国法亦不能容。故曰禁戒,故须坚持。戒为人之命根,如来奢摩他行,皆依禁戒入手,何况博地凡夫。晏坐静室恒作是念两句。必离荤、酒、烦恼、妻房、种种染法,方为静坐。方能观空。否则前念即空,后念必不空。如煮沙成饭,徒劳无益! 恒者,二六时中,念兹在兹,不可须臾离也。念者,念身心内外皆假也。妄有缘气,于中积聚,似有缘相,假名为心四句。见、闻、觉、知,谓之四缘。六尘缘影,积聚于中,何得认为真心!

〇壬三　示顿悟成佛

【讲】　此意承上二科而来。谓一切众生,本来是佛。尽大地是个常寂光。只因众生一念不觉,不了真体本净,妄想元空。于无生中,妄见生灭。所谓一翳在目,空华乱坠。如经云:"譬彼病目,见空中华,及第二月。"

殊不知空本无华,病者妄执。乃至由此妄有轮转生死,故名无明。不了此无明者,非实有体。如梦中人,梦时非无。及至于醒,了无所得。所以如来因地修圆觉者,知是空华,即无轮转,非无谓也。吾人若能了真本净,则内不住空。达妄元空,则外不滞有。空有双超,真常独露,灵心绝待,则现前身心,皆为幻垢。垢相永离,十方清净矣。经云:"末世众生,证得诸幻灭影像故,尔时便得无方清净。"又云:"一切实相,性清净故。一身多身,乃至十方众生,圆觉清净。一世界多世界,乃至尽于虚空,圆裹三世,一切平等,清净不动。"始知众生本来是佛,生死涅槃,犹如昨梦。前所谓众生是佛,尽大地是个常寂光者,此也。大方广即自心之体相用,乃佛果之三德。可以意知,不俟多赘。

【记】 玩讲义自明。

〇辛三　约生法释

【讲】 夫圆觉妙性,含生本有。虽迷悟天渊,而体用悉皆平等。故须就众生三障,可以点示三德。令知演若达多,纵未歇狂,头原不失。言三障者,一烦恼障,见思尘沙无明,障三菩提。二业障,谓恶业善业有漏无漏,及出假神通非有漏非无漏业,障三解脱。三报障,同居分段生死,方便实报变易生死,障三涅槃。然三惑即三菩提。何以故?烦恼性即菩提性,性本无二,离菩提性,无烦恼故。如离目无䁱。三业即三解脱,离解脱性,无别业故,如离手无拳。三土生死,即三涅槃,离涅槃性,无生死故,如离空无华。故曰,烦恼即菩提,菩提是相大。结业即解脱,解脱是用大。生死之苦即法身,法身是体大。须知此众生法,即是心法,亦即佛法。非谓生法外别有心法佛法,亦非谓佛法外别有心法生法。是故于一众生法中,具见一切众生法,一切佛法,一切心法,无非大方广法者。一佛法,一心法,亦尔。故经云:"心佛众生,三无差别。"不我欺也。释大方广竟。

【记】 三菩提者,一实智,二方便,三真性。见思烦恼,障实智菩提。尘沙烦恼障方便菩提。无明烦恼障真性菩提。恶业善业,有漏无漏,出假神通,非有漏非无漏业句。六凡众生,三途恶业,人天善业。色界,无色界,不动业。皆有漏之业。声闻缘觉,无漏业。通别地前菩萨,出假神通业。别教登地菩萨,圆教初住,非有漏非无漏业。障三解脱句。有漏业,障空解脱。无漏业,障无相解脱。出假神通,非有漏非无漏,亦有漏亦无漏,障无作解脱。三涅槃,一圆净,二方便净,三性净也。六凡同居分段生死,障圆净涅槃。二乘方便变易生死,障方便净涅槃。诸大菩萨实报变易生死,障性净涅槃。烦恼性即菩提性句。苦即烦恼,乐即菩提。烦恼菩提,并无二性。以苦乐无二性故。

○庚二　释圆觉

【讲】　圆者,满足周备,此外更无剩法,所谓无欠无余。觉者,虚明灵照,无诸分别想念,所谓绝思绝虑。若单言觉者,如《起信论》云:"所言觉者,谓心体离念,离念相者,等虚空界,无所不遍。法界一相,即是如来平等法身。依此法身,说名本觉。"故知此觉,非离凡局圣,非离境局心,心境不二,凡圣一如,故加之一圆也。故经云:"涅槃昨梦,世界空华。众生本成佛道。"又云:"无始幻无明,圆觉心建立。幻从诸觉生,幻灭觉圆满。"又云:"一切众生,皆证圆觉。"据此前后经文,虽谓众生本证,实由幻灭始圆。不假幻修,无由克证。故曰:一切菩萨,应当远离一切幻化。心如幻者,亦复远离。得无所离,即除诸幻。譬如销金矿,金非销故有。虽复本来金,终以销成就。一成真金体,不复重为矿。若能了此心,然后求圆觉。佛答文殊,开口便云:无上法王,有大陀罗尼门,名为圆觉。流出一切清净真如,菩提涅槃,及波罗蜜,教授菩萨。一切如来本起因地,皆依圆照清净觉相,永断无明,方成佛道。故知众生理证,如来究竟证也。觉则始终不一,圆亦生佛永殊。故云:一切如来妙圆觉心,本无菩提及与涅槃,亦无成佛及不成佛,无妄轮回及非轮回。但诸声闻所缘境界,身心语言,皆悉断灭,终不能至彼之亲证所现涅槃。何况众生,有思惟心,测度如来圆觉境界,须知众生圆觉,与诸如来圆觉,不得同年语也。经云:"一切众生,欲泛如来大圆觉海。先当发愿,勤断二障。二障已伏,即能悟入菩萨境界。若事理障,已永断灭,即入如来微妙圆觉,满足菩提;及大涅槃。"此即始终不一,生佛永殊之明证也。释圆觉竟。

【记】 圆觉二字,包括一部大经。圆觉者,即吾人现前一念之心性也。然而不修则不觉,不觉则不圆。夫此心为众生所本具，从未破坏，何故须修？譬如宝镜，埋于尘中久矣。若无琢磨深功，难复妙明本体。修心亦复如是。知幻即离，觉心自显。因其妄想炽然，迷而不觉，故曰众生。众生若觉，与佛无异。盖佛者觉也。一念觉一念是佛，念念觉念念是佛矣。故觉字最重，先须识得觉字，然后方谈圆字。大方广圆觉修多罗八个字中，圆觉，是的示吾人本具之心德，大方广，即心德之体相用，修多罗，则发明心德之理趣者也。就圆觉二字分言之，觉字是本性，圆字是修义。离念相者等虚空界至加之一圆也一段。觉与太虚，本来平等。虚空无所不遍，觉亦无所不遍。竖穷三际，横遍十方，皆是一觉，故得称圆。何以故？心境同，凡圣等故。若圣人有，凡夫无，焉得谓之圆耶？离念功夫最难。然亦不可畏难，以心体本来无念故。念从何生，所谓无始一念不觉，故有无明。既有无明，三细六粗，繁然而起矣。涅槃昨梦句。对生死，说涅槃。若当下离念，焉有生死涅槃二相？无始幻无明圆觉心建立四句。众生无明，不离如来法性，故曰圆觉心建立。既是幻从觉生，故幻不灭，觉即不圆。众生本证句。本证者，理证也。不假幻修，从何克证？何以修？净除妄想是也。总之悟修二门，不可偏废。悟则悟心，心，真也。修则修幻，幻，妄也。心如幻者亦复远离句。外境固当离，起心动念亦当离，以心即幻故。譬如销金矿句。用功如销金一般，金本有，被矿石所障。众生本来是佛，被无明所障。是故欲求真金，道在销。欲求圆觉，道在修也。有大陀罗尼门句。开口即第一义谛。陀罗尼，此云总持，总一切法，持无量义，所谓无不从此法界流也。全经本意，即在于此。菩提涅槃及波罗蜜句。菩提智德。涅槃断德。波罗蜜即六度。教授菩萨句。以圆觉教授菩萨，为因地所修之妙本。夫一切如来，皆以圆觉为本起因地，何况菩萨。圆照清净觉相句。此相字，应作无相之相字看，即是性，亦即觉体。圆照二字，即用功方法，宜注重。修圆觉，宜离念，念离而后照圆，前念已灭，后念未生，中间历历明明，从此一照，灵心独朗，迥出根尘，此之谓圆。禅家所谓离心意识参，即是圆照清净觉相。永断无明方成佛道句。永字方字注意，永不起念，无明方断，佛道方成。必须一念万年，万年一念，念念与圆照相应，始可曰永，不永如何能成。然众生未易臻此，但求一念相应，即一念是佛。一分一刻相应，即一分一刻是佛。如是精进不懈，方能成就。如来究竟证也三句。如来恒在大光明中，如矿已成金，不重为矿，如木已成灰，不复是木。方为究竟。众生尚迷，诸佛常觉，故曰终始不一。觉尚未能，何有于圆,故曰生佛永殊。一切如来,妙圆觉心至不得同年语也一段,对烦恼说菩提,对生死说涅槃。圆觉妙性中,本无烦恼生死,故无菩提涅槃。声闻缘觉,二乘菩萨,身心语言,皆悉断灭,则堕入偏空,故不能知佛之妙圆境界。何况众生,起心动念,日在妄想之中,焉能测度。是以众生与佛,觉体虽同,因迷悟而天渊也。欲泛如来大圆觉海至勤断二障三句。能放下妄想,凝心寂照,时时如此用照字功夫。即为泛圆觉海。但当先发大愿,求佛加被,勤断两障。两障者,烦恼障,所知障也。士大夫知书明理,烦恼障较轻,而所知障极重。即如看佛经教,往往以为此即宋儒之学、阳明之学,胸中先存种种知见,测度如来,即是所知障。所知本不是障,而被种种知见缠缚,不能消除,能障所知,故成障耳。此即无明。此即妄想。此障不断,必无成就! 应痛自刻责,远离二障,单刀直入,纵不能骤断,亦须能伏。伏虽萌芽暂无,根株仍在,然从此勇猛精进,痛除习气,庶几久久自断耳。若事理障至微妙圆觉三句,烦恼障事,断事障,得我空真如,即破我执。所知障理,断理障,得法空真如,即破法执。我法二执空,即入微妙圆觉。

○庚三　释修多罗了义

【讲】　修多罗三字,乃大藏之都名。了义者,当经之别目也。意显此经,于修多罗藏中了义之经也。梵语修多罗,古师翻为契经,有通别二说。通者,佛所说教,总名修多罗。别者,经名修多罗,律名毗奈耶,论名阿毗昙。今言修多罗,分明的指经藏,简异律论二藏之名也。契有二义:一者契理,谓妙符中道;二者契机,谓巧合机心。经如下释,正翻为线,线能贯华,经能持纬,此方不贵线,故存经称。然天竺圣教,皆称为修多罗,故梁摄论译为圣教。今于经上加一契字,则双含二义,俱顺两方。故《佛地论》云:"契者契理契机,经者能贯能摄。"意显圣人言教,能贯穿摄持所应说义,以投所化众生心故。题中于修多罗下,续以了义二字。意显此经于经藏中,乃大乘了义之经也,简异不了义经故。不了义经,谓小乘教,声闻藏摄。了义经者,谓大乘教,菩萨藏摄。大乘复有了与不了,谓有大乘人,虽行六度,悲智兼修,而定说三乘不一,亦非了义。若会归一极,以玄炉陶于群像,智海总于万流,无二无三,无不成佛,中道理观,不共二乘,方为了义。谓抉择究竟显了之说，非覆相密意含隐之谈。然诸经中，何为了义不了义之别？《宝积经》，佛答文殊、舍利弗言：诸经中，说胜义为了义，说世俗为不了义。说烦恼业尽，为了义；说烦恼作业，异于涅槃，为不了义。说生死涅槃，无二无别，为了义；说厌生死苦，趣涅槃乐，为不了义。据诸经说了义行相，皆与今经相当。此经从始至终，无不显了，直破差别之相。五性断证，总属轮回，令成了义宗旨。故特标修多罗了义之名，如《法华》独得妙名，良有以也。

【记】　大方广圆觉，是专显性德。修多罗了义，是专显教相。是专就文字上说。决了九界法，独显如来性，故曰了义。义者，即第一义谛也。谈性不兼修，谈修必兼性，以全性起修故。闻教之人，不可不知。不了义经者，佛随人而谈，了义经者，佛称性而说。了义者当经之别目句。教家往往以经名为所诠，说经之人为能诠，尚觉未精。盖所诠在于经中意义，不能但指经题。故今但云别目。古师翻为契经句，契者，符合也，相契也。妙符中道，是上契。巧合机宜，是下契。大乘了义之经，与佛心相应，故曰上。自己省察自心，与经中所说契合否,故曰下。俱顺两方句,此方彼土,谓之两方。定说三乘不一亦非了义句。定说声闻是声闻,缘觉是缘觉,菩萨是菩萨。未能会归一极,故非了义。会归一极者,了三乘原是一乘也。直破差别之相句,本经如《弥勒章》《清净慧章》,皆是直破差别之相,故为了义。

○戊二　释通名

○己一　正释经字

【讲】　上十字乃一经之别目,此经字是诸部之通题。具云契经,即梵语修多罗也。谓上契诸佛妙理,下契众生机宜。若但契理而不契机,如俗典雅训,非经也。但契机而不契理,如牧曲樵歌,亦非经也。今言经者,不惟契理,亦能契机故。复次,梵语修多罗,具含五义:一者法本义。谓佛知一切法皆不可说,以四悉檀因缘而有言教。作世界说,即为教本。作为人对治二说,即为行本。作第一义说,即为理本。故含法本义也。二者微发义。佛用四悉檀起教,巧妙玄辞,从微至著,靡所不诠。是则文义渐显,开发初心,初中后善,圆满具足。故含微发义也。三者涌泉义。此从譬发明。谓妙泉涌流,滔滔无竭。佛用四悉檀说法，文义无尽，法流不绝。津润萌芽，三草二木，一地所生，皆得增长，故含涌泉义也。四绳墨义。此亦借喻显义。如世之木石匠人，以绳墨能裁邪曲。佛用四悉檀说法，裁爱见之邪曲，令发真见无漏正道，故含绳墨义也。五结鬘义。此亦借喻显。结鬘者，即是缕穿于花，不令零落。佛用四悉檀说法，诠诸法相，赴缘皆无漏失。又花鬘能严饰身首。佛以正教，庄严行人，普令一切，悉皆爱敬，故含结鬘义也。此土诸书，既无含此五义之言，故用经字以代之。《佛地论》只有二义：一者贯穿义，谓贯穿所应说故。二者摄持义，谓摄持所化生故。此方训为四义：一者法义，谓十界同遵故。二者常义，谓三世不易故。三者径义，谓修行路径故。四者典义，谓摄生定典故。举要言之，乃千圣之恒规，百灵之良轨，迷途之宝炬，佛灯之后焰，故称经也。

【记】 契理而不契机，如俗典雅训，可名为书，而不得称经。牧曲樵歌，虽少儿能解，然无道理，是为契机而不契理，亦不得称为经也。一切法皆不可说者，诸法寂灭相，不可以言宣也。裁爱见之邪曲句，凡夫之爱，曲也。外道之见，邪也。一者法义句,法者,轨持之义。摄生定典者,摄化众生一定之典也。佛灯之后焰句。佛灭度后,只剩一焰照世,谓之后焰。

〇己二　历法明经

【讲】　盖佛住世时,金口宣扬,听者得道。佛灭度后,四依弘经,诸善知识开示,闻者得解。皆以声尘为经。若三藏十二部,及诸祖语录,皆以纸墨流传。是色尘为经。若但修观相应,得证二空真如,可称法尘为经。此方惟三尘得益者多,以眼耳意三根利故。若通途而论,他方诸佛国土,六尘皆可称经。以净土众生,六根俱利故。如《楞严会》上,二十五圣,各陈所入之门,门门皆通大道。十八界七大,无不是经。据此,可见悟者俱是,迷者俱非。是在当人之迷悟,何拘拘于文字为哉? 释名竟。

【记】　言经历无数之法,皆以明经也。四依弘经句,四依大士,即弘法之人。何谓四依? 一依义不依文,二依智不依识,三依法不依人,四依了义不依不了义。听经讲经,皆宜四依。依不了义,只能成阿罗汉,不能成无上菩提。莫道纸墨文字是经,向来从唯心上用功者,水光山色,鹊唱鸟鸣,触处悟道。声声色色,无往非经。但不能为声色所转者借口耳。

○乙二　显体

○丙一　须辨体

【讲】　体者,主质之义。名旁是宾,体正是主。名乃假名,体是实质。体是名下之所诠,名乃体上之能诠。经中从始至终无非能诠文字。意欲令人寻名得体,托能诠之文字,悟所诠之义理也。如因指见月,因筌得鱼。若逐名迷体,如捉蛇尾,反遭其螫,世尊所以常为弟子说筌喻也。即如今题。大方广是理经名,圆觉是行经名,修多罗了义是教经名,乃至全经字字,无非能诠之名。就兹名下,一一皆显所诠之体,得此体已,方能全性起修,以修合性。复次,释名总诠三德。辨体别在法身。明宗别在般若。论用别在解脱。判教分别总别。故释名之后,须辨体也。

【记】　恐人于经之精义,未能坚确信仰,故须辨。名乃假名句,名即是假,若不得体,名如糟粕。寻名得体,故体在名后。以修合性句,终日所修,皆不离性,故能合性。

　　〇丙二　须知体

　　【讲】　谓苟经体不明,则寻经失旨,事同提婆达多,虽读六万法藏,不免现身堕狱。若明经得旨,如周利槃特,但诵一偈,现身即成阿罗汉果。《大论》云:声闻经有三法印,谓无常、无我、寂灭涅槃。印小乘经,有此三印,即是小乘了义经,行人禀教能得道也。无三印者,即不了义经,闻者未必出离生死。诸大乘经,但有一印,所谓诸法实相。有实相印者,即是大乘了义经,闻者乃可得菩提道。无此一印,即不了义经,闻者多堕一边,不能得无生忍也。复次,无实相印者,虽言种种行愿,犹滥魔说。以魔王能说种种行愿,惟不能说诸法实相。故《论》云:"除诸法实相,余皆魔事。"问:小乘何以用三印,大乘何故但一印? 答:小乘根钝执重,故须三印,令厌生死苦,取涅槃乐。菩萨大悲根利,易悟生死即涅槃,能不舍生死,不取涅槃,令入不二法门,故佛但说一法印也。故经体不可不辨,又不可不知也。

　　【记】　体,即法印也。印者,楷定之义。不了义经闻者多堕一边句。不堕有,即堕空。不堕空,即堕有。皆一边也。不舍生死不取涅槃句,生死涅槃,如昨梦故。

○丙三　别真伪

【讲】　谓实理幽微,真伪难别。但凡小所习,若教若行,莫不各言自以为真。故慧学之徒,必须以己之智力,甄察真伪也。

○丁一　简非

【讲】　于中又分三类:一世俗经书所明者非。谓彼但为治国安家,赏善罚恶,仁义礼智,孝悌忠信,养生养性之道,属爱论故。帝释十善论。梵王出欲论,五通神仙论等,皆属爱之戏论。戏论破慧眼,不见于真实,故非也。二外道所明者非。以其不离边见,邪见,六十二见,一百八见等,皆属见论义收。三声闻所明者非。且小乘人无大悲心,一志自求出生死苦趣涅槃乐,不能深求诸法实相,故亦非也。

【记】　属爱论故句。言总从爱心流出也。不离边见邪见至一百八见等句。因空有二边见,乃有邪见,而次第生起种种见。

○丁二　显是

【讲】唯有大乘经所明,为利根人,如法相说,多明第一义悉檀。菩萨大悲,为众生求无上道,不计劫数长短。深观诸法,不滞两边,一心常寂。如水澄清,珠相自现,得真诸法实相。诸法实相者,诸大乘经所依之理体也。

【记】看讲义可知。

○丙四　正出体

【讲】此经以圆觉妙性清净境界为体。于一题中,取大方广义。于竖义中,取大字义。于横义中,取体大义。于三德中,取法身德。于经文首章中,取清净觉相义。次章中,圆觉清净境界,的指此体之名。于三章中,取净圆觉心义,圆觉净性义。四章中,取圆觉清净义。五章中,取圆觉境界义。六章中,取圆满觉性义,净圆觉性义。第七章中,示修三观行门,一一标示悟净圆觉。故得用之以为经体。当知即是中道理性,一真法界,实相实谛之异名词也。

【记】　此经以圆觉妙性清净境界为体句。大乘法印,既是诸法实相。然今不取,而独取圆觉等为体者,何以故? 就经取义故。大字从体得名。于三德中取法身德者,法身是性也。般若解脱二德是修,故不取。三观行门等句。奢摩他等三观,皆先得悟净圆觉。是知欲修者必先悟,悟者,悟其体也。

　　○丙五　略引证

【讲】　经初证信序中便云:"是诸众生,清净觉地,身心寂灭,平等本际,圆满十方。"是诸佛之所居,亦此经之所依。所谓常寂光,亦名法性土,即前所谓得真诸法实相。真诸法实相者,乃此体之异称也。得此体已,依体起用,故有三宝出现世间。正说中首章,佛告文殊云:"无上法王,有大陀罗尼门,名为圆觉。"又云:"一切如来本起因地,皆依圆照清净觉相。"次章菩萨请云:"闻此圆觉清净境界,云何修行? 佛言:种种幻化,皆生如来圆觉妙心。"三章云:"欲求如来净圆觉心。"又云:"圆觉净性,现于身心。"又云"无边虚空,觉所显发。当知觉性平等不动"等。四章金刚藏赞云:"善为宣扬圆觉清净大陀罗尼。佛言：未出轮回而辨圆觉，彼圆觉性，即同流转。"又云："有思惟心，测度如来圆觉境界，如萤火而烧须弥，其可得乎？"重重昭示，不一而足。岂非以众生所具，即具此体。闻经发悟，即悟此体。观心所依，即依此体。诸佛所证，即证此体。故藉此同体法性之力，以加被未来也。

【记】 佛说本经之初，先入法性三昧者，何以故？摄用归体故。于他受用中，现自受用身，为佛宝。与诸菩萨说法，为法宝。上首与眷属，为僧宝。

○丙六　通异名

○丁一　本经

【讲】 开卷证信序。世尊欲说法时，先入法性三昧。故云："一切如来光严住持，是诸众生，清净觉地。"即是指此经体也。又云："于不二境，现诸净土，即从此体，起诸妙用。"又云，"平等法会，大陀罗尼，清净真如，如来藏，法界性，皆此体之异名"耳。次章圆觉妙心，三章圆觉净性，一切实相，觉性平等，一切法相。四章圆觉清净，大陀罗尼，甚深秘密，平等法性，妙圆觉心，寂灭海,寂灭性等。五章秘密藏,真实相,大圆觉海,妙庄严域。六章圆满觉性,净圆觉性,法界海慧所照之相。七章游戏如来大寂灭海,无上大觉心,本际无二相。八章圆觉清净,本无修习。九章若此觉心,本性清净,由此不能入清净觉,是故不能入清净觉,则不能入清净觉海。十章彼圆觉性,究竟圆觉。十一章修此圆觉清净境界,信佛秘密大圆觉心,同入清净实相住持,以大圆觉为我伽蓝,身心安居平等性智,为修无上妙觉等。以上多多异称,皆此体之变名辞也。

【记】 即前七番共解中之会异,所谓会通异名也。会诸法为一体,是为法性三昧。摄用归体,是为光严住持。清净觉地,是处成就,此处即是常寂光土,常寂光不离众生当处,当处即清净觉地。佛未开口时,先入法性三昧,是教人于未开口时领会故。吾人讲经听经,皆须于未开口时,入此三昧。先将妄念一齐放下,通体一照,使他清清净净,方能会入诸佛妙理。此节最关紧要! 即平日自己看经,亦当如此。所谓对经如对佛,何以故? 一切诸经,即佛法身故。佛法皆从经中流出,是为法身父母,亦即吾人法身父母也。不二境,是自受用。现诸净土,是他受用。何谓不二? 无生佛之名,生佛不二也。无染净之相,染净不二也。此之谓起诸妙用。从体起用。即是从一经之体,流出一部文字。所以一部文字,句句皆是妙用,皆从如来法性三昧流出。吾人看经,亦须先入此三昧,方能句句契入佛理。如此用功,哪怕一分一秒钟,受用无穷。平等法会,即本经佛菩萨同住之不二境。不二,即平等也。一切从此流,一切由此入,是为大陀罗尼。或直指觉体,或兼说妙用,种种不同,故有多名。体,即性德。用,即修德。

〇丁二　诸经

【讲】　诸大乘经,称体之名,多多无量。或二字称:谓真性、实相、如如、一乘、法性、法身、实际、真际等。或三字称:谓如来藏、毕竟空、首楞严、法界性等。或四字称:谓一真法界,常住真心,性净涅槃,妙真如性,正因佛性,真性解脱,实相般若等。种种不同。皆经体之名也。故《大智度论》云:"般若是一法,佛说种种名。随诸众生类,为之立异称。"《大涅槃经》云:"如天帝释,有千种名。解脱亦尔,多诸名字。"此皆赴机利物,不得已而立之也。

释体竟。

【记】 除小乘外,凡大乘经,皆有种种异名可会。凡看一经,必须会通经体之种种异名,方知某经以何为体。

○乙三　明宗

○丙一　简宗体

【讲】 "妙玄"云:"有人言,宗即是体,体即是宗。今所不用。何者? 宗致既是因果,因果即二,体非因果,体即不二。体若是二,体即非体。体若不二,体即非宗。宗若不二,宗即非宗。宗若是二,宗即非体。云何而言宗即是体,体即是宗耶? 譬如梁柱,是屋之纲维,屋内之空,是梁柱之所取。不应梁柱便是屋空,屋空便是梁柱。宗体若一,其过如是。若言宗体异者,则二法孤调。宗非显体之宗。宗则邪倒无印。体非宗家之体,体则狭而不周。离法性外,别有因果。宗体若异,其过亦如是。"今言不一而一,故有体。不二而二,故有宗也。

【记】 简者,料简也。宗之与体,容易混淆,故须简别。料简之法,由《法华玄义》来。因六朝智者大师未生以前,宗体皆未分析得清。最误事,宜研究。何以故? 宗体不一故。

宗,修德也。体,性德也。体是不动的。宗是要用功做出的。宗譬如梁柱,体譬如屋内之空,二者迥然不同,岂可混而为一!然而定说是一,固不可定。说是二,又不可。譬如无梁柱,如何得屋内之空。离虚空,如何安梁柱?吾人造屋,其受用之大小,固关乎梁柱纲维之大小。然无屋内之空,如何受用。是故应知体是宗家之体,宗是显体之宗。所谓修者,修其宗也。受用者,受用其体也。因体起修,而后有受用。如因屋空,而后有受用。可知性修不二,体宗一致。不可说二,不可说一,非一非二,佛法之妙,妙在于此。

　　○丙二　须明宗

　　【讲】　宗者,趣也。语之所尚曰宗,宗之所归曰趣。乃修行之归宿,会体之枢机。若行人不识宗趣,则行业无归。又何能领会不思议之妙体乎?故宗趣不可不知。前辨体,是显性。今明宗,是示修。全性起修,故不二而二。全修在性,故二而不二。须知梁柱喻宗,屋空喻体。由有梁柱,方得屋空受用。故次体之后,须明宗也。

　　【记】　会体之枢机者,不修宗不能会体故。

○丙三　正明宗

【讲】　此经以顿渐圆修,三期克证为宗。此与不生不灭因果同也。良以圆修为因,克证为果。末世大心众生,无有不望果行因者也。但根缘不一,有顿悟顿修者,如第二章菩萨请云:"闻此圆觉清净境界,云何修行?"佛答示云"修习菩萨如幻三昧"是也。有顿悟渐修者,如第三章请云:"愿为演说修行渐次。"佛答以"先依如来奢摩他行"是也。此二章问答俱因。举因以摄果故。第七章惟愿广说渐次修行,总有几种?佛言:方便随顺,其数无量。循性差别,当有三种。又云:十方如来,因此成佛。此中示修三止三观。虽云方便渐次,一一标云。悟净圆觉,乃先悟后修,是圆渐,非渐渐也。第八章佛示二十五轮,或单或复,无非圆修止观。此二章俱通因彻果之谈。故偈云:"十方诸如来,三世修行者,无不因此法,而得成菩提。"十一章示以上中下期,欲令克期取证,实为冀果修因耳。

【记】　顿渐圆修是因,三期克证是果。有因有果,方可谓宗。立此为宗者,因经立义故。见普觉、普贤、威德自在、辩音、圆觉等章。如知幻即离,离幻即觉,此顿也。先修奢摩他,次修三摩钵提,后修禅那,此渐修也。其所悟之理圆,所修之行亦圆,如二十五轮等,即圆修也。末世众生,发大心,修大道。果何所希望而为此?曰:了生死,成菩提也。是谓望果行因。若并无希冀之心,而曰吾但明心见性而已。上无佛道可成,下无众生可度,此语非不高尚,试问其人果能见到证到否?就令见到证到,而世人程度,相差甚远,此语实害人不浅!是以醍醐为毒药矣。吾人断宜戒之。是故望果行因四字,不可轻忽视之也。

〇丙四　诸教异同

【讲】　藏教依生灭四谛,修析空观,成灰断果。则因果皆属生灭。通教依无生四谛,修体空观,成偏真果。则因果虽皆无生,而非真不生灭。别教依无量四谛,修次第三观,成报身果。则因带生灭,果方分证不生不灭。若以教道夺之,涅槃为了因所了,可云不生不灭。菩提为生因所生,便非不生灭性,则果中犹是半生半不生耳。圆教初心,悟此不生灭理,称谓净圆觉心,乃为名字不生不灭。以净觉心,取静为行,名为观行不生不灭。由澄诸念,静慧发生,名为相似不生不灭。依愿修行,渐断诸障,名为分证不生不灭。障尽愿满,便登解脱清净法殿,名为究竟不生不灭。今经正是圆教妙宗也。

【记】 台宗有两种四教:藏、通、别、圆,为化法四教。顿、渐、秘密、不定,为化仪四教。贤宗无化仪,特立一顿教,而为小、始、终、顿、圆五教。藏教一类人,以析相观空为因,故得空果,即灰断果,而成阿罗汉。当其人身尚在,名为有余涅槃。若寿命尽,舍去皮囊,即灰身泯智,而入无余涅槃,堕入偏空,不能度生。佛亦无如之何,特特请出维摩居士教化之,如《维摩诘经》所说是也。通教三人,同以无言说相而入道,同悟四谛皆无生相,谓一切诸法皆从因缘生,生即无生,虽有如幻,当体即空,故起体空观,得偏真果。然顿根人但见空,不见不空,通前藏教。且非真无生,乃对待之无生,亦小乘也。利根者,不但见空,兼见不空,即通后别圆。今约当教,其因果俱非真无生义。别教悟四谛皆有无量相,心量眼力皆大,而修次第三观,先空观,次假观,后中道观,可谓大乘菩萨矣。然次第修行,别别不融,故曰别教。其所得果,为方便报身果。因其先修空观,因带有生灭,后入中道,果方为不生不灭,故非了义。所谓偏空入道,故果中犹是半生半不生也。圆教者,此经即圆教妙宗。威德章云:"悟净圆觉。"又云:"净圆觉心。"因圆故,果亦圆。分证不生不灭者,随分证也。断一分障,证一分理,为随分证。

○乙四　论用

○丙一　简宗用

【讲】《妙玄》云,宗有二种:一者宗宗,二者用宗。用亦有两种:一者宗用,二者用用。宗宗非用宗,用宗非宗宗。宗用非用用,用用非宗用。宗用者,因果为宗,因果各有断伏为用。用宗者,慈悲为用宗,断疑生信为用用。若论于宗。但明因果,且置断伏。今论于用,但明断伏,且置慈悲。

【记】　宗与用,亦有微细分别。宗者,修德。用者,功能也。圆教初住以后,位位因,位位果。如初住是因,二住是果。二住是因,三住是果。此之谓用。慈悲二字作用最大。如人欺我虐我,我只以慈悲心待之,一切烦恼俱无,是为用之大宗。

○丙二　正论用

【讲】　用者以功能为义。经有体宗,必有利物之功能也。此经以离幻证真,得入平等为用。经云:"应当远离一切幻化,乃至得无所离,即除诸幻。"又云:"欲求如来净圆觉心,应当正念,远离诸幻。"普觉章云:"欲修行者,应当尽命,供养善友,事善知识。彼善知识,欲来亲近,应断憍慢。若复远离,应断嗔恨。现逆顺境,犹如虚空。了知身心,毕竟平等。如是修行,方入圆觉。"又云"观彼怨家,如己父母,心无有二,即除诸病"等。皆此经之力用也。

【记】 此经以离幻证真得入平等为用者,幻离,则本体显现,用之大为何如? 外之身心,内之妄想,皆幻也。应断憍慢,应断嗔恨,皆离幻也。了知身心,毕竟平等,证真也。不愁不证真,但怕不离幻。经中又云:观彼怨家,如己父母,心无有二,即除诸病,此之谓得入平等。自己断惑证真为自用,令他人断惑证真为利他作用。

○乙五 判教

○丙一 略述纲要

【讲】 言判教者,教乃圣人被下之言,判是分别异同之致。如来一代时教,所说法门。我圣祖智者大师,以通别五时，两种四教，而判释之，昭如日月。言两种者，一化仪四教，谓顿、渐、秘密、不定。二化法四教，谓藏、通、别、圆也。别五时者，一华严时，佛初成道时说。二阿含时，起道树后说。三方等时，次阿含说。四般若时，次方等说。五法华涅槃合为一时，法华次般若说，涅槃为最后说。是为别五时也。通五时者，如来说教，原无定时。惟以众生根机不等，所谓一音说法，同听异闻。且如一座之经，尚有顿渐大小偏圆权实之异，何况五十年所说，岂得隔历不融耶？是知大士结集法藏，随类收经，其间有文通者，有义通者，按类结归，别时部属。所以每部之经，年日尚难定指，况一代之多，安能各拘年限哉？知此五时通别意已，然后以两种四教，历时分别，自然无有错谬。初华严时，于化仪为顿，于化法为圆兼别。二阿含时，于化仪为渐，渐又分三时，谓渐初、渐中、渐末，此当渐初。于化法为三藏。三方等，于化仪为渐中，于化法具四教，谓对藏教而说通别圆也。四般若，于化仪为渐末，于化法为带通别，正明圆教也。五法华，于化仪为非顿非渐，非秘密非不定，于化法独明圆教，谓纯圆独妙也。涅槃于化仪同法华,于化法具谈四教,谓追说四教,追泯四教也。然涅槃四教,与方等大乘具说四教,同而不同。有二分别。一者方等中四教,藏通二教,初后俱不知常住佛性。别教初不知,后方知。唯圆教初后俱知。涅槃中四教,皆初后俱知。一不同也。二者方等对藏教半字法门,而说通别圆,满字法门。涅槃用藏通别三权,助圆教一实。二不同也。复次,顿有二义。一顿教部,言佛初成道时说,如日初出,先照高山,则专指华严。二顿教相,言初发心时,便成正觉,则不独华严有之,而方等、般若、法华、涅槃,皆悉有之。渐亦有二义:一渐教部,谓曲引二乘,循循善诱,则专指中间三时。二渐教相,谓历劫修行,积因克果,则不唯中间三时,而前后二时,亦皆有之。秘密亦有二义:一秘密部,则专指一切陀罗尼诸部。二秘密相。谓闻小法而密证大果,闻大法而仅得小益,彼此互不相知,则前四时皆悉有之。唯法华是显露教,但有秘密咒,更无秘密相。然约一分最钝根人,始终不闻佛说大教。亦可云秘密。而必待五千退席后,方乃正直舍方便,但说无上道,故一席中决无同听异闻,非秘密相也。不定义者,所谓一音演说,随类各解。或闻大得小益,闻小得大益,闻顿得渐,闻渐得顿,彼此各不相知,则前四时,皆悉有之。唯法华是决定义,非不定义也。略述纲要竟。

【记】 智者大师以通别五时两种四教判教。化法四教如药味,化仪四教如药方。别五时宜知,通五时更宜知。所谓一座之经,尚有根,顿渐乘,大小理,偏圆行,权实之异,何况五十年所说,岂得隔历不融耶？义与某经通,结集时即收入某类。若义虽通而文不同,则归入方等。华严圆兼别,贤宗不赞成此说。然而理事相即,方曰圆。理事分张,即是别。智者判为圆兼别者,因初说法,听者利钝不同,故以圆中兼别判释之。

○丙二　正判此经

○丁一　且申五时八教言外之旨

【讲】 原夫诸佛出世,教必投机,机有万殊,教亦何定。故五时必须兼论通别,八教必须互相组织,方收万有不齐之机。而圣祖大师语意俱圆,后人承用不免偏执,知五时之别,不知五时之通,知开显之必待醍醐,不知毒发之通前四味。所以纷纷诤论,无有了期。今更略出其意,以为判教纲维。盖群机虽复无量,大约不出四种:一者最利,始终皆见于大。二者最钝,始终皆见于小。三者利而仍钝,虽不终小证,然必备历五时,方于法华入实。四者钝而仍利,虽不即见华严,然于般若,方等,便得悟入。或于阿含,便能密入。且如今经。世尊欲说经时,即入法性三昧,菩萨分证法性,亦入如是定中。不起此定,现诸威仪为诸末世众生,请问如来因地发心,修因证果。如来教以悟净圆觉。可见此道人人有分,不简机,不择时,因缘凑合,即便悟入也。

【记】 且如法华,台宗判圆。而偏执者,以为开显必待醍醐,不知毒发通前四味。前之乳等四味,如华严时得悟,是为毒发于乳。于阿含时得悟,是为毒发于酪。方等时得悟,是为毒发于生酥。般若时得悟,是为毒发于熟酥。盖根器不同,因缘凑合,即便悟入,何可拘执? 大乘种子,能杀无明父灭贪爱母,故谓之毒。

○丁二　正以此经结属教部

【讲】 若谓此经属华严耶,华严说在初成道时,此经主伴皆为末世众生，决非初成道说，既非其时。华严不动道场，上升六欲，此经于不二境，现诸净土，又非其类。谓此经为阿含耶，阿含正化二乘，旁化菩萨，此经为诸菩萨及末世大根众生，二乘不预其会，非阿含类也。谓此经为般若耶？般若会一切法皆摩诃衍，不复诃斥二乘，此经心远二乘，法除四病，即非般若之类。又般若有共不共，此经专明不共，说时可云同，部味决不同也。谓此经为法华耶？法华开权显实此经离妄显真，法华举手低头，皆成佛道，此经未空四相，不得菩提，时之与味，一向不同。谓此经为涅槃耶？既非中夜唱灭之时，又非藉三助一之旨，尤难联络。既四部不可浪收，不归方等，将谁归耶？此经主宾答问，皆为末世众生起见。章章各含弹偏斥小之意，正是方等法门。故知于通别五时中，乃通五时之方等也。于四机中，即钝而利者所见也。于四化仪中，是顿教，非顿部，是渐时，非渐教也。大士预会，小机不闻，是秘密相，非秘密部也。先悟后修，克期取证，是决定义，非不定教也。于四化法中，正远二乘，旁疏通别，独亲圆教也。大矣哉！圆觉了义之妙法也。无教不具，无机不收。譬如大海，不择细流。乃至蚊虻，及阿修罗，饮其水者，皆得充满。经云："此经名为顿教大乘，顿机开悟，亦摄渐修一切群品。"岂非教大机普之明证也欤？故此经以方等圆顿生酥毒发为教相。五玄略说释经题竟。

【记】 以方等圆顿生酥毒发为教相。此经既判归方等，是为毒发于生酥也。

○甲二　释译题

唐罽宾沙门佛陀多罗译

【讲】 问：此经是何人翻译？曰：佛陀多罗。问：此人是比丘耶？居士耶？曰：沙门也。问：哪里人？曰：北印度属国罽宾人。问：是何朝来？曰：是唐之长寿二年癸巳，于神都白马寺四月八日毕译。梵语罽宾，华言贱种。昔末田底迦，立五百伽蓝于此。买异国贱人，以充役使。后因生息繁盛，自立君长。邻国鄙之，因以名焉。沙门此云勤息，谓勤修众善，息灭诸恶也。佛陀云觉，多罗云救，谓译主觉此道以自利，即以此道而救人，有二利之德也。译，易也。经本梵字，易梵成华，使中国人受持读诵，奉教修行，其功大焉！释译题竟。

【记】 罽宾原是荒岛。罗汉末田底迦，始开辟之，而立寺庙。沙门此云勤息，勤修戒定慧，息灭贪嗔痴也。为出家人通称。佛是中道人，说中道妙理妙法于大千世界之中。印度者，世界之中也。中印度，又印度之中也。

释经

〇甲一 序分

〇乙一 通序

【讲】 次入文,大科分三。全文有十二章,首章为序分,中十章为正宗分,末章为流通分。

此三分者,始于晋之道安,证于唐之亲光。盖以经无丰约,皆具三科。依此科经,如首身足,各有分剂,不相紊乱。故称弥天高判,今古同遵,乃诸经科判之所由始也。初序分,序述也。序一经之来源,述说法之由致。分二:初通序,诸经通有六种成就故。亦名证信序,以主伴依正,能所分明,证是佛说,令人生

047

信故。

【记】　通序亦名证信序。先安证信序,有三意:一者断疑。阿难结集经藏时,高升法座,身光如佛。众疑佛复出世,又疑阿难成佛。阿难出定,即言如是我闻云云。是为断疑。二者息争。阿难奉佛遗命结集,众人不得争议。是为息争。三者异邪。诸经皆佛金口所宣,并非外道邪教。是为异邪。合之而为通序。通者,通于诸经也。十一善法,以信为首。五十五位修证,亦以信为首。故宜安在经初。佛临涅槃时,阿难尊者,请问:佛灭度后,以何为师? 答言:以戒为师。戒为诸佛之法身。我辈修行,宜先持戒。有戒,岂止人天之福可修。无戒,则三途之苦必堕。次问? 依何处住? 答言:依四念处住。所谓观身不净,观受是苦,观心无常,即妄想,非真常之自性也。观一切法无我。念,即能观。处,即所观也。三问:经首先安何句? 答言:先安如是我闻一时佛在某处与某某俱云云。谓之六成就。如是,信成就。我闻,闻成就。一时,时成就。佛,主成就。在某处,处成就。与某某俱,众成就。四问:恶性比丘扰乱时若何? 答言:默摈。默摈者,默然摈之,不与较也。

如是我闻：一时婆伽婆，

【讲】　如是二字，标信成就也。为顺此意，作信顺之词。以信则言如是，不信云不然。故《华严》云："信为道元功德母，长养一切诸善法。"故首标之。若连我闻，当作指法之词。言如是圆觉妙法，当时亲从佛闻也。我闻者，闻成就也。谓成就虽由信顺，临期实赖音闻。不有音闻，教体何立？《楞严》云："此方真教体，清净在音闻。"释义则拣别宾主曰我，音来达耳曰闻，自凡至圣，有四种我：一遍计我。二宗计我。三假名我。四真实我。一是凡夫。二是外道。三是圣人随世假立。四是法身真我。今结集者，是大圣人，应属后二。闻者，谓耳根不坏，发于耳识，声在可闻处，作意欲闻，即便得闻。今不曰耳闻，而曰我闻者，废别从总易明了故。今言传法大士，以我无我不二之真我，根境非一异之妙耳，闻真俗无碍之法门也。一时者，时成就也。谓临期虽在音闻，说听全凭佳会。不有佳会，大法难弘。古德云："世事合会，尚待昌期。大法弘宣，岂违佳运。"言一者，始终究竟之谓。时者，迁流转变之义。总之说无异座，听无异席，说听事毕，一期究竟，名一时也。不云年月者，以如来说法，通乎天上人间，结集流传，达于西乾东震，年月日纪，难以相同，故总以一时该之。婆伽婆者，主成就也。谓说听虽期良时，御众必推教主。不有教主。群机何归？然诸经教主，多用佛字，是十种通号之一。今此一名，而具六德，显最胜也。一自在德，五住烦恼不能染，二种生死不能系故。二炽盛德，身光与智光，降魔制外故。三端严德，具相妙好，端正严丽故。四名闻德，名闻十方，称扬无尽故。五吉祥德，灭罪消障，赐福延龄故。六尊贵德，世出世间，尊重珍贵故。为具六德，故存梵语。五不翻中，多含不翻也。

【记】 道元者，入道之根元也。一切处皆计有我，是为遍计我。外道我见我慢，以我见为宗，是为宗计我。佛菩萨之我，为假名我，随世假立者也。真实我者，佛言天上地下，惟我独尊，未尝不称我，然此乃常乐我净之我，即是自在之义，所谓我为法王，于法自在是也。依小乘说，是阿难结集。阿难乃破惑证真之圣人，得自在少分，故亦可曰真实我。依大乘说,是文殊菩萨等结集,皆是法身大士,更是真实我矣。故我闻之我,应属后二。

入于神通大光明藏,三昧正受。一切如来光严住持。是诸众生清净觉地,身心寂灭,平等本际,圆满十方,不二随顺,于不二境,现诸净土。

【讲】 处成就也。御众虽推教主,际会必依弘方,为说圆顿法门,故现法界玄境。大光明藏,即一真法界智也。具一切智,遇缘则兴,故称为藏。称法界起,还照法界,故以大光明名焉。应用莫测曰神,无有障碍曰通。入字对三昧言。言入此三昧,惟受法界妙理,不受余受,故曰正受。若以土言,即是常寂光,一切如来自受用土也,亦名法性土。寂光真境,无别庄严。今曰光严,即诸佛所证种智之光为庄严也。住持,即三德秘藏,安住不动,任持自在。所谓菩提觉法乐,涅槃寂静乐,称性法味乐无央也。众生清净觉地者,众生通于九界,故曰诸众生。觉地本来清净,只因一念不觉,无明之所昏浊,烦恼之所杂染,法性随缘,流于九界,恶名秽称,故曰众生。吾人试看,当其无明未起,一念不生之时,元无一物,湛湛寂寂,历历明明,便是清净觉地,即是一真法界。然诸佛身土,依此而为缘起,众生身土,亦依此为缘起也。缘起无性,故曰身心寂灭。此处无生佛之假名,无自他之形相,故称平等本际,即生佛本来实际地也。无边无畔,无疆无隅,故曰圆满十方,不二境也。言随顺者,本是惟有一法界性,原无二体,何云随顺,以有逢缘变现之意,缘兴即随顺也。今为诸大士,建立圆顿法幢,故于不二境中,现诸净土。据此足见他受用之身土,仍依一真法界为缘起也。

【记】 一真法界,即《法华》之诸法实相,《大乘止观》之自性清净心,亦即人人之根本妙智也。妙智如如,为如来自受用处。至现诸净土,乃指说经之处,即世尊之依他起用,所谓他受用处。并无一切法,惟有大光明,故曰大光明藏。于未开口,即入此藏,已将圆觉精义现出。佛说法必先入定,乃是常规,为作众生榜样也。复有二义:一则简众生之机。二则由定而动。此大光明藏,虽诸佛之所独证,仍众生之所同具,故曰众生清净觉地。众生通于九界,即菩萨亦称众生,以其情识尚在,无明未断故,名为大道心众生,博地凡夫,则苦恼众生耳。身心寂灭,寂是不动,灭是不生。一念不生之时,元无一物,惟有如如智如如理,何等清净,尚无有佛,何论众生,尚无有自,更何论他,故曰平等本际。随顺者,随缘而兴也。缘有染净不同,随净缘而起即佛法界,随染缘而起,即众生法界。

与大菩萨摩诃萨十万人俱。其名曰:文殊师利菩萨、普贤菩萨、普眼菩萨、金刚藏菩萨、弥勒菩萨、清净慧菩萨、威德自在菩萨、辩音菩萨、净诸业障菩萨、普觉菩萨、圆觉菩萨、贤善首菩萨等而为上首;与诸眷属,皆入三昧,同住如来平等法会。

【讲】 众成就也。与大菩萨句,举类标数。其名曰下,列诸上首之名也。梵云,文殊师利,此为妙吉祥,亦云妙德。过去成佛,号龙种上尊王。现在北方为摩尼宝积佛。当来成道,名普现佛。影响大化,示同菩萨。华严表根本智,今经为发起师。圆顿大教,非智莫解,故首标之。普贤,行弥法界,德无不备曰普,随心益物,位邻极圣曰贤。以文殊表智如目,普贤表行如足。智行相成,能证法身妙果,如目足相资,能到故乡田地,故次列之。普眼依经问答,具有二义:谓普见诸法清净,名大智普眼;普见众生同佛,是大悲普眼。金刚藏,金最坚,一切无能坏,刚最利,能坏于一切。菩萨智慧亦然,烦恼不能侵,能断一切障,魔外不能动,能除一切碍。经中起三难,求佛销末世之疑,智既如是,能含生无尽功德,故名曰藏。梵云弥勒,华言慈氏,姓也。过去遇佛,证慈心三昧故。名阿逸多,此云无能胜,以位居补处,佛外能胜者无故。清净慧,谓慧用了然,无住无著,所以能明惑相,辨阶级,故以名焉。威可畏,德可敬,降魔制外,得大自在,故名威德自在。辩音者,三观之力也。具无碍辩,能别一切音声。佛说二十五轮妙观,惟菩萨能辩能宣也。一切业障,尽依四相而生。能空四相,则业障自净。菩萨依之自利,今以此利人。故名净诸业障也。普觉者,普能觉了四病之源也。圆觉者,菩萨悟圆觉而修三观之行,非克期不能取效,真过来人也。贤善首者,依本经流通大教，端赖此人，故为贤善之首。等前合为十二，俱为十万人之上首也。上首护念曰眷，摄令从道曰属。十二大士，各有万眷围绕，各有道场住持。且如佛之道场，在舍卫，文殊道场在五台，普贤在峨嵋等。尔时佛入光明藏三昧，以法界智，契法界理。而诸大士，皆在法界藏中。未入定前，各在本方。佛即入定，诸大士顿觉身心轻安。智契法界，故曰皆入。同一法界，元无远近，虽在十万亿刹外，如在目前。故曰同住，以皆法身眷属故也。如来既于不二境中现土，诸菩萨与眷属，亦应于彼不二土中现身。向下起座礼足右绕跪白等，皆定中事耳。

若约教而言，经云："佛以一音演说法，众生随类各得解。"生机不同，教义亦异。若言但空不异为如，只此无非为是，藏通义也。若言离二边为如，独中道为是，别教义也。若言如是真如，是是实相，如于中道实相之是，圆教义也。我无我，亦我亦无我，非我非无我。闻，不闻，不闻闻，不闻不闻。四教之义，大抵如是，可以意会。今以本经圆顿教义。如即真如，是名实相。我是不二之真我，闻是根境非一异之妙耳，闻二谛融通之法门。时指二法合一为时。报身为佛,报土为处也。

若约观心。真性不异为如,一切无非为是,真心自在为我,真觉圆明为闻,念不迁流为一时,真智为佛,真理为处。以智行为上首,一切善念为眷属。同归一心为平等法会也。通序竟。

【记】 大菩萨摩诃萨。既曰大,又曰摩诃萨,何故? 因菩萨种种不同。如藏通二教菩萨,不得称大。别教方可称大。然此之大菩萨,比别教十地菩萨更大。如文殊、普贤,皆法身圆明大士。故既曰大,复曰摩诃萨。盖入如来大光明藏,听说圆顿大教,非法身大士不能也。文殊表大智,普贤表大行,有理智而后起妙行,故华严处处不离二大士。诸大菩萨,同入三昧,只须在本处入定。岂同众生,为情见所碍,有区域之隔耶? 小乘定,鬼眼能见。大乘定,虽天眼不能见。后世修禅定人,不能无妄想。故古德不得已,教人看话头。达摩以至六祖,从无此说,只有离念一法,教人直下会去。至宋时始有话头之说。如大慧教人,看狗子有佛性也无? 或教人看父母未生前,如何是我本来面目等。至明时禅宗渐衰。如毒峰禅师等,始唱念佛,复教看念佛的是谁,谓之禅净兼修。诸居士,经要看,佛也要念。至于听经,既入正文,宜恭对本经。讲义置在一旁,俟用功时看之。鄙人在寺讲经,见有携疏入者,即撤去罚之。防其依他作解,塞自悟门也。若专看讲义,则于本经妙旨,零零落落,不成片段。何能契入?那有受用?听众勿忽此言。佛说法时,听众甚杂,或根器不同,或先来后到。而佛以身语意三密神通,不思议力,为一音之演说,而闻者得解不同。如讲义中所言藏、通、别、圆四教所解之义是。但空不异者,但取诸法皆空,更无异义。只此无非句,此字指但空。藏教以我为空,通教之义,本无有我,皆所谓证偏空也。亦我亦无我,别教义。非我非无我,圆教义。以闻为闻,藏教。闻而不闻,通教。不闻而闻,别教。不闻不闻,圆教。所谓一切法无非中道,一中一切中,一空一切空,一假一切假也。盖众生之机不同,教义因之而异矣。二法合一者,二法谓能所。譬如有能说之佛,必有所说之法。有所听之法,必有能听之众。方能成就法会之一时。故曰,二法合一为时。报身为佛句。此报身为佛之他受用身。圆觉全经,无一句不是观心法。故我辈看经,逐文逐句逐字,皆当会入自心,至要至要!真心自在者,人不自在,皆因妄想。返诸一真法界,无往而非自在?

○乙二　别序

【讲】　二别序。诸经不同故,亦名发起序。发起一经之端序故。此经因请而说,必有发起之师,故首章判入序分。不同《弥陀经》无问说故,佛自为发起故。佛告长老至现说法数句,灵峰老人判为发起序也。

【记】　圭峰大师疏,无别序。别序又名发起序。凡经必有发起,故山僧判文殊章为别序。

○丙一　文殊启请——文殊章

于是文殊师利菩萨,在大众中,即从座起,顶礼佛足,右绕三匝,长跪叉手而白佛言:

【讲】　此众中具仪也。具仪不外三业。起座礼足,是身业恭。绕佛三匝,是意业诚。叉手白佛,是口业敬。如来既于不二境中现土,菩萨亦应于不二境现身。所以有主伴可别,说听分明也。

大悲世尊！愿为此会诸来法众，说于如来本起清净因地法行。及说菩萨于大乘中发清净心，远离诸病。能使未来末世众生求大乘者，不堕邪见。

【讲】 此备说请词也。请词有二：一为现在大众，二为末世众生。如文可知。开口便称大悲世尊，足见现在未来，俱有苦可拔也，以悲是拔苦义故。又称大者，不唯令现在得益，且利及当来也。此会，即平等法会。来众，通指上十万人也。如来是诸佛之通号，谓乘如实道，来成正觉，是已成佛果之人也。本起因地，指佛在凡夫时，最初发心之因地。即《楞严》所谓不生不灭为本修因，《大乘止观》云自性清净心，是也。法行者，即因地所修无漏妙行。此乃出世之芳规，是如律如法之行也。此段请意，大似阿难于楞严会上见佛启请，十方如来得成菩提最初方便之意。彼则为己，此则代众。意虽同，其所以请者异也。故后有及说菩萨等言。菩萨虽未成佛，誓期必成。以根大荃大，不乐小乘法行。所以能信大教，解大理，立大志，修大行故。能于大乘中发清净心，以期成大因，证大果故。清净心，即菩提心也。意欲直取无上菩提，不为人天有漏，二乘无漏等法之所混扰。故云清净。所发之心有三：一直心，正念真如法故。二深心，乐集一切诸善法故。三大悲心，普度一切众生苦故。意谓念真如不念余法，集善法对治不善，度众生不住度相，故三心皆清净也。三心圆发，诸病发生无由，故能远离诸病。详阅下之十章。章章有病，能障正修。既能离病，则十章之正修，俱得成就，所以云首章为发起序也。能使下，是为未来，以显利益之深且远耳。未来二字，通指佛灭度后。末世者，别别为末法时，谓正像二法已过之时也。此时去圣既遥，背教日远。不知求大乘者，无庸论矣。纵有一二发大乘心，不知如来因地法行，不学菩萨发清净心，其不至于错乱修习，不堕邪见者几希矣！文殊悬念及此，所以致斯二问，足见大士为人之苦心也。《佛顶经》云："诸修行人，不能得成无上菩提，乃至别成声闻，缘觉，外道魔眷，皆由不知二种根本，错乱修习。"正此意也。

作是语已，五体投地，如是三请，终而复始。

【讲】　此至再不已，必至于三。其殷勤恳切之意，已自可见。

〇丙二　师资缘合

尔时世尊告文殊师利菩萨言：善哉善哉！善男子！汝等乃能为诸菩萨，咨询如来因地法行，及为末世一切众生求大乘者，得正住持，不堕邪见。汝今谛听，当为汝说。

【讲】　此师与资合。请合佛心，所以许宣也。重言善哉，以二问皆符佛意故。汝指文殊，等兼大众，以十万云集，一人问即众问故。咨询下，牒前请词。佛加以得正住持句，即显前之三心。以直心正念，不念余法为正。深心集善，安住修习为住。悲心普度，誓愿摄持为持。三心能发，邪见无由发生，故云不堕。《华严经》云："忘失菩提心，修诸善法，是名魔业。"是故菩提心不可暂忘也。可不慎欤！末二句诫许。《大论》云："听者端视如渴饮，一心入于语义中。踊跃闻法心悲喜，如是之人可为说。"今佛既赞其问，又诫其听，是师缘与资合矣。

【记】 佛既许说，又诫谛听，于是文殊及诸大众，欢喜恭默，敬待闻法，此之谓师资缘合。资，指弟子言。谓师弟之因缘凑合也。听字上加一谛字，最妙。谛者审谛，万念一齐放下，只有一听法念头，故谓之谛。听而不谛，听如不听。闻思修曰三慧。听是闻，即耳识也。谛是思，即意识。耳意两识同时，名为同时意识。当其思时，即是观，亦即是修。三慧同时而起，并无前后。

时文殊师利菩萨，奉教欢喜，及诸大众，默然而听。

【讲】 此资与师合。许顺资机，所以及众默听也。《十地经》云："如渴思冷水，如饥思美食，如病思良药，如众蜂依蜜。我等亦如是，愿闻甘露法。"即奉教喜听意也。今文殊既自奉教欢喜，仍复同众默听，岂非资缘与师合乎？

○丙三　酬请开示

○丁一　略示

善男子，无上法王，有大陀罗尼门，名为圆觉，流出一切清净真如，菩提涅槃，及波罗密，教授菩萨。

【讲】　首呼善男子，即称文殊。显答问之言有所系属，令注意耳。法王即是如来，出能证之人。意谓如来证无上法，于诸法中，得大自在故。以下之文，出所证之法。陀罗尼，此云总持。有多字少字一字无字之不同。多字如《楞严》等咒。少字如《大明王》等咒。一字如吽字。无字即指一心。皆能总一切法，持无量义。今故取无字，谓一真法界，灵明不昧之心也。竖穷横遍，无法不赅，故称为大。既能总持，复能出生，故称为门。以表有体有用，能入能出，故取喻如门。照无不遍曰圆，对境不迷曰觉，此指因地心也。一切者，总赅之词。谓总赅以下因果二利等诸妙德故。无不从此法界流，故曰流出。

谓如来依此逗机施教,众生亦依此证果修因故。真如即《起信》中心真如门。以其离言说相,离心缘相,从来不与染法相应,故曰清净。菩提是智德,以离烦恼而证故。涅槃是断德,以断生死而成故。上三妙德是属果。梵云波罗密,翻为彼岸到。依此方顺义回文,应云到彼岸。谓修此可以离生死此岸,度烦恼中流,到涅槃彼岸故。《华严》有十,诸经唯六,检法数可知。此属因行。教授句,即显上所流出因果妙德之业用也。谓能以如上所流出之大法,教授菩萨,依之修行。令依因而趣果,此大陀罗尼之行相也。

【记】 心之一字,为法界之缘起。成佛成菩萨,皆此心也。成为流转六道之众生,亦此心也。世尊不说心字,而变其名曰大陀罗尼门者,因心字最易误认以攀缘者为心,故说异名。无法不在里许,故称大。无字陀罗尼,即吾人不生不灭微妙之心。门字有出入义,一切法从此出,一切法由此入,故曰门。无上法王,即诸佛之通称。如如来两字,亦诸佛通称也。超过一切曰无上。以自己所证之法,普及大众,说法自在,故曰法王,法王有自在义。圆觉,即生佛同具之心。一切经从佛圆觉中流出,复向众生圆觉中流入。真如是性德,一念不生,无有可遣曰真,万法自如,亦无可立曰如。众生为三业所障,无念不妄,所以不真,二六时中,时时变迁,所以不如,反此则清净矣。清净者,毫无染污之谓。一真一切真,一如一切如,故曰一切清净。菩提是智德。涅槃是断德,谓断生死也。夫在佛则曰果德,在众生则曰因心。盖迷则谓之烦恼生死,悟则谓之菩提涅槃,其实同是一心。故曰生佛相去不远,在乎一念迷悟之间耳。此即顿教法门。然而不可离修谈性,流出二字,即令众生修也。何则?一念悟,即涅槃流。一念迷,即生死流。故下即接云波罗密。波罗密者,到彼岸也。义即所作已办,即是修德。所谓布施、持戒、忍辱、精进、禅定、智慧之六度是。《华严》则开为十度,于六度外,加便、愿、力、智。上智字指根本智,下智字指后得智。彼对此言,此乃生死,彼乃涅槃。欲由此岸度到彼岸,不可不乘圆觉法船。然圆觉中更有最妙之大愿船曰南无阿弥陀佛,即念佛法门是也。诸君请看,外而时局纷纭,内而无常迅速,别种行门甚难,惟此一声佛号,当下可了生死,彼岸得以飞渡。乘此愿船,至稳且捷。如赴美洲留学,学成回国,自有作为。我辈今日宜速求生净土,亲闻说法。然后回入娑婆,再来维持。一念蹉跎,人身一失,悔之晚矣!切嘱切嘱。佛说此法时,座中并无二乘,故曰教授菩萨。因二乘不能知此法故。二乘能自利,不能利他,其觉未圆。故大乘教法,谓之不共法,不与二乘共也。吾人修菩萨道,宜先发菩萨心。

○丁二　详示

○戊一　长行

○己一　为酬初请

○庚一　明真因有力

一切如来,本起因地。皆依圆照,清净觉相,永断无明,方成佛道。

【讲】　请意词句,虽似阿难。答意别为一类。最上利器,故先明成佛根本,起于因地。若因地不真,果招纡曲。故当首示所依也。言皆依者,不惟一佛如此,佛佛无不皆然。圆照句大须注意。觉相的相字,宜作性字看,所谓无相之相,即性相不二之实相也。状同净镜,性若澄空,烦恼不能昏,诸尘不能染,故曰清净,此指本觉之体也。从本以来,非有相,非无相,非双亦相,非双非相。口欲言而词丧,心欲虑而意忘。离过绝非,莫可思议。惟有放下尘情,背尘合觉,前念已灭,后念未生,正恁么时,惟有灵光独耀,智与理冥,如孤月圆明,晴虚独朗,始称圆照,谓圆满普照也。前文云:身心寂灭,平等本际,圆满十方,不二随顺。此圆照之功,即随顺不二之境也。无明本空,佛道本有,果能于此一念相应,只此一念之间,便是断无明;成佛道时也。试看永断方成四字,诚非易易。若说一念,则不难也。难在永字与方字耳。

【记】 本起因地,即最初根本。最初发心是此地,后成佛道亦是此地。地者,心地也。因真而后果正,最关紧要。觉相之相,是真实相。所谓无相之相,即性是也。吾人用功时,以觉觉迷,中有觉念。是虽觉而未离相,故非清净。不清净,即非真觉。若其前念已灭,后念未生,中间不住有,不住空,不住双亦,不住双非,乃为清净。一照一切照,乃曰圆照。必须从此下手,故曰依也。吃紧功夫,即在圆照二字。吾人一念断无明,即一念是佛。后念无明复起,又成众生,必须念念圆照,念念是清净觉相,即照字之念亦无,无照字之念亦无,如此乃谓之无明永断,佛道方成。故曰永字最难也。

〇庚二　明执妄成轮

〇辛一　执所变成轮

〇壬一　征由妄执

云何无明?善男子! 一切众生从无始来,种种颠倒,犹如迷人,四方易处,妄认四大为自身相,六尘缘影为自心相。

【讲】首句承前征起。上云永断方成,但不知无明何似,故承前而征起之。佛呼善男子而诏告之曰:一切众生,通指九界。无始来者,远指晦昧真心,即最初根本无明;近指一念忽起,即现在枝末无明。于本无我中,横计为我。于本无法中,横计为法。故云种种颠倒。因其不甚明显,故借迷方一喻而显之。故曰犹如迷人,谓迷方之人也。晦昧真心,如迷人尔。本无我妄计我,本无法妄计法。计我即我执,计法即法执。共有四种:名为俱生二,分别二也。此四皆是于无中计有,故以四方易处喻之。所谓将南作北,指东话西,一方既错,四方随错,故喻显颠倒四执之义也。虽知颠倒,未明因何法起,故以妄认身心而释之。四大,指地、水、火、风四大假合,本无实体。认为自身,即是执我。认此身为实有,即是执法。本不当认而认,故称妄认。六尘,谓色、声、香、味、触、法。于六尘境上,现起能缘影子,是虚妄分别想相。托尘似有,离尘则无,故以缘影称之,其实名为妄想。认妄想为自心,即是执我。又认之为实有,即是执法。恐未甚领会,故下以喻显。

【记】 妄认即执,执妄故轮。何以执妄,由有种种颠倒。如凡夫非常计常,非乐计乐,非我计我,不净计净,此四荣颠倒也。二乘常计无常,乐计非乐,我计无我,净计不净,此四枯颠倒也。颠倒即是无明。一切众生,包九界而言。世间六凡,有枝末无明。出世三圣,有根本无明。无明未断尽,即不免轮回。犹如迷人二句,喻颠倒也。一方差,则方方差,迷之为害大矣!认四大为身,六尘缘影为心,此无人不颠倒者。世尊大悲,故就执病最深现前易见处,特特拈出。试问博地凡夫,哪一刻哪一念,离开四大尘影之妄执者,所以轮转生死不息也。悲夫!或曰:如果离开,岂非同死人一般乎?古人云:从前种种,譬如昨日死。以后种种,譬如今日生。正要你死过一番,方能离幻,方能了生死。然世人一生奔走衣食,如何做得到。要须得过且过,得放下即放下,时时从身口意做功夫。身礼佛,口念佛,心观佛,三业清净。虽未能即断无明,而时时观照,庶几渐证清净觉相耳。

　　〇壬二　喻显妄执

譬彼病目,见空中华,及第二月。

【讲】　目指清净眼,喻本觉真智。病指白翳赤眚,喻根本无明。病目者,有病之目也。目既有病,则所见不真,喻众生妄见。空指晴明空。月指清明月。空本无花,月亦无二,皆喻本觉真理。第以目有眚翳,因病目而见空有狂花,天有二月。狂花喻四大为身,二月喻缘影为心。殊不知身心皆属妄境。惟妄见有见,真见无见。妄心有知,真心无知也。何以故?以理智不二,心境一如故。

【记】 空中花，身相也。第二月，心相也。

○壬三　结示应征

善男子？空实无华，病者妄执。由妄执故，非唯
惑此虚空自性，亦复迷彼实华生处。由此妄有轮转
生死，故名无明。

【讲】 空实无花句，举空花摄二月故。意谓本觉性
中，惟如如智及如如理。所谓智亦如，理亦如，一如无二
如。喻如净明眼，见晴明空，唯有晴虚，迥无所有。哪有
四大之身相，缘影之心相。今所以有此身心者，因无明
妄见而有。大似空花二月，因病目似见而有也。故曰病
者妄执。由妄句，是重牒上句。谓病目起似见，妄执花
月，是空中实有。此人已惑虚空之性矣，以空性无法可
当情故。非惟，犹云不但。谓此人不但惑空之性，且更
有甚焉者，故云。又复迷虚空实有花生之处，意显因无
明妄见，执此身心二相，是真性中实有。而不知真性中

惟有如智如理耳。更有迷之甚者,不但迷真起妄,而又将妄作真,迷惑妄元。言实花生处,喻诸妄之根元也。妄元指无明,以无明为身心之根故。上来惑空性,是迷真体。迷生处,是惑妄元。迷真体则不能修真,惑妄元则不知断妄。所以生惟模糊而生,死亦模糊而死;一念善天上人间,一念恶地狱鬼畜。故云由此妄有轮转生死。末句结成。

【记】 讲义已明,勿待赘言。

〇辛二 执能变成轮

〇壬一 明无明无体

善男子? 此无明者,非实有体。如梦中人,梦时非无,及至于醒,了无所得。

【讲】 无明为能变,身心为所变。所变虚妄,上已分明道破。能变虚妄,恐犹未了,今且先明无体,故云非实有体。以迷时似有,觉则元空,故借梦物以显无体也。

【记】 变者变现之意,譬如迷心变识。心为能变,识即所变也。此科能字及上科所字，皆就生灭门不觉义边说。上科所变，指妄身妄心。此科能变，即指无明。无明是根本，身心是枝末。由根本而生枝末，由无明而生身心。然无明无体，实不能生，不过有变现耳。如以一巾幻作一兔，俨然兔也。然特由巾变出，岂由巾生出哉？无明变现身心，亦复如是。于此不执，即无轮回。盖最初无明，是依他起性。执之则为遍计执性。遍计，惑也。由惑而造业，造业故受轮回之苦。若其无执，即无惑。无惑，即不造业，即无轮回之相。是故病根在一执字。说到无明，境界极细，谛听谛听。无明者，黑暗之义。不在内，不在外，不在中间，乃一假名。今试问心在何处？自内至外，自顶至足，遍寻不得，只有一黑漆漆地，即无明也。烦恼一起，无明即现，是为枝末无明。若根本无明，则大而无外，小而无内，遍一切处。枝末无明，无体而尚有根，根本无明，并根无之。谓之根本无明者，因其为枝末无明之根本，非言其有根也。然则根本无明，从何而来，并无来处。一念不觉，即是无明。如无明贼，固是可畏，然不必畏也。何以故？非实有体故。如灯能破暗，暗既能破，可知无体。譬如全室黑暗，灯光一然，暗相即无。真智一照，无明何在？全体即是如来大光明藏矣！以灯破暗，以智破惑，其理一也。吾人若能不执,则无明性空,我法二执皆破,即是真如。并非离无明,别有真如也。众生未悟以前,内而身心,外而世界,俨然是有。及至大悟以后,方知一切身心世界,并无实体。譬如梦中所见人物,俨然是有。迨其醒来,了无所得。夫既了无所得,岂得谓之有体哉?梦中人三字,非谓做梦之人,乃指梦中所见者。人字当作物字看,喻无明不觉也。醒喻觉悟。了无所得,喻无明无体。凡拿得出者为现量境。如拿不出乃非量境,全是独头意识,如梦境是。

〇壬二　明无明无因

如众空华,灭于虚空,不可说言有定灭处。何以故?无生处故。

【讲】　无因义隐,故重设花喻以显之。如者,设若义。妄境非一,故称众花。是华惟病目能见,喻妄境唯无明能现也。目若病愈,不见空花,宛似于空处灭。喻迷若悟时,了达本无无明,岂非于如中灭乎?然花似灭于空处,不可言空里定有灭处。喻妄似灭于真中,不可言真如定有灭妄处也。何以二句,乃征释不可说义。谓既有灭处,必有生处。尔当谛观虚空原无生处,又岂有灭处哉? 虚空尚尔,况真如耶? 乃足见无明无因矣。

【记】 无因者,无根也。空花甚多,故曰众。空花喻无明,虚空喻真如。众空花灭于虚空,喻无明灭于真如。夫无明有根本枝末,因此现出身心世界,皆是空花。迷人不知空花由于病目之所变现,认为实有。及至病目愈后,不见空花,遂谓空中花灭。试问此花究竟灭于虚空何处? 寻觅不出。何以故? 虚空中本无生花之处故。然则无明之灭,以为灭于真如。试问究竟灭于真如何处? 寻觅不出。何以故? 真如上本无生无明之处故。故曰无因也。

　　○壬三　结妄见成轮

一切众生于无生中,妄见生灭,是故说名轮转生死。

【讲】 众生,指未悟真理人也。试研上喻,已知真不生妄也。真既非能生,而无明即非所生,何以众生妄执无明有生灭者,所以云无生中妄见生也。本是虚妄,谬谓真实。三细六粗，缘此而兴。是故说名轮转生死，非无谓也。

【记】 无明本无生灭。说生说灭，皆众生妄见。轮转生死，皆从此起。无明既无生灭，何况真如，岂有生灭？须知一切境界，皆是依他起性，因缘和合而生。生即无生，所谓不生不灭是也。只要对境不起分别妄见，我法二执即空，当体即是真如。此文殊章全文，皆教人悟一切法皆无生灭，有生灭即妄见也。对妄言真，故真如之名，亦是强立。当知无明是假名，真如亦是假名。一切众生，指未悟道之人。人若悟道，了得无明无生灭，即了得真如无生灭。由其不了，故有三细六粗。前言大悟以后，一切身心世界，一无所有。所言无世界者，并非真无，特不执而已。如昔人自言其学道境界云："二十年前，见山是山，见水是水。"此言凡夫境界，妄心分别也。复云："二十年后，见山不是山，见水不是水。"此言其用功时，但见道见心，不骛于外也。又云："大悟以后，山还是山，水还是水。"据此言之，何尝无山水哉？特不执而已。内而身心亦然，此理不可不知。三细六粗，乃生灭门中微细之相，即不觉之相。自众生至菩萨，皆不离此。见《大乘起信论》。甚关紧要！兹略述之。夫一念不觉，遂有无明，即第八识。所谓无明业相是也。于无生中，妄见生灭，起心动念，而有转相，此妄心也，名曰能见相。由能见相而有现相，谓现妄境也，亦曰境界相。此是俱生法执。然妄心妄境，尚是种子，极细极细，非菩萨不能见，是为根本无明。是为三细相。由此而有六粗相。六粗者，因境界相而起分别，是为分别法执。故第一曰智相。此尚属根本无明。念念分别，相续不断，故第二曰相续相。自此流入枝末无明矣。依相续而执著，故第三曰执取相。乃思惑也。是为俱生我执。依执取而计名字，故第四曰计名字相，乃见惑也。是为分别我执。依计名字而生爱憎，动于身口，造种种业，故第五曰起业相。业即招报，受轮回苦，故第六曰业系苦相。古语云：无明为因生三细，境界为缘长六粗。此细相粗相相生之次第也。修行之法，即就原路还家。从苦相，了业相，除名字相，破执取相，一步一步，逆流而进。然而末世凡夫，业深障重。欲求赤紧用功，较易着力之处，先在破执。此是下手功夫。如能执而不执，取而不取，一刀两断，乃是上根利器。如其不能，只有广造善业，对治恶业，亦可免招苦报。盖佛法修行，宜在因上做，不在果上做。故了生死，须从未来上注意。故欲免造业招苦，先当破执。破执如何着手？须修道谛。道不出戒定慧三学，以其对治贪嗔痴三毒故。三毒者,生死之根也。三学者,斩生死之剑也。然而难言之矣。即如诸君,终日忙忙碌碌,非公事,即私事。戒既不能全持,定又不能专修,慧之一字,更不必言。然则又当如何着手?诸君诸君!惟有念佛法门矣。此一法门,包括无量法门,乃我世尊金口所宣。历来用此法了生死者,斑斑可考,岂可不信!以我之信力,契佛之本愿,但能一心不乱,即可带业往生。便莫便于此矣,稳莫稳于此矣!虽生下品,犹胜天宫。迨居净土,亲闻说法。则自相续相以至三细相,自然一切清净,诸君不可自误!若能兼修三学,生品更高。是在诸君自勉之耳。

○庚三　明妄尽还觉

○辛一　以智除妄

善男子?如来因地修圆觉者,知是空华,即无轮转,亦无身心受彼生死。非作故无,本性无故。

【讲】　如来因地,指佛初发心时也。初发心时,即便修于圆觉,知非小根劣器矣。知字急须着眼。所谓知之一字，众妙之门。凡夫所以不知，以其无始觉智也。如来因地初发心时，即有此知，知即智也。始觉真智，能知身心无明之妄，皆如空华。但以众生不知，妄受轮转。然众生所以不知者，以有念故。今既知是空花，则当下离念。故曰即无轮转。只此离念一法，便是断无明之利斧也。根本既断，枝叶自然不生。故曰亦无身心受彼生死。此真圆顿教中的大榜样也。试看渐教钝根，必须研真断惑。真穷惑尽，其必作之使无。今顿教则不然也。若能悟矣，便知妄无自性，全体即真。故曰非作故无，本性无故。

【记】　妄尽还觉，是如来因地。如来当未成佛以前，亦是苦恼众生，与我辈正同。如来即由此因地成佛，我辈亦可由此因地成佛，此理易知。然我辈直至今日，依然轮转生死，并未成佛者，无他，修不修之异耳，修圆觉不修圆觉之异耳。经言："无量劫前，佛与阿难，同时听法。及至如来成佛，阿难犹为侍者。何以故？阿难常求多闻，如来常求精进故。"是故我辈今日，切不可听而不修。然则圆觉将如何修？即是圆照清净觉相之圆照二字。修圆照功夫，如何方能得力，即重在一知字。此知，即寂而常照之知，即是真智，亦即妙观察智，亦即如如智，大乘止观名为无尘智。如来因地修圆觉时，了得身心世界，皆是无明之所变现，全在用此真智。我辈今日学佛，如能用此真智，时时观照，当下即了生死。何则？内而身心，外而世界。知是空华无实，即不起执著。当下离念，我法二执即空。岂复尚有轮转，尚有身心受彼生死耶？非同藏、通、别三教之人，不能当下离念。必须渐渐断惑，渐渐证真。此中作用甚多，谓之分断无明。若修圆照功夫，知之即离，离之即觉。故曰非作故无。何以能不作而无，以真如性中，本来无故。试观知字，即无字，何等直捷！此乃圆顿大教，难可遭逢，急宜着眼。诸君试离离念看，保得无穷受用也。

○辛二　泯智合觉

彼知觉者，犹如虚空。知虚空者，即空华相。亦不可说无知觉性。有无俱遣，是则名为净觉随顺。

【讲】　彼、指物词也。知觉，即能知空华之知觉。

仍指真智而言。此智由离念而显,当体即真。故曰犹如虚空。虚空,喻真理也。如智如理,原无二如。若更起念欲知同虚空之真智者,即是于虚空中,又复生出空花矣。故曰即空华相。古德所谓灵光独耀,迥脱根尘。光同净镜,不同镜体之无知。故曰不可说言无知觉性。同虚空,非有也。灵光耀,非无也。非有非无,故曰有无俱遣。既然俱遣,则不可说有,又不可说无,当如何称谓?故曰是则名为净觉随顺。谓净圆觉心,可以随顺证入矣。

【记】 上科破境,此科又破智。真智无须乎泯。然博地凡夫,用功之时,以智观境。此智并非真智,仍是情识。特下手时,不能不借以为用耳。故须逐层遣除,如知身心是空花矣。然彼知是空花之知觉,亦如虚空之花。更进一步,即知此知觉如空花之知觉,亦是空花之相。一切皆无实体。然则知觉之性即无耶? 亦不可说。所谓不许说有,不许说无。盖说有即执有,说无即执无。凡有所执,即是妄念。必须有无一切俱遣,无知而知,知而无知,方为净觉。我辈看经听讲,不过悟点真理。必须勤用功夫,时时参证,是为净觉随顺。随顺者,随顺真理以合真智也。真理,如如理。真智,如如智。原无两样,要在能随顺耳。此段文字极玄妙,宜细研究,亦不得著文字相,即是有无俱遣。总之,本科皆表离念之相,即是放下一切。此种净觉境界,并非证不到,但怕站不住。宜每早或晚,依此行之。放下一切,空空洞洞,历历明明。如其起心动念,即行念佛,打断妄想。如此做去,本不为难。所难者,即念头放不下耳,切要切要!大智慧光,皆从此出。

〇辛三　征释还圆

何以故?虚空性故;常不动故;如来藏中,无起灭故;无知见故;如法界性,究竟圆满,遍十方故。

【讲】　首句,谓何以有无俱遣,名为净觉随顺耶?此征起也。以下是释成。先释净字,即指清净真如,虚空句,即起信真如中之空义。非有无一异等相,以离虚妄心念故。常不句,指真如体。其体不变,故无能动。如来句,指真如用。体虽不变,用有随缘。所谓随染净缘,起十界事。虽随缘起灭,而本体凝然,故无起灭。既无起灭,惟是真体,则根尘迥脱,虽有知见,凭何为依,故无知见。既起灭无从,知见不立,则脱然清净矣。次释觉字。法界,指事法界言。谓一一事法,各有界分,不相紊故。言如法界性如字,作称字看。言知净觉已,仍复谛观此理,称法界而为性,此即理随事遍也。究竟句,既知理随事遍。仍须审谛进观。久之不见有事,全事全理,故云圆满。此即事得理融也。既得事理融通,自能互遍互摄,重重无尽。故曰遍十方故。此释净觉随顺义也。

〇己二　为酬次请

【记】　自此以下,细看讲义可知。

是则名为因地法行。菩萨因此于大乘中,发清净心。末世众生,依此修行,不堕邪见。

【讲】　首句,结前因地法行也,以下正示。谓如来既依之成佛,菩萨即宜因此发心。发心求佛,自应不慕

083

小道,故云于大乘中,发菩提心。即前所发三心是也。末世众生,若能依此发心修行,自然得正住持,而不堕邪见。长行竟。

　　○戊二　偈颂

　　○己一　标颂

尔时世尊,欲重宣此义,而说偈言:

【讲】　凡偈颂有四种不同:一通颂。不论长行偈颂,但数满三十二字,即为一偈。二讽颂,但以偈说法,非颂长行。我祖名为孤起颂。三应颂。与长文相应故。又称重颂。为钝根人重说故。四集施颂。谓集少言以摄多义,施他诵持故。如槃特迦所持者是也。今于四中,属应颂摄。此一种中,开之复有六种。一超颂。长文在后,颂在前故。二追颂。以前之长文未颂,追其已失而颂故。三广颂。长文略而颂广故。四略颂。长文既详,颂可略故。五补颂。长文未周,颂中补出,文不类而义同故。六义颂。文与长行异,义与长行一故。

○己二　正颂

○庚一　颂酬初请

○辛一　颂正因有力

文殊汝当知,一切诸如来,从于本因地,皆以智慧觉,

【讲】　此经俱略颂也。长行犹恐未周,今复说偈,故告以当知,谓少言而摄多义,不可忽也。中二句,文同长行。智慧,即指清净觉相。觉字,即能断无明,成佛道。此义摄也。

○辛二　颂执妄成轮

○壬一　颂执所成轮

了达于无明,知彼如空华,即能免流转。

【讲】　了,谓根本能生枝末。达,谓枝末即有身心。

执我执法,妄有轮转。空华,兼摄二月。彼字,指现前身心言。知字,即始觉智。大乘止观称为无尘智。谓设能知彼四大假合之身,六尘缘影之心,如空华二月,自然不起我法二执,又无造业招报等事,故能免流转也。

○壬二　颂执能成轮

又如梦中人,醒时不可得。

【讲】　意谓起念成迷,似有无明。故如梦中之人,梦时非无。若离念即觉,觅之了不可得,如醒时不得也。观此足知灭本无灭,生亦无生。故长行云:"于无生中,妄见生灭,故说轮转生死"。诚可悯也。

○辛三　颂妄尽还觉

觉者如虚空,平等不动转。觉遍十方界,即得成佛道。众幻灭无处,成道亦无得;本性圆满故。

【讲】　首二句,颂诸妄净尽也。觉字,长行云彼知觉者。所谓了妄即真也，故如虚空。平等者，既知真妄同空，则有无生灭，皆平等也。不动不转，真体不变，三世不迁。长行所称净觉者，此也。次二句，颂不真何待也。其意谓谛观净觉，理随事遍，故曰觉遍。觉既遍已，仍进观之，事得理融，互遍互摄，故得至十方界，所以即成佛道也。或谓上云真妄同空，妄固无妄，真亦无真。如是则无妄可灭，无真可显。无妄便不堕众生，无真则不成佛道。今而云成佛者何也？故说后三句防之。意谓众幻元无，并非灭真。佛道本成，又非得真。须知本性圆满，因执妄而成轮。妄尽真圆，义言成佛。幸勿以有成为疑而难问也。

〇庚二　颂酬次请

菩萨于此中，能发菩提心。末世诸众生，修此免邪见。

【讲】　如文可知。释发起序竟。文虽发起，义涉正宗。实为最上乘人，开佛知见。即所谓明心见性，立地成佛，悟后正好修行也。以上大科序分文竟。

○甲二　正宗分

○乙一　为上根人示真修

【讲】　正宗分乃出本经之正义，明当教之宗源也。文有十章。大科分五：初为上根人示真修。以首章真性澈显，上根人已得领悟，故首科便示真修也。真修有二：一顿，二渐。

○丙一　示顿修

○丁一　普贤启请——普贤章

于是普贤菩萨，在大众中，即从座起。顶礼佛足，右绕三匝，长跪叉手而白佛言：大悲世尊，愿为此会诸菩萨众，及为末世一切众生，修大乘者，闻此圆觉清净境界，云何修行。

【讲】　从首句至云何修行，是具仪总请。此中圆觉清净境界，即前文圆照清净觉相。足见前章是显性，故圭峰判入正宗。此章是示修，故请云何修行。足证性修二门，俱不得偏废也。意谓佛前所说知是空华，即无轮转，亦无身心受彼生死。是约最上根人，一念顿悟，当下即了者可然。至若无如是人，又且如何？想必不假修行，定难了脱。若必修行，宜云何能修也？故总问云何修行。

【记】 圭峰自前章于是文殊师利以下，即判为正宗分。山僧则判为发起序，而以普贤以下十章为正宗分者，各有用意不同。盖圭峰因佛告文殊，皆无修无证最上法门，乃彻底显性之谈，亦即当经之宗要，故判为正宗分。山僧则念似此彻底显性最上法门，佛是在定中说，法侣是在定中听，若非文殊法身大士，何能发起，故判为发起序。且彻底显性之谈，吾人若能直下彻悟，何劳修证？但恐未能承当，必须渐次修行，方克证道。故断自普贤以下十章，为正宗分。以此十章，是上中下三根修行法门故。亦令学人，知悟修不可偏废。徒悟不足以证道。且悟不过开其眼界，如见镜中之相，并非真头。若不精勤修证，永无受用也。《圆觉》一部经，只有悟修二字。文字不多，乃全部大藏之指南。文殊是大智，所谓理观。普贤是大行，所谓事修。顶礼佛足，乃至而白佛言。是不起于定，现诸威仪，所谓东方入定西方起。以表全理即事，全事即理，事理并无分别。身口意三，在佛谓之三轮。在众生谓之三业。不曰根而曰业者，以此三根，能造种种业也。如不行十恶而行十善，为世间业。礼拜观想看经参禅等等，为出世间业。无论何业，不离此三。故今普贤为大众启请，亦不离此三业。顶礼佛足，身业也。右绕三匝，意业也。长跪叉手而白佛言，口业也。即此威仪，便是修，便是三业清净。大悲者，同体大悲也。现会菩萨，变易生死未了。众生，分段生死未了。非大悲不能救之，故称大悲。正法千年，像法千年，已成过去。如今之世，正当末法万年之初分，故曰末世。非凡夫初心，非二乘初心，乃初发菩提心之人，故曰修大乘者。闻者，从四依弘法之人而闻也。比丘，居士，皆包在内。自利而不利他，不能谓之弘法。是故诸居士，欲弘大教，当发大悲。圆觉清净境界，即是圆照清净觉相。觉相，是无相之相，即是真境。真境，是无境之境，即是性也。譬如青黄赤白长短方圆诸色，初与眼合，尚未分别，乃眼识之现量境迨知此青也，此黄也，乃至此方此圆也。堕于名言，已落到意识上，了了分别，便非真境。修大乘者，虽闻觉体圆满，境界清净，然为无明盖覆,所以要修。八识田中,无明业相,时时流动,变现成识,所谓现业流识。不修,则习气难除也。

世尊！若彼众生,知如幻者,身心亦幻。云何以幻还修于幻？若诸幻性,一切尽灭,则无有心,谁为修行？云何复说修行如幻？若诸众生,本不修行。于生死中,常居幻化。曾不了知如幻境界,令妄想心,云何解脱？

【讲】 此持难别问也。问意有三：一谓若彼众生,知一切无明身心,皆如空花,即是知如幻者。如是则四大假合之身,六尘缘影之心,皆如幻不实也。既皆如幻不实,又如何以如幻不实之身心,而还修治于如幻不实之无明耶？譬如以水洗水,水益增多。岂非反资无明,有何益哉！此一问也。二谓纵若无明幻性,一切尽灭,则亦无有身心,以身心从无明有故。无明既无,则身心亦无。既无身心,设有顿悟,教谁修行。云何如来寻常复说,必要历事造修,净治如幻之无明,以成正果耶？譬如以空合空，空无益而合无功。徒劳努力，修奚补乎？此二问也。三谓若诸众生，闻说如幻，即知不实，本来不用修行。谓理观事修，均可不用也。果尔，则一切众生，常在生死，而起惑造业，业必招报。乘善业则升天上人间，随恶业则堕地狱鬼畜。惑业不绝，果报常沦，尘沙劫波，莫之能返。谓不假理观，无由顿悟，曾不了知如幻境界。不历事修，无明宛尔，令妄想心，云何解脱？心尚不能，何况于身？但益系缚，终无解脱之期。如是则举世皆成梦汉，谁为大觉人耶？此三问也。三执既陈，二修必要。钩深索隐，无以加矣。非普贤孰能与于此也。

【记】　上章，知是空花，即无轮转。夫身心世界，既皆空花。然则作恶亦空花耶？习气亦空花耶？修亦空花耶？最易误会，所以普贤特特启请。众生，即闻空花之众生。知如幻者，如幻字，指无明。身心因无明而有，无明既幻，身心亦幻。今以如幻之观，如幻之熏而修。仍不离四大假合之身，仍须用六尘缘影之心。然则所修之无明，幻也。能修之身心，亦幻也。如以净水洗浊水，浊水愈增。以幻修幻，岂非增长无明耶？故曰云何以幻还修于幻。此初请之意也。幻性即无明。既无无明，即无身心，故曰尽灭则无有心。无明尽灭，空也。无有心，亦空也。一切皆空，谁为修行。然而复说修行如幻，岂非以空合空，修亦徒劳。此二请之意也。夫以幻修幻，增长无明。以空合空，修又无补。是修行二字，可以不言矣。然而若诸众生，本不修行，则必常居生死幻化之中。曾不了知境界如幻，而因惑造业，因业招苦，轮转无穷。令妄想心，云何解脱耶？然则欲出生死，仍非修行不可矣，此三请之意也。请虽三番，其意重在修上。盖普贤因文殊章，谈性未言修。本会及末世众生，未必皆上根人。得意者，固是醍醐。不得意者，即是毒药。何则？听法之时，虽知一切空花，迨遇境缘，不知不觉，被境所转，不能转境。非用琢磨功夫，无明不断，永流生死。细观普贤请词，可知悟修并重。夫悟者，悟心为一切法之体耳。但能了此，并非真悟。必须或即理观而修，或即事相而修。修之勤久，一时触着关捩，大彻大悟。了得世界众生，皆我本来面目，种种之性，皆是一性，方为真悟。若但云，悟得本来清净，尚非本来面目。何以故？本来面目，范围极大故。一切即一，一即一切，岂仅清净二字，足以当之。不但此也，尤须现量见，不是比量见。且就令悟到如此境界，然多生习气，尚难永除。修之一字，顾不重哉！

　　愿为末世一切众生，作何方便，渐次修习。令诸
众生，永离诸幻。

　　【讲】　此结请方便也。前总请，通于现未。此结
请，偏为未来。良以现会有疑是权，末世误修堪悲故。
方便者，以理事二修皆为方便。二者不知所明，故以
作何问之。渐次修者，意谓先以理观，次依事修。由
理观故，一念顿悟，当下了知如幻境界。由事修故，渐
次琢磨，令妄想心，历位解脱。永离诸幻，端在是矣。
足见是过来人也。为怜末世众生，故推不知而备悉
问之。

　　【记】　最上根人之修，是理观而修。非同中下根对治而
修。无论理观对治，其必不可无修则一。且理观而修之后，
仍须不废事相，所谓与众生结缘也。何以故？无众生，无佛
可成故。理观事相，皆是方便。然不知先理观乎，抑先事相
乎？故结请渐次修习之方便。观愿为句，可知普贤意在为此

末世,因末世众生,甚可怜悯故。非同本会菩萨,常得闻法故。须知三请,非普贤有此执情,特为末世作方便耳。故结请,单提末世众生。

作是语已,五体投地。如是三请,终而复始。

【讲】 如上例知。

○丁二 师资缘合

尔时世尊告普贤菩萨言:善哉善哉! 善男子? 汝等乃能为诸菩萨,及末世众生,修习菩萨如幻三昧,方便渐次令诸众生,得离诸幻。汝今谛听,当为汝说。时普贤菩萨奉教欢喜,及诸大众,默然而听。

【讲】 当场一问,现未俱益,故重言善哉以赞之。非他人所能,惟普贤能之,故又以乃能而美之。修习句上,应加问于如来四字,其文方足。菩萨如幻三昧,宜如何习,始得身心自在,幻境永离耶? 良以菩萨和光六道,

095

垂手入廛，凡历一切境界，无论逆顺，皆以如幻二字印之。遇顺境也，识得如幻，则不生喜心。逢逆境也，识得如幻，则不起嗔心。空也如幻。有也如幻。利衰毁誉，称讥苦乐，皆如幻也。乃至生死，涅槃，两边，中道，亦如幻也。如是则在在皆为解脱之场。无处不是安乐之地。终日度生，不见度相。如斯修习，乃名如幻三昧。初学菩萨，宜渐次而修习，故曰方便。即以此之三昧，令众生而得离诸幻也。汝今二句，诚许。时普贤下三句如上。

【记】菩萨者，自利利他之人也。即是修大乘者。发大愿，悟大理，修大行，证大果，弘大教，方谓之大。即我辈专修净土，亦必先发大心，是为普度众生而修，方能上与阿弥陀佛本愿相应。至要至要！三昧，此曰正受，亦曰正定。了得一切境界如幻，自不见其顺逆，而起欢喜之爱心，烦恼之憎心。憎爱不生，不为境转，自不造业。一切境界不受，乃是正受，然必由修习如幻得来，故曰如幻三昧。菩萨了得生死如幻，故入生死海，不受生死苦。了得涅槃如幻，故能不住涅槃，而度众生。此三昧之大用也。憎爱不起，即枝末无明不生，得离诸幻,无明永断。根本无明既断,枝末无明亦除。吾人用功,宜将如幻二字,念兹在兹,刻刻不忘。不但身心世界如幻,即遇圆觉境界,亦当以如幻二字印之。何则?自以为清净,即不清净故。如不了此,最为误事。倘堕入清净无为坑中,佛亦难救。乃法身上之大病,不可不知。谛听,是审谛而听。即闻而思,即思而修,三慧同时而起,方为谛听。

○丁三　酬请开示

○戊一　长行

○己一　酬总请

善男子?一切众生种种幻化,皆生如来圆觉妙心。犹如空华,从空而有。幻华虽灭,空性不坏。

【讲】　圆觉妙心,具含世出世间一切诸法。不独如来有之,而一切众生,无不全体具足也。今云如来者,即前章云无上法王,有大陀罗尼门名为圆觉,是也。言一切众生种种幻化,即前所谓身心无明等皆是也。言皆生于如来妙心者,足见众生是佛心内之众生也。空花,喻种种幻化。虚空,喻圆觉妙心。从空而有,喻妙心随缘而起也。随缘而起,起即无起。随缘而灭,灭即无灭。故曰幻花虽灭,空性不坏。所谓芸芸是彼,我无预焉。若尔,直须以理观力,悟得缘起无性,觉体常圆。此先以理观修行,酬总请意也。

【记】 上而菩萨,二乘,下而凡夫以至畜生,皆是众生。故曰一切。众生种种幻化,总不出内外身心,依正二报,而实生于妙心之中。圆觉妙心,为如来之果德,亦众生所本具。但众生为烦恼所障,不得现前,故特标如来二字。如来圆觉,即文殊章无上法王之大陀罗尼也。修者修此,所谓如来藏性,岂是用幻化心哉?花虽从空而有,空本未尝生。故幻花虽灭,空性亦不坏。

〇己二　酬别问

众生幻心,还依幻灭。诸幻尽灭,觉心不动。

【讲】 前普贤别问中,起三执疑,故发三问。其第一问云:若彼众生,知如幻者,身心亦幻,云何以幻还修于幻。今此释第一疑也。佛意谓众生幻心，还依幻灭。幻心即是无明。以根本无明，是出世众生之妄想心。枝末无明，是世间众生之妄想心故。还依幻灭者，谓众生无明幻心，还依幻妄之身心，历事进修而得灭故。

【记】 众生无明幻化之心，如何得灭？下手时，仍须即此四大假合之身，历事进修，方了生死。仍须用此六尘缘影之心，修习理观，方得解脱，而后无明幻心乃灭。须知所灭者，特幻心耳。觉心本来不动，何以故？本无生灭故。是故吾人修行，先须悟此觉心，而后进修，方可得不生灭果。若误认生灭幻心为觉心，即得生灭果。切宜认清。

依幻说觉，亦名为幻。若说有觉，犹未离幻。说无觉者，亦复如是。是故幻灭，名为不动。

【讲】 此释第二疑也。其二问云：若诸幻性，一切尽灭，至云何复说修行如幻耶？今佛释云：诸幻尽灭，觉心不动。然此犹是依幻说觉，亦名为幻。何故亦名为幻耶？以若说有觉，犹未离幻，以是对待法故。然亦不可说为无觉，以说无觉者，犹名为幻，故云亦复如是。盖以无之与有，亦是对待法也。以是义故，幻灭名为不动。由不动故，方能和光六道，教化众生，建水月道场，作空华佛事，降镜里魔军，证梦中佛果，是名菩萨深修如幻三昧之行也。

【记】 觉心之觉，乃绝待之觉，并非对幻说觉。若依幻说觉，非真觉也。是故亦名为幻，以其因尘而有也。所以书中心性二字，言心而必兼性者，表其非生灭心也。我辈凡夫，离依他性，固是无心可谈，须知依他即是圆成。然必待参究之一念脱落，方是不生灭。若稍带有参究之念，尚是幻心。故曰，依幻说觉，亦名为幻也。若说有觉，犹未离幻，说无觉者，亦复如是，此四句更细。盖谓稍有微细分别，自以为觉，犹未离幻。然则无觉耶？ 不知既说无觉，尚有无觉之一念存，亦复是幻。不可以知知，不可以识识，到了连自己也不知的时候，方是不生灭。所谓净裸裸，赤洒洒地，一念不生，寸丝不挂，是名幻灭，是名不动。此段文微细极矣！下文则尤细。

善男子！一切菩萨，及末世众生，应当远离一切幻化虚妄境界，由坚执持远离心故。心如幻者，亦复远离。远离为幻，亦复远离。离远离幻，亦复远离。得无所离，即除诸幻。

【讲】 此释第三疑也。其三问云：若诸众生，本不修行，至令妄想心，云何解脱？今佛释云：当今现前一切菩萨，及末世中发清净心人。应当远离一切幻化虚妄境界，总显决定要修，非修不可也。盖普贤意，恐末世众生闻说如幻，即知不实，何必修行，故前言本不修行。今佛云应当远离者，意显幻化虚妄境界，务须修行而远离之。幻妄境界，赅法甚富，故云一切。如前所言，圣凡依正，身心无明，皆是也。但以远离非易，要在坚固执持远离之心，不得放松一点，或理观顿除，或事修渐遣，念兹在兹，不可暂时不防也。然此且约以心遣幻，果其幻灭，此心亦无所用。设存此心，犹是净眼中翳，亦如幻者，故应亦复远离，此遣第一重能离之心也。次言远离为幻者，谓上已知心如幻，重起远离。若果心既不有，则重离亦无所用。设存此重离，则粗翳虽离，细翳犹在，仍为如幻，故应亦复远离。此遣第二重离心之离也。此下又言离远离幻者，谓上以远离为幻，复起远离以遣之令化。若远离已化，则上之所谓离远离者，如净目之虚光，亦名为幻，故应亦复远离。此遣第三重离远离之离也。得无所离者，无可离故。至无可遣，如净目之真精，故云即除诸幻。首章所谓圆照清净觉相是也。又此四段，以后后离于前前。一是以心遣境，如观音之亡动静。二是以离遣心，如彼之亡根。三是以离遣离，如彼之亡觉。四是以极远离遣离远离，如彼之亡空。至得无所离，即彼空觉极圆，寂灭现前也。

【记】　此段承上文而来。幻化虚妄境界，谓之一切者，由外境以至自己幻心中比量非量等境皆是。应当远离四字，及坚执持三字，是用功方法。言此远离幻妄境界之心，志要固，行要永，务必坚持到底，方有效力。以下数句，逐层入细，皆禅上用功之病。未用此功者，并不知有此种种病也。盖禅人用功，至空空洞洞，极其畅快之时，以为甚妙。不知尚是妄想，尚应远离，谓远离用功之一念也。何以故？心如幻故。

不但此也，即此远离之一念，亦复是幻，亦应远离。更进一步，离去远离为幻之离字，亦是幻念，亦应远离。就令无念，亦复是幻，亦应远离。无念何以应离？以其堕于无记故。无记者，善恶皆无记别，即所谓糊涂心也。总之，用功时虽一极微细之念，皆当远离。离至无可离时，方除诸幻。此与楞严会上观音菩萨所说闻思修门，理无有二。特彼从耳根入，此从意根入耳。看讲义自明。现在尔我，外境尚未能离，何论后三层。然必预先研究，将来用功，方不至为境所瞒。此大乘经所以为大善知识也。末世修行用功，须时时以大经印证，庶不致为恶知识所误。切记切记！

　　譬如钻火，两木相因，火出木尽，灰飞烟灭。以幻修幻，亦复如是。诸幻虽尽，不入断灭。

　　【讲】 此喻上遣之又遣，至无可遣，可谓诸幻尽处，即是净圆觉心也。如彼观音生灭既灭，寂灭现前，即可超越，十方圆明矣。遣意难明，复借喻显。故曰譬如钻火，两木相因。以木能生火，故必相因方生。喻如虚幻境界，如无明生身心，身心复起无明，循环往复，无有穷已,故以相因喻之。火出木尽,喻心遣境。木尽成炭,炭热灰飞。然炭不顿热,灰必渐飞。喻离遣心,远离遣离,极远离遣离远离也。烟灭者,谓上以灰覆,是炭热未尽,尚有微烟。今既灰已飞尽,炭已热尽,烟已灭尽。喻得无所离,即除诸幻。所谓遣无可遣,永无有幻也。后四句,以法结合。以幻修幻句,统赅前之四重,谓以后后幻,修前前幻也。幻尽不灭者,显出净圆觉心,全体现前也。

【记】 以法合喻,如文易知。须知诸幻虽尽,觉心本来不动,何致入于断灭耶?

○己三　酬结请

善男子! 知幻即离,不作方便。离幻即觉,亦无渐次。一切菩萨,及末世众生。依此修行。如是乃能永离诸幻。

【讲】 佛意谓,若如我所说,则知幻即离,不作方便。离幻即觉,亦无渐次。释意谓既知是幻,但自不著,不著即离,故云知幻即离,则不须更作方便以离幻也。离幻即觉者,谓既已知幻即离,则离无所离,以离于幻也。既离于幻,圆觉妙心,昭昭不昧,故云离幻即觉。又何劳渐次修证为哉?故云亦无渐次。然虽如是。犹是理观,未涉事修,所谓理虽顿悟,乘悟并销,是也。若更重起事修,乃能永离诸幻,所谓事必渐除,因次第尽,是也。

【记】 此章所说之修,为上根人说。重在理观,乃顿教之修也。顿者,智慧明了,知即能离,离即全离,故不落于阶次。然知是悟,离是修,随修随证,顿教法门,亦不能不赖修功。况中下根人,多生习气,若无事修,安能永离乎?

○戊二　偈颂

○己一　标颂

尔时世尊欲重宣此义,而说偈言:

【讲】 准前可知。

○己二　正颂

○庚一　颂总请

　　普贤汝当知,一切诸众生,无始幻无明,皆从诸如来,圆觉心建立。犹如虚空华,依空而有相。空华若复灭,虚空本不动。

　　【讲】　觉心,即净圆觉心。此心均赋同禀,凡圣一如。而今言如来者,以众生迷之,名为理证,诸佛悟之,能究竟证,觉体虽同,而迷悟天渊。如裴相云:"终日圆觉,而未尝圆觉者,凡夫也。欲证圆觉,而未极圆觉者,菩萨也。具足圆觉,而住持圆觉者,如来也。"余如长行可知。

○庚二　颂别问

　　幻从诸觉生,幻灭觉圆满。觉心不动故。若彼诸菩萨,及末世众生,常应远离幻。诸幻悉皆离,如木中生火,木尽火还灭。

　　【讲】　初三句合颂,释前二疑。幻字,指二种无明,及与身心，无明是生妄之心，文云众生幻心，是也。身心是所生之妄，既皆从觉而生，即能障觉，设欲显觉，要必以现前身心进修事行，除灭能生无明，文云还依幻灭，是也。今以偈不足，且约文义补之。颂释第一疑也。幻灭觉圆满者，果其幻灭，仍复绝诸对待，则觉性圆满。动、犹去也。觉既圆满，去向何所，故曰觉不动。由不动故，所以能入廛垂手，教化众生。此略颂第二释也。常应远离幻者，长文云：应当远离一切幻化至远离心故。今幻之一字，即赅文中一切幻化虚妄境界。应远离三字，即长文应当远离。常之一字，即赅由坚二句。此颂遣第一重也。诸幻悉皆离一句，颂遣至第四尽得除诸幻止也。如木二句，喻颂可知。结合不颂。

○庚三　颂结请

觉则无渐次，方便亦如是。

【讲】　上句是超颂长文离幻即觉，亦无渐次。下句是追颂长文知幻即离，不作方便。此单颂理悟，不颂事修,足证此经顿教意也。普贤章竟。

【记】 偈颂玩讲义自明。

○丙二　示渐修

○丁一　普眼请示——普眼章

○戊一　众中具仪

于是普眼菩萨,在大众中,即从座起。顶礼佛足,右绕三匝,长跪叉手,而白佛言:

【讲】 科文中言渐修者,是圆渐,非渐渐也。

○戊二　备陈请词

○己一　正以备陈

大悲世尊! 愿为此会诸菩萨众,及为末世一切众生,演说菩萨修行渐次。云何思惟? 云何住持? 众生未悟,作何方便,普令开悟?

【讲】 急欲求佛怜悯,故称大悲世尊。此会指现前新学。末世指未来初心。愿为及为者,二俱当被之机故。演说修行渐次者,谓应修何等观行,观行难以遽修,其最初入手,必有由渐当急,次第入门,故先请示令知。思惟者,用心参究。众生不知,故代问云何。住持者,不被境迁。未悟者,未大开悟,求必大开,故问作何方便。盖必求圆融无碍,渐次深修也。

〇己二　反显问由

世尊!若彼众生,无正方便,及正思惟,闻佛如来说此三昧,心生迷闷,即于圆觉不能悟入。

【讲】　恐谓时节若至,其理自彰,何劳预为致问。故称世尊,以若彼众生等而反显之。正方便,即指修行渐次,如《楞严》前二渐次,不尔则入手无门。正思惟,如第三渐次,违其现业,不尔则觉路难通。虽闻如幻,坚执难融,故曰迷闷。迷者迷于我,以我相能乱心故。闷者闷于法,以法相能覆性故。为此二相迷闷,故于圆觉不能悟入。如是则正方便,正思惟,二问,其势不容已也。

○己三　总以结请

愿兴慈悲,为我等辈,及末世众生,假说方便。

【讲】　慈与开悟之乐,悲拔迷闷之苦,故请愿兴。假说方便者,不是单请渐次,盖通约住持等,皆方便也。良以圆觉本有,我法元空,实不假于方便。其如现会根有利钝,末世惑有厚薄。根利惑薄者,闻此三昧,已摇鞭影。根钝惑厚者反生迷闷。于觉不悟。是故以假说方便为请。盖是求佛于无方便中,权宜巧设,假立名言。令彼根钝者,迷闷释,觉性入,恩莫大焉。

○戊三　至三显殷

作是语已,五体投地。如是三请,终而复始。

○丁二　师资缘合

尔时世尊告普眼菩萨言：善哉善哉！善男子！汝等乃能为诸菩萨，及末世众生，问于如来修行渐次，思惟住持，乃至假说种种方便。汝今谛听，当为汝说。时普眼菩萨奉教欢喜，及诸大众，默然而听。

【记】　上来两大科文，因大师示疾，由他师遵照讲义宣演，故无记录。记者识

○丁三　酬请开示

○戊一　长文

○己一　约妄尽还觉以酬请

○庚一　妄尽还净觉

○辛一　酬修行渐次请

善男子！彼新学菩萨，及末世众生，欲求如来净圆觉心，应当正念，远离诸幻。先依如来奢摩他行，坚持禁戒，安处徒众，宴坐静室。

【讲】　文分为二。初酬修行请。欲求如来觉心者，

谓如来本起因地最初发心,先以直心,正念真如,始能远离诸幻。汝等欲求,非此不可,故以应当诫之。次酬渐次请,谓行远自迩,登高自卑,汝等果能欲求,亦应有先依者。奢摩他此云止,谓外止一切恶事不应行,内止一切恶念不应起。如来于因地中,最初亦先依此,故是如来行也。禁戒者,三聚条多,难尽缕析。若约其最所发禁者,大则十重,小则四夷。坚持者,如惜浮囊,丝毫无容犯故。徒众者,从学法侣。令其四事不阙,无所忮求,名为安处。处,犹住也。设不令其安处,于自禅观时,未免有所扰故。宴坐者,宴安而坐,所谓身体及手足,静然安不动。且约因戒生定,以为入观之方便门也。静室,即清净房舍。望下即是入观之堂,望上即是坐禅之处,应当离荤臭,绝喧嚣,故云静也。

【记】 欲求如来净圆觉心,全以正念为根本。正念者,无念也。正念一起,如皎日当空,众林失白,那有不能离幻之理。以正念为本,方可用正思惟功夫。以下即言修持方法。若就止观分说,则奢摩他是止,谓体真止,方便随缘止,息两边分别止,是也。若止观双说,则奢摩他是体真止,观是空观。从一止一观下手，用功到究竟，则一止即三止，一观即三观。若仅依奢摩他行，则惟一止一观。依如来奢摩他行，则举一即三。止即定，观即慧，止观双修，即定慧双得。依如来奢摩他行，亦须从戒入手，可见戒为最要。如渡海之浮囊，如长夜之宝炬，如远行之导师。此章修行渐次功夫，所谓思惟，所谓住持，以奢摩他直贯到底，实为一空观也。

○辛二　酬思惟住持请

○壬一　明正思惟

○癸一　观身是幻

恒作是念：我今此身，四大和合。所谓发毛爪齿，皮肉筋骨，髓脑垢色，皆归于地。唾涕脓血，津液涎沫，痰泪精气，大小便利，皆归于水。暖气归火。动转归风。四大各离。今者妄身，当在何处？即知此身，毕竟无体。和合为相，实同幻化。

【讲】　恒念者，谓二六时内，四威仪中，念兹在兹，不可须臾离也。先观身者，以我执偏重，急先务也。四大和合句是总观。谓坚、湿、暖、动、假合为身,此易知者。所谓下是别观。稍难知者,故详示之。发生头上,毛遍身中,指之甲,口之牙,肉之表,皮之衬,肉之力曰筋,肉之核曰骨,骨中脂曰髓,顶中髓曰脑,以及身之垢腻,身之颜色,此等皆属于地也。口垂曰唾,鼻出曰涕,肉溃曰脓,红润曰血,血之精内会曰津,外泄曰液,涎沫,唾之病也。喉出曰痰,目流曰泪,乃至精气便利等,皆属于水也。身中之暖触是气,从火大来,故仍属火。身中动作运转,从风大来,故仍属风。如楞严之八还,皆向来处去。此经之四归,亦向来处归。归、属也。但彼以各还显有性,此以各归显无身。故次下即云四大各离,身在何处?只此一言,教下手习观时也。正观之时,各有所归,即名为离。离则无身,故征以当在何处?实显其无处也。处尚不有,体复何云?故曰即知无体。和合者,四大假合。为相者,幻妄称相。相即无相,故曰同幻。

【记】 恒即是正。念即思惟。念兹在兹,不令邪思搀入。我今此身至实同幻化,实一参究之大话头。

○癸二　观心是幻

四缘假合，妄有六根。六根四大，中外合成。妄有缘气于中积聚。似有缘相，假名为心。善男子！此虚妄心，若无六尘，则不能有。四大分解，无尘可得。于中缘尘，各归散灭。毕竟无有，缘心可见。

【讲】　承上已知身同幻化，如何复有根尘及识心耶？故以四缘假合等云云。四缘指见、闻、觉、知、以四性皆有能缘义故。以四性和合，妄有根相。六根者，见为眼根，闻为耳根，觉为鼻舌身之三根，以三根皆合而方知，故总名为觉，知为意根，此先有六根也。因有六根，复对外之四大，故称六根四大。然内之四性，既可分为六根，外之四大，亦可分为六尘，此次有六尘也。中即是内，合成者，谓内根外尘，合成十二处也。缘气，指六识缘影。缘影虽妄，居然有六识之气分，故曰缘气。于中积聚，谓于内外根尘之中，积聚不散，此后有六识也。似有能缘之相，既称似有，安得为真？故云假名为心。然根尘识三,虽同妄有。而起惑造业,惟六识之力最强。急欲令其观识虚妄,至重呼以告之,俾留意也。此虚妄心,即指六处识心。托尘似现,故曰无尘不有。即彼外之六尘,亦是四大假合,若四大分解,则无尘可得。据此则于根尘识中,能缘之根,所缘之尘,各归散灭。内外不成,中云何立,故云毕竟无有缘心可见。毕竟者,决定义,谓到底无有也。首章云:"一切众生,从无始来,种种颠倒,妄认四大为身,六尘缘影为心。"今既观身心二俱如幻,自是不复妄认,则颠倒日损,而正见日益矣。总结正思惟竟。

【记】 见、闻、觉、知,能缘色、声、香、味、触。有此能缘之性,故有六根。虚妄而有能缘之气分,此气分由四大而得,入于六根之中,积聚而有缘相。我们修观时,在静室中。试参究此境界,外无身,内无心,一念不起,心与境合,当体即真。直至圆裹三世,一切平等不动,此观方修到底。

○壬二 明正住持

○癸一 法说

善男子！彼之众生，幻身灭故，幻心亦灭。幻心灭故，幻尘亦灭。幻尘灭故，幻灭亦灭。幻灭灭故，非幻不灭。

【讲】 彼众生，指求圆觉之人。求净圆觉，须先观身如幻。如幻之境能住持，则幻身自灭。幻身灭故能住持，则幻心亦灭。以心依于身，身灭则心无所依故。幻心灭故能住持，则幻尘亦灭。以尘托心现，心灭则尘无所托故。幻尘灭故能住持，则幻灭亦灭。以为灭尘故，立幻灭名。尘既已灭，幻灭无所用故。幻灭灭，故能住持，则是法法皆真，故曰非幻。非幻则体无终穷，故不灭也。

【记】 奢摩他一观到底，方知身是幻，心是垢，幻灭而非幻现前，乃不灭也。

〇癸二 喻说

譬如磨镜，垢尽明现。

【讲】 求净圆觉，如磨镜然。幻身，幻心，幻尘，幻灭,重重盖覆,不是净圆觉心,皆如镜上之垢。身灭心灭,乃至幻灭亦灭,如镜垢磨尽,非幻即觉心也。如镜之本明,全体俱现。喻文虽略,摄义无遗耳。

○癸三　法合

善男子！当知身心,皆为幻垢。垢相永灭,十方清净。

【讲】　恐其闻久失意,故重呼以教之。不了身心如幻,执我,执法,盖覆净圆觉心,故云皆为幻垢。垢相,指身心尘灭四重。必至尽灭,方为永灭。如是则法法皆真,故云十方清净。此约义而合也。

【记】　看讲义自明。

○癸四　结示

○子一　结示因执成垢

○丑一　喻显

善男子！譬如清净摩尼宝珠,暎于五色,随方各现。诸愚痴者,见彼摩尼,实有五色。

【讲】 清净摩尼宝珠,此珠龙王髻中所有。清净言其体内外明彻,无垢染故。摩尼言其用,此云如意,能雨宝故。宝珠言其相,非寻常物,珠中宝故。暎是影现,对彼外之五色,影现于内,故云暎于五色。喻如净圆觉心,对众生外之五阴身心,影现心内。随方各现者,何方有五色,即于何方影现。喻众生何类中有五阴身心,即随何类影现,如形影相肖也。世人不知是影,名为愚痴。喻众生不达是幻,名为凡小。以凡夫愚我,小乘愚法,同一愚也。影元无实,由世间不知是影,遂见五色。喻幻元非真,由凡小不了是幻,遂执真有五阴。执我执法,即其相也。

【记】 讲义文显可知。

○丑二　法合

善男子！圆觉净性,现于身心,随类各应。彼愚痴者,说净圆觉,实有如是身心自相,亦复如是。

【讲】 圆觉净性,合摩尼宝珠。现于身心,合暎于五色。随类各应,合随方各现。迷影迷幻,义亦相似,故皆以愚痴名之。说净圆觉,实有自相,合摩尼实有五色。法喻义同,故云亦复如是。

【记】 圆觉净性是体,即圆成实性,乃实有者。现于身心是用,即依他起性,乃如幻者。遇净缘即应四圣,遇染缘即应六凡,故曰随类各应。实有如是身心自相,为遍计执性,乃本空者。

○丑三　结成

由此不能远于幻化。

【讲】 承上执为实有而言。谓由此执身心为实有,于中净人竞我,计是较非,所以不能远于幻化。既不能远,自应常在其中。惑业苦三,如恶叉聚,轮转往复,染污觉心,成深垢也。

　　○子二　　结示垢尽还净

　　是故我说身心幻垢,对离幻垢,说名菩萨。垢尽对除,即无对垢及说名者。

　　【讲】　是故二字,承上不能远离而言。所以不能远离,由于不知身心是个幻垢。以是之故,我说身心是幻是垢。若能知得是身如幻者,应当远离。知心是垢者,设法对治。对即对治心垢,离即远离身幻也。果能对离幻垢,佛说是人名为菩萨,非寻常人比也。垢尽者,不肯得少为足,必至究竟净尽。垢既净尽,则对治亦无所用矣,故曰对除。垢尽对除,即无对垢之人,人既不有,名将安立,故云即无对垢及说名者。至此,岂非全体净觉妙心耶?故科名垢尽还净。

　　【记】　不能离垢,是六凡众生。能离垢,是菩萨。垢尽对除,即如来。即无对垢及说名者,即净圆觉性。绝对无待,即佛之名字,亦用不着。

○庚二　随顺还圆觉

○辛一　理事互融

○壬一　承前起后

善男子！此菩萨及末世众生,证得诸幻灭影像故,尔时便得无方清净。无边虚空,觉所显发。

【讲】　菩萨众生,均是求圆觉人也。证得诸幻灭影像者,谓一切诸法,本属幻有,元是净心影像,今以得正住持故,一得永得,再不至为影像所摇,故云证得。尔时,即证得之时,影像既灭,净觉毕露,故云便得清净。无方者,即周遍义。无边虚空,向因无明幻垢,障蔽净圆,而成顽虚。今证得幻灭障除,觉性显发,则无边虚空,转成无际净圆矣。《楞严》云:"一人发真归元,十方虚空,皆悉销殒。"正此谓也。前云无方清净,于此可见。

【记】　证得诸幻灭影像,是时惟有净圆觉性,故得无方清净。无边虚空,空观到底,则一空一切空,所谓净裸裸赤洒洒地也。虚空最大,然尚包含于觉性之中,性融妙理,虚空不大,盖对妄方有。既觉则虚空无边,即虚空即觉,即觉即虚空,故云觉所显发。

○壬二　正明理事

○癸一　依理成事

○子一　成世间法

○丑一　别明

○寅一　成根处

觉圆明故,显心清净。心清净故,见尘清净。见清净故,眼根清净。根清净故,眼识清净。识清净故,闻尘清净。闻清净故,耳根清净。根清净故,耳识清净。识清净故,觉尘清净。如是乃至鼻、舌、身、意,亦复如是。

【讲】承上无边虚空,尚是觉所显发。则觉心圆满;明净可知。正由圆满明净故,则无法不显。因无法不显,则显随缘所成阿赖耶识,亦成清净心也。由赖耶清净故,依赖耶所分见尘之性,亦成清净性也。由见性净故,则见性所依之眼根,亦成清净性也。由眼根净故,则所发之识,亦成清净性也。由眼识净故,则赖耶所分闻尘之性,亦成清净性也。如是乃至,可以例推。

【记】 觉既圆明,则随处皆清净。昔时心逐境移,故不清净。今则如明镜照物,故清净。心既清净,则起于心之见性等,亦自然清净。

○寅二　成尘处

善男子! 根清净故,色尘清净。色清净故,声尘清净。香、味、触、法,亦复如是。

【讲】 六性六识,皆依于根,故统言根。谓六根之中,根根兼性与识,皆成清净之性。由是之故,则根所对之尘,亦成清净性也。

○寅三　成大种

善男子！六尘清净故,地大清净。地清净故,水大清净。火大、风大,亦复如是。

【讲】 六尘对根之别相,一一皆成清净性故。则觉性随缘所成之四大,亦成清净性也。

【记】 可以例知。

○丑二　总结

善男子！四大清净故,十二处,十八界,二十五有清净。

【讲】 承上由四大各成清净性故,则随缘所成内根外尘中识之处界,皆亦各成清净性也。二十五有,指三界众生所依住之处也。古德颂云:"四州四恶趣,六欲并梵天。四禅四空处,无想及那含。"通称为有者,以其中生死因果不能无故。举此处、界、有三,赅尽世间法也。然诸经论,皆称四大为种,以其能成诸法。殊不知所以能成者,不在相而在性,今则方显其是依彼圆觉净性所现。然能现者，既无方清净。则所现者，故一一皆成清净性也。

【记】 看讲义可知。

〇子二 成出世法

【讲】 或问世间法从染缘生，可说令净。出世法从净缘生，已是净法，何故亦说令净耶？《大疏》答云："若凡圣对待，则胜劣悬殊。若称法界观，二皆幻化，既皆从缘而起，缘无自体故。"《大乘止观•二》卷八页云，譬如一明镜。能现人马像。若以像约镜，乃云人像镜，马像镜，便有二镜之名。若废像论镜，其唯一焉。若复以此无二之镜体，收彼人马之异像者，人马之像，亦即同体无二也。净心如镜，世间出世间如像，类此可知。以是义故，法界法尔常同常别。

彼清净故，十力，四无所畏，四无碍智，佛十八不共法，三十七助道品清净。如是乃至八万四千陀罗尼门，一切清净。

【讲】 彼指上科。谓据上所说世法，皆彼觉性所显而成清净。由彼染缘所成世法清净故,则净性随缘所成出世之法,若因若果,一一皆成清净之性,故统言一切清净也。此中唯三十七品助道法属因。其余均属果。陀罗尼通包因果。此科所列法相,诸大乘经,多标其名目。各家疏解,仍未尽详释。惟大疏最极精详,阅者知所尚焉。

【记】 在众生分上,见六凡起厌,见四圣起欣,故不清净。今证真空,知空性圆明,故六凡四圣境界,悉皆清净。此清净即自性本体,寂而常照,照而常寂,所谓如如智如如理也。十力,佛之十种智力,即方便智中开出。一、知是处非处。如持五戒,行十善。应受人天之报,是是处。然临命终后,夙世业果先熟,忽生恶趣,是非处。故须通三世计算,此非大圣人不能知。二、知过现未来及顺现等三报。三、知诸禅解脱,三昧垢净。诸禅,世间禅,出世禅也。三昧有真谛,有俗谛。垢,凡夫定。净,圣人定。四、知信等五根。上中下谁一根强,即由谁一根入道。五、知种种欲乐。有如是欲,能乐如是法。六、知一三五乘;贪嗔痴等种种性欲。七、知一切道至处。是出世法,行如是道,至如是处。八、知宿住,即宿

127

命通。九、知死此生彼。即天眼智。十、知自解脱无疑,亦知众生漏尽涅槃。四无所畏。一、正知一切法,言我是一切正智人等。二、尽诸漏及习,言我漏尽等。三、说一切障道法。四、说尽苦道。佛作诚言,说此四法,决定无畏。四无碍智。智缘四境,无拘碍故。一法。如说地水火风等。二义。如坚湿暖动等。三词。谓得彼方言以说地等。四于三种智中乐说。十八不共法。力等,二乘有分。惟十八不共法,二乘无分。一、二、三、身口念无失,佛之身、行、住、坐、卧,皆无失仪,为身无失。说法无一句说错,无一句不投机,为口无失。众生意根,随时流动,佛则寂而常照,照而常寂,为念无失。四、无异相。真相无相。为无异相。落于九界之中,即菩萨亦有异相。五、无不定心。佛心如澄渟水,如无风灯,故无不定之心。六、无不知已舍。佛于不苦不乐受中,知生住灭时。故念念心中,粗细深浅,无不悉知。知已而舍,如明镜照物,不留片影。七、欲无减。言度生之欲无减也。八、精进无减。九、念无减。十、慧无减,慧即平等性智。十一、解脱无减,即妙观察智。十二、解脱知见无减,即大圆镜智。十三、四、五、一切身口意业,随智慧行。佛之身口意是三轮,故随智慧而行。十六、七、八、以智慧知过去现在未来,通达无碍。三十七助道品。谓四念处,四正勤,四神足,五根,五力,七菩提分,八正道分也。四念处者,一观身不净,二观受是苦,三观心念念无常,四观诸法无我。四正勤者,一未生恶念令不生,二已生恶念令灭,三未生善念令生,四已生善念令增广。四神足者,谓欲、勤、心、观、修此四神足,可得神通。亦名四如意足。五根、五力、见前。七菩提分,即七觉支,与八正道俱见前。定与慧或不平均,故须用七觉调平之,调平则定慧均等,而可入正道。以上名相,学佛法者,不可不知。然亦不可执著名相。

〇癸二　融事同理

〇子一　同理清净

〇丑一　正报同理

善男子!一切实相性清净故,一身清净。一身清净故,多身清净。多身清净故,如是乃至十方众生圆觉清净。

【讲】　一切,通赅世出世法。实相,《略疏》云:缘生诸法,皆是虚妄。会缘入实,即为实相。的指真如净性,而为诸法真实之相。所谓无相不相,名为实相。谓上来世出世法,虽有染净差别之相。今为觉性所显,同成一实相性清净也。由此诸法同一性清净故,托诸法以显己身。即应融会得一己之身,与彼诸法同一实相清净。由己身清净故,因己会他,亦应融会得多众之身,同一实相而得清净也。如是扩而充之,自一方众生,乃至十方众生,同一圆觉清净。上言实相,今又言圆觉者,以圆觉乃实相之本体,实相即圆觉真如之自性。由真如不守自性,晦昧真体,现起妄相,愚迷执以为身。由执身故,尚不见自性,岂见本体?今乃悟妄即真,由真见体。故曰圆觉清净。上云无边虚空,觉所显发。今提出圆觉清净,显应融会世界虚空等,咸同清净。至下便见。

【记】 此章虽说修行渐次。然至此恰是言悟修证三者,不可偏废。所悟之理,即妙圆觉心。理虽悟,而在凡夫地位;为无明所蔽,不能受用,故须修。修者,修所悟也。修时净除现业流识,方能证。证者,无明破而得受用也。修即上来所说奢摩他行,即空观。空观到底,即得圆觉净心,于是世出世法,同一清净。何以故？同一觉故。觉则称为一切实相性，无人我染净有无等相。既云实相,何以有一切。盖一切乃指诸法而言,即上文世出世法皆是。实相有性,虚相无性。前文四大至八万四千陀罗尼,皆属虚相。虚相既除,实相自然清净。既能清净,即不必离身,故一身清净。一即多,多即一,故多身清净。修奢摩他行。以正思惟心,照一切生灭之相。生灭是所观,正思惟是能观。凡生灭皆因境而生。我既无生,何须托境。境因心而有。我既无心,安得有境？由此圆照一心,生灭二相,寂然不生,故境空。有空相,犹陷于偏。必并空相无之,乃为真空。如是不必离空,空即实相。不必离照,照即实相。不必离生灭,生灭即实相。不必离身,身即实相。故云多身清净,乃至圆觉清净。此一段文极微细,非思议所能到。盖众生所用以思议者,皆分别心,未能离念也。然又不可诿为此系如来境界,非凡夫所可造。须知如来亦由凡夫修得。应当照上文所言,正念持戒奢摩他行做起。夫真如不守自性,则迷圆觉为不觉,迷妙明为无明。由因中之痴而生三细,为根无明。由缘中之痴而生六粗,为本无明。由根本无明,而生枝末无明。枝无明,思惑也。末无明,见惑也。如此则自性尚不见,安能见一真本体哉？

○丑二　依报同理

善男子！一世界清净故，多世界清净。多世界清净故，如是乃至尽于虚空，圆裹三世，一切平等清净不动。

【讲】　承上应云十方众生清净故，由正会依，故得世界亦清净也。由一现住世界清净故，缘一通多，故应融会得多世界同一而清净也。扩而充之，乃至尽于虚空，圆裹三世，所有一切世界，同一实相平等清净不动。上言清净。今又言平等不动。以世界有染净不同，若对染说净，亦非真净，此则染净同归一性，故曰平等。不动者，约三世论，以清净心有过现未来，亦非真净。今则圆裹三世，同归真常，故曰不动。又上云：证得诸幻灭影像故，便得无方清净。此提出平等不动，显应知觉性遍满，清净不动，圆无际故。

【记】　性清净故相清净。理清净故事清净。融理同事即融相归性。何以故？性相不二，理事一如故。世界本无染

132

污,染污全由众生分别妄执之心。心既清净,则不必离身而身清净。身既清净,则不必离世界而世界清净。觉性圆明,竖穷三际,横遍十方,故虚空清净。圆裹三世者,过去未来,皆摄入现在,初无三世之相,故云平等。此处提出不动二字,最宜注意!盖前文所言皆为遣,此言不动为立。遣则一切俱非,立则一切俱是。何以故?同一实相,同一觉故。

〇子二　同理不动

善男子!虚空如是平等不动,当知觉性平等不动。四大不动故,当知觉性平等不动。如是乃至八万四千陀罗尼门平等不动,当知觉性平等不动。

【讲】　能同者事,所同者理。事有世出世法。世法虽多,五大赅之。五大之中,空大居先,故今先言虚空。承上会得虚空如是平等不动,则见虚空者是谁?殊不知非虚空有动不动,当知是觉性平等不动也。四大亦然。如是乃至,超略词也。承上世法既尔,例知出世法,亦无不皆然也。此段经意。由前以理融事,事同理而平等,故每见一事,即点明曰觉性平等不动。虽然如是,而事理依然似有二体。至下文,则理事浑然无二矣。

【记】 从真空而显不空,故曰不动。不动者,诸法寂灭相。众生以生灭心观之,故有动相。并非法动,实是心动。六祖云:不是风动,不是幡动,仁者心动,即此理也。上来遣。先从世间法遣起,而后及于出世法。此处立。亦由世间法起,而及于出世法。世间法不外五大,空大居先,故首言虚空。虚空无相,有何动与不动? 盖不动者,觉性也。文中当知二字,最宜注意。并非四大有动与不动,乃觉性之生灭。迷觉则四大动,悟觉则四大不动。如是推至出世间法亦然。对境不起分别,境即是心。若起分别,能见是妄,所见亦妄。故处处点醒觉性平等不动。

　　○子三　同理遍圆

善男子! 觉性遍满清净不动圆无际故,当知六根遍满法界。根遍满故,当知六尘遍满法界。尘遍满故,当知四大遍满法界。如是乃至陀罗尼门,遍满法界。

【讲】 此总承前一切诸法,俱为觉性圆明所显,而成清净不动。证知觉性遍满法界，无法不包，无界不遍，故曰圆无际也。既知觉性如是，又复应知法界中所有内之六根，浑同觉性遍法界也。若不遍满，则成有际。故向下诸法，皆由圆无际故，一一悉遍满也。世出世法，无不皆然，岂非理事互融乎？

【记】 觉性遍满。彼六根安能离觉性，故亦遍满。根本无根，因尘而有。尘本无尘，因根而有。根既遍满，故六尘亦遍满。尘不离四大，四大不离尘。尘既遍满，故四大亦遍满。世间法遍满，则出世法亦遍满，法界一切法，皆自性所具故。然不可言自性即一切法，心本非一非多，不可执定是一，亦不可执定是多。

○辛二　摄入无碍

○壬一　所证互相摄入

善男子！由彼妙觉性遍满故，根性尘性，无坏无杂。根尘无坏故，如是乃至陀罗尼门，无坏无杂。如百千灯，光照一室，其光遍满，无坏无杂。

【讲】 此法说也。由彼妙觉性遍满世出世法故，此

135

承上文出摄入之由也。根性尘性等，约世法言之。由性遍满故，根尘随性，一一皆无坏无杂。谓根入尘而根不坏，尘入根而尘不杂。如根入尘既尔，尘入根亦然，故总云无坏无杂。根尘无坏句，牒上为由。不言无杂者，可例知故。如是则四大性，力无畏性，乃至陀罗尼门性，一一皆无坏无杂。如百千下，喻显。灯喻世出世法，光喻诸法之性，室喻尽虚空界。光各遍满，喻互相摄入。末句。谓此光入彼光，不见坏相。彼光摄此光，不见杂相。喻诸法之性，可知。

【记】　如来说法。必先说一切俱非而遣之。然后复说一切俱是而立之。佛法之妙，妙在此。此处所以于离一切相后，再说妙觉也。妙觉是性，根尘是相，性相由来不二故。以妙觉性与根尘互相摄入。根尘入妙觉，不失其本体，故云无坏。妙觉入根尘，妙觉依然如故，不见有根尘杂在其中，故云无杂。世间法入妙觉性中，世间法无坏。妙觉性摄世间法，妙觉依然无杂。如是乃至出世间法亦然。此之谓理事无碍，事事无碍。如百千灯，其一灯之光，遍满一室，百千灯光，亦遍满一室，岂复有坏有杂耶？

○壬二　能证彼此无碍

善男子！觉成就故，当知菩萨不与法缚，不求法脱；不厌生死，不爱涅槃；不敬持戒，不憎毁禁；不重久习，不轻初学。何以故？一切觉故。譬如眼光，晓了前境。其光圆满，得无憎爱。何以故？光体无二，无憎爱故。

【讲】　证知觉性遍满诸法，无坏无杂，名为成就。由成就故。当知此等菩萨，不与诸法作系缚，不求于法成解脱。以既知觉性遍满，则法法皆觉，缚脱无二故。既知觉遍，则生死亦觉，涅槃亦觉，故于生死不厌，涅槃不爱。持亦觉，毁亦觉，故不敬不憎。久亦觉，初亦觉，故不重不轻。上来所以一切平等者，何故尔耶？盖觉性遍满，无法不觉故。故云一切觉故。譬如下，更以喻显。眼性之光，喻妙觉明性。以性光在眼，喻妙觉明性之在法故。前境者，统赅眼家所见。喻一切法，统为妙觉明心所照故。晓了者，不假分别。喻妙觉圆照，不涉思惟。

其光遍满,喻一切皆觉。得无憎爱,即喻一切平等。科云彼此无碍者此也。

【记】 觉成就故四字,最要紧!觉未成就,则于一切法有善恶彼此相对待。觉成就,则法法无非觉性。菩萨,指觉成就者言。于世法无缚相,故不厌生死。于出世法无解脱相,故不求涅槃。觉性圆明不动,不见有持戒毁禁之相,何有于敬憎。觉未成就断难藉口。觉未成就,故见有久习初学之分。成就则真觉圆明,是现量境界,故无所重轻。眼光如明镜,照了前境。光是体,乃第八识之见分。所照山河大地,乃第八识之相分。以现量照前境,不起分别,故无憎爱。若一入六识比量,则有憎爱矣。光体无二者,眼中之光,与诸法之体,根境不二,能所一如,故曰无憎爱也。

○己二　约修习成益而开示

○庚一　承明修习成益

○辛一　知众生本来成佛益

善男子！此菩萨及末世众生，修习此心得成就者，于此无修，亦无成就。圆觉普照，寂灭无二。于中百千万亿阿僧祇不可说恒河沙诸佛世界，犹如空华，乱起乱灭，不即不离，无缚无脱。始知众生本来成佛。生死涅槃，犹如昨梦。

【讲】 此科文虽承上而来，而此菩萨，却不指觉成就，乃遍指末世中乍发心者。修习此心，即依圆观。直观此心，日久功纯，豁尔心开，顿见此心，朗然虚静。不见有行可修，有果可证，故云无修，亦无成就。惟一圆觉普照，寂灭之性存焉。于中下，且约依报言之。于中者，即于圆觉寂灭性中，随缘现起恒沙诸佛世界。且不是一恒沙，乃有不可说恒河沙诸佛世界，乃阿僧祇不可说。又非一阿僧祇，乃百千万亿阿僧祇，如是不可说诸佛世界。《大疏》云：然此中意，盖直指尽虚空界所有世界，不是算其数量，为欲引机造无边境，故假积多数耳。喻从缘现起，本无自性，故如空华。成坏变迁，了无定体，故云乱起乱灭。总显空华无实，世界非有，唯一圆觉普照寂灭无二也。不即者,不即世界,从缘无性故。不离者,不离觉性,当体即真故。次约正报言。准前依报,应是于圆照寂灭性中,现起十种法界。因惑业结缚,而成六凡。缘修无为解脱,而成四圣。虽缚脱不同,俱是缘起无性,当体即真,故双无也。始知者,由无缚脱而始知也。既无缚脱,盖是四圣六凡,同一圆觉。圆觉既同,则众生本来圆觉,与佛无二,故云本来成佛。由此返观,从前众生之轮转生死,并诸佛之取证涅槃,均是迷眼所见,非圆觉之真境,故云犹如昨夜一梦,觉后元空故也。

【记】 欲成就利益,自己受用,必假修习。本文修习,承上文佛言而来。修习方法,先当正念,次当持戒修定,然后得慧成益。正念是修习时第一下手功夫,本此正念,然后依奢摩他行,坚持禁戒。坚持禁戒,为修奢摩他行之根本。奢摩他者,在因曰止,在果曰定,因戒生定,因定生慧,得此定慧,方能成益。修习所成之利益,即在得成就三字。夫众生本来成佛一语,言之虽易,知之实难。盖佛者,觉也。若谓即今是佛,试问我辈二六时中,常觉否? 不迷否? 若常不觉则迷矣! 迷则非佛而众生矣! 是故应当修习。修习成就,即能由迷而觉,而有成佛之利益矣。于此无修亦无成就。此两无字,须细加研究。上文云修习得成就。是明明有修有成就,何以云无?须从修习此心得成就者一句注意。盖自正念坚持禁戒,而观此四大假合之身,与六尘缘影之心,识得身心皆属幻妄。知幻即离,何尝落于方便。离幻即觉,何尝落于渐次。至于诸幻既离,真心独露,觉相圆明。方知向来所修者,不是修真心,乃是修妄心。不是修智,乃是修习气。不是修无,乃是修有。不是修空,乃是修幻妄境界也。良由圆觉心性,无法不具,无觉不周,不增一丝,不减一毫,本来遍满,本来清净,更何须修?又何成就?故曰无修无成就也。然须修习此心得成就后,方可说无修无成就。断不可于未成就之时,先说无修无成就也。圆觉普照寂灭无二者。圆觉普照,为本有之妙智。寂灭,为本有之妙理。理智一如,故曰无二。盖自修习成就以后,遂有此境界现前。所谓尽大地是沙门一只眼,尽十方是当前一卷经。睁开此眼一看,十方虚空,无量无边,如在目前,一切净秽国土,皆我性中之物。凡修行人须先识得此心,竖穷横遍,以此竖穷横遍之心,起修得证,方知此种境界。总之一切诸佛国土,皆在凡夫圆觉寂灭之心中。故当以圆觉寂灭之性,为能修之智。即以圆觉寂灭之境,为所修之境。于中百千万亿阿僧祇不可说恒河沙诸佛世界句，阿僧祇，不可说，皆是数名，华严第五十二数，名阿僧祇，此云无数。华严十大数中，以阿僧祇为首数，不可说为第九数。恒河本名殑伽，译为天堂来。此河之沙，其细如面。恒河沙者，极形其多耳。此所谓百千万亿阿僧祇不可说等，世尊并非实指其数，乃教众生须将心量扩得如此广大也。犹如空华乱起乱灭不即不离三句。一切世界，虽有净染不同，然皆不外乎缘起。众生世界，从染缘起。诸佛国土，从净缘起。缘起无自性，故如空华。既有世界，即有成坏变迁，成如空华之起，坏如空华之灭，于自性上了无起灭。不即者，缘起无性也。不离者，当体即真也。以上皆就依报言。无缚无脱，此一句就正报言。迷此性而为业所缚故有六凡众生，众生日在缚中，悟此性而得解脱，故有三圣菩萨，菩萨得一脱字。今既修习成就，始知众生本来无缚，更何须脱？生佛一如，故曰无缚无脱。始知众生本来成佛，犹言从前仅闻此语，今则始知其实也。始知，即是始觉。本成，即是本觉。始觉与本觉，并非二觉。此惟修习成就，然后能知。生死涅槃犹如昨梦者，生死涅槃，本是对待而言。至修习成就，则观众生之生死，如梦中之呓语，三圣之涅槃，亦如梦中之呓语。梦觉即空，二皆无有,故曰犹如昨梦。

　　〇辛二　　了性平等不坏益

　　善男子！如昨梦故。当知生死及与涅槃,无起无灭,无来无去。其所证者,无得无失,无取无舍。其能证者,无作无止,无任无灭。于此证中,无能无所。毕竟无证,亦无证者。一切法性,平等不坏。

　　【讲】　由前如昨梦故。始知生死涅槃,俱是妄境,觉后元空。既觉元空。则生死空,故无起,谓不起烦恼成生死故。涅槃空,故无灭,则不灭生死证涅槃故。不成生死,则生死无来。不证涅槃,则涅槃无去。此摄如昨梦故,以示生死涅槃无起灭去来相也。其所证句,次摄前生死涅槃无起灭去来之相而言。所证即是涅槃,其中有得失取舍四相。得失二相,约菩萨言。若进修,则得涅槃失生死。懈退,则得生死失涅槃。取舍二相,约凡小言。小乘慕灭谛,则厌舍生死取涅槃。凡夫乐世间,则取着生死舍涅槃。此约梦事迷位言也。今从梦

143

觉,得悟生死涅槃元空,无起灭去来之相,故所证之相亦空也。故云无得无失,无取无舍。能证者,指能证之行有四。一作行。谓作种种行,欲求涅槃。二止行。谓永息诸念,一切寂然。三任行。谓任彼一切,随诸法性。四灭行。谓身心根尘,一切永灭。由所证之四相既空,则能证之四行,焉能独立?故亦无也。于此句,亦是摄前。谓于能所证中,悟得无能无所也。据此乃是能所两忘,对待斯绝,唯一无二之性,孤然独立,即圆觉妙性,遍满无际也。证及证者,指法与人。今云毕竟无者,意谓若有人法,即有二相,既证寂灭无二之性,则能所两忘,人法不立,故毕竟无亦无也。至此则一切圣凡依正等法,浑同圆觉普照寂灭无二之性。于世界,不见有染有净,圣凡,不见有高有下,故云平等。且是常住世间,永劫不朽,故复云不坏也。

【记】 梦里虽有,觉后原无,故云当知。无起无灭,约菩萨言。无来无去,约凡小言。不了生死涅槃是梦,则生为起,死为灭,生为来,死为去。今既了得生死涅槃如梦,则并无起灭来去矣。其所证者,无得无失,无取无舍。其能证者无作无止无任无灭等句。所证是理。能证是行。既得成就以后，则知所证之理，为本性自有之真理。从来无失，更何有得？本未曾舍，复云何取。作止任灭四种，是行病。如修行之人，不悟自性而盲修，劳力无已，是之谓作。若悟圆觉，当体即真，更何须作。因有妄念，故须止。若识得本觉圆明，复何须止？任者，任生死也。灭者，灭烦恼也。未成就以前，生任其生，死任其死，故永为凡夫。若圆明性中，本无任相。烦恼犹如空华，但须知其虚妄而已，更不用灭。良由成就之后，圆觉普照，寂灭无二，了无作止任灭之可言也。于此证中，无能无所，毕竟无证，亦无证者等句。既无作止任灭之能，故云无能。亦无得失取舍之相，故云无所。毕竟无证者，无所证之理。亦无证者，无能证之人也。

〇庚二　应前所请结示

善男子！彼诸菩萨，如是修行，如是渐次，如是思惟，如是住持，如是方便，如是开悟。求如是法，亦不迷闷。

【讲】　节节称善，皆为令其着意。况今结答，更宜

145

审听。呼而告之,叮咛益切故。彼诸菩萨,统现会及末世初发心者,应前所请,皆当被之机也。如是修行者,指前如我所说,如幻三昧,当如是而修也。如是渐次者,如我所说,先依如来奢摩他行,坚持禁戒等。如是思惟者,即教伊恒作是念,我今此身等。如是住持者,即指彼众生,幻身灭故,幻心亦灭等。如是方便句,总收上来修行渐次思惟住持等,由浅入深,皆方便也。如是开悟者,教令一一皆如是开通悟入,乃能得依观起修,依理成事,融事同理,世出世法,一一清净,不但自身豁然贯通,亦令众生,普皆开悟也。

【记】 此因末世难得成就之人,故只曰彼诸菩萨。如是修行者,即依奢摩他行,坚持禁戒之谓也。如是渐次者,即先空幻身,次空幻心,次空幻觉,次空幻空是也。如是悟,如是修,如是照,故曰如是思惟。诸幻尽离,一切清净,故曰如是住持。修行,渐次,思惟,住持,一一皆是方便,故曰如是方便。迷者不悟,闷者不开,知得如是修行渐次思惟住持,念兹在兹,前途无障,便是开悟,何至迷闷。

○戊二　偈颂

○己一　颂妄尽还觉

〇庚一　颂妄尽还净觉

尔时世尊欲重宣此义,而说偈言:

普眼汝当知,一切诸众生,身心皆如幻。身相属
四大,心性归六尘。四大体各离,谁为和合者? 如
是渐修行,一切悉清净。

【讲】　前七句,颂前正思惟中身心如幻义也。一切
二句,教总观。身相二句。教别观。四大二句,结显虚
妄。如是二句,颂正住持义。

【记】　身相属四大四句,参禅人可作为话头看。色阴之
身,属四大。内四阴受、想、行、属心所。识、是心王。学者能
如是用功,不求速成,渐次修行。至成就日,自然一切清净。

〇庚二　颂随顺还圆觉

不动遍法界。

【讲】　承上妄尽已还净觉。若更能随顺修习,悟理

融事,知事同理,则事事皆悉不动,事事无不周遍也。长行从一至多,依次融即,此中以遍法界三字收之无遗,足见法王于法自在也。

○己二　颂修习成益

○庚一　正颂

无作、止、任、灭,亦无能证者。一切佛世界,犹如虚空华。三世悉平等,毕竟无来去。

【讲】　首二句,超颂能所双忘。次四句,追颂圆觉照世。

○庚二　结示

初发心菩萨,及末世众生。欲求入佛道,应如是修习。

【讲】　如文可知。

【记】　此章文字,读之觉甚痛快。讲时看时,却不可作痛快之想。其中境界，甚为微细故。即世尊对菩萨，亦处处必呼善男子以提醒之，何况我辈凡夫乎。

○乙二　为中根人显真性

○丙一　示除疑显性

○丁一　伸难求决——金刚藏章

○戊一　谢益重请

○己一　众中具仪

于是金刚藏菩萨，在大众中，即从座起，顶礼佛足，右绕三匝，长跪叉手而白佛言：

○己二　谢前承益

大悲世尊！善为一切诸菩萨众，宣扬如来；圆觉清净大陀罗尼，因地法行；渐次方便。与诸众生，开发蒙昧。在会法众，承佛慈诲。幻翳朗然，慧目清净。

【讲】　承前述益，求佛进开深难，故称大悲。善为者,循循有序。如首章标本起因地,明净觉随顺。次章依如幻三昧,顿悟净觉。三章明随顺修习,由顿至圆,三根普被。层次秩然,故以善为称之。菩萨,指上首。众,指眷属也。首章开示圆觉清净大陀罗尼。二三两章,示以先顿后圆,名为渐次方便。此皆为诸众生开蒙迷,发昏昧,此承前益处也。在会法众,承受大悲深诲。所以朗幻翳,清慧目。如此恩德,言不能宣。此述益也。

【记】 上根人开口便知道。中根人则必起种种疑。疑不除真不显。是以金刚藏弥勒清净慧三章,同是为中根人显性。金刚藏明知末世众生,必有种种疑,故先为启请也。上来种种修习法,一一皆从世尊大悲中流出,故称大悲。非世尊之大悲,不能拔众生之苦恼。

○己三　正伸难问

【讲】 前章云一切众生,本来成佛。其意以彼修习净圆觉心得成就者,唯有圆觉寂灭无二之性独存,故云本成。菩萨恐其有不善会者,谬解佛意,兴谤招愆。是故代伸三难,求佛开通,非金刚藏自有是疑也。

○庚一　以真难妄

世尊！若诸众生本来成佛，何故复有一切无明。

【讲】　意谓众生本来成佛。既是成佛，自应无妄，故难以何故复有无明，似不应复有也。

【记】　若诸众生本来成佛句，所谓真也，真即无妄。然本来成佛是本觉。迷于无明是不觉。今以本觉之真，难不觉之妄。实则虽属不觉，本觉仍在，未有损失也。

○庚二　以妄难真

若诸无明，众生本有。何因缘故，如来复说本来成佛？

【讲】　意谓无明众生本有。既是本有。即非成佛。何缘复说成佛，似不应说也。

【记】　无明不觉是妄。本来成佛是真。既是本妄，复云何真，是为以妄难真。

○庚三　真能生妄

十方异生本成佛道,后起无明,一切如来,何时
复生一切烦恼?

【讲】　意谓异生本成道,后起无明。既能后起,即
今如来证真,何时复起烦恼?此以本觉难妙觉,还应不
觉为众生。上来三难。初难显自语相违。以众生本成,
是佛自语。复有无明,违自语故。二难显世间相违。以
无明本有,世间共计。复说本成,违世间故。三难显不
顺正理,总成非量。以异生本成,明是本觉,实是不觉。
十方如来,明是妙觉,永不再迷。故此伸难也。

【记】　十方异生,即十二类生中,除去无色之空散销沉,
无想之精神化为土木,余者皆是。佛之一字是觉义。在众生
分上称本觉。在如来分上是妙觉。本觉是性德。妙觉是修
德。妙者,妙于众生之觉也。世尊因修德故,方证妙觉,何至
再起无明。众生未悟以前,虽有觉亦是妄觉。既修以后,方
由本觉而成始觉,由始觉而成究竟觉即妙觉耳。

○己四　请决显殷

唯愿不舍无遮大慈,为诸菩萨开秘密藏,及为末世一切众生,得闻如是修多罗教了义法门,永断疑悔。作是语已,五体投地,如是三请,终而复始。

【讲】　先请决深疑也。愿而言唯者,显求之亲切。谓无别所愿,唯求开秘密藏,利现会众,及末世生耳。不舍者,显求之决定。谓密藏不易开,明知不易,非无遮大慈者不能。秘密藏三字,不指佛果三德,亦不指众生心,直是请决三疑。意谓此种深疑,若未难不说,难又不说,是欲秘之,名为秘藏。若因难而说,说不显了,是欲密之,名为密藏。为求当下即说,仍要说得显了,名之为开。二藏既开,真信斯启。不唯近益现会,兼复远益未来,故云及末世生也。此种请示,真是修多罗中了义法门。后世闻者见者,俱可永断疑悔也。疑悔能障正见。既已永断,则正信成,正见朗矣。作是下四句,是至三显殷。

【记】　三德秘藏,是佛果之所证,与此处所指义别。可细看讲义。

　　○戊二　师资缘合

　　尔时世尊,告金刚藏菩萨言:善哉善哉! 善男子! 汝等乃能为诸菩萨及末世众生,问于如来甚深秘密究竟方便。是诸菩萨最上教诲,了义大乘。能使十方修学菩萨,及诸末世一切众生,得决定信,永断疑悔。汝今谛听,当为汝说。时金刚藏菩萨奉教欢喜,及诸大众,默然而听。

【讲】　重言善哉,以请开秘密两藏,现未俱得益故。乃能者,独许菩萨一类,始能扣关击节。余诸凡小,皆不能也。如来甚深秘密者,显所伸难意,是如来所证甚深之义。有意秘而不说,即说亦不欲显了,唯密意说。必待金刚藏致问者,为是究竟成佛方便,非此人不能问故。足见问后如来开示,是菩萨最上教诲了义大乘。故能使修学菩萨,及末世众生,有大乘善根者,了斯秘密之义,成就大乘正见，永无退转。故曰得决定信，永断疑悔也。余可知。

【记】　金刚藏所请，的是甚深秘密。在佛并非有意秘而不说。因说必以时，且必应机。有机则说，无机则不说。机顺则说，机不顺则不说。故今必待金刚藏启请方说也。此种甚深义理，非金刚藏不能请，亦非佛不能说。有问必说，是佛之大慈。众生是心是佛。诸菩萨是心作佛。盖众生迷而不觉，是有性德而无修德。诸菩萨觉而不迷，全是修德。作佛之作字，即修德也。金刚藏为众生起疑，即关此点。

○丁二　据难除疑

○戊一　长行

○己一　出由诃难

○庚一　总出其由

善男子！一切世界始终生灭。前后有无，聚散起止。念念相续，循环往复。种种取舍，皆是轮回。

【讲】　一切世界。总指三种世间。始终生灭，约正

155

觉世间。谓随缘示生为始,缘尽入灭为终,中间变易为生灭。前后有无,约有情世间。谓前有生相为前,后有殁相为后,中间有住异为有无。聚散起止,约器界世间。谓成劫时聚尘成界为聚,空劫时散界成尘为散,中间住坏为起止。言住前必起,住后必坏也。念念相续,通指情器两种。谓生住异灭,四相迁流,刹那不断也。循环往复,有情则死而往,生而复。器界则坏似往,成似复。如循环而回转,终而复始也。种种取舍句,别约有情。前六对皆为境,此取舍是属心。境既念念相续,循环往复,心亦复尔。故云皆是轮回。即指第六识生灭缘影心也。大疏云以厌此娑婆为舍,欣彼极乐为取。谓是颠倒妄想,变现轮回之相。此言未免损者多,益者少,所谓醍醐与毒药,相去不远矣。既用缘影为心,必致被佛诃也。

【记】 问者必有宗旨。答者亦必答其所问之处。就此文粗观之,似并未答其问处。不知如来,乃就金刚藏问难之根本处;建立答意也。看《圆觉经》,须先看二书:一《唯识论》,一《起信论》。《圆觉》所修,是菩萨境界。我辈须先由众生分上用功,故宜看唯识,了得性相,方有下手处。《普贤章》

教人观身如幻。如幻二字，不但正报然，依报亦然。须知依正二报，不外依他起性。而依他如幻，原依圆成实性而起。不明唯识，此义不能了然。《起信论》中真如生灭二门，皆可与此互相发明也。若就依他起性，妄生分别，则堕于遍计所执性。金刚藏恐末世不免此病，故设三难：第一难即执圆成以难遍计。第二难又执遍计以难圆成。实则依他不离圆成。由此起分别我法二执，则堕于遍计。不起分别我法二执，则归于圆成。所谓迷之则有生死，悟之则得涅槃。佛为众生方便说此三性，三性本是一性也。世间无一法不是依他起性。真如无明，本是一法。佛之答意，即从依他起性建立。三种世间，皆依他起性。若对之起分别我法二执，则处处是遍计。若不起分别，即悟圆成实性，无明本空矣。何谓三种世间？一正觉世间，为四圣。二有情世间，为六凡。三器世间，为山河大地。正觉世间所以有始终生灭者。佛之出世，为度众生故，而有始终。中间度生，变易非常，故有生灭。菩萨度生，亦有此四相。二乘虽自利，亦有此四相。有情世间所以有前后有无者。前众生如父之生儿。后众生如人之亡殁。生者有相，殁者无相。器世间之起止，谓住前有起相，住后有止相也。以上皆依他起性。《起信论》中所谓生灭门。然单指生灭门,则生后无灭相,灭后无生相。今言念念相续,则生死不断,成坏不已,正报依报,无有穷时也。于三种依他起性世间,不生憎爱,则不起取舍,当体即是圆成。若一起憎爱,即有取舍,妄生分别,堕于遍计;而有我法二执,则不能逃出生死,故有轮回。遍计是生死之根,遍计不空,轮回不能出。此轮回乃直指众生生灭之心。皆是轮回者,言用轮回心,妄起分别,不是我执,便是法执也。

〇庚二　明其可诃

未出轮回而辩圆觉。彼圆觉性,即同流转。若免轮回,无有是处。譬如动目,能摇湛水。又如定眼,由回转火。云驶月运,舟行岸移,亦复如是。

【讲】　先法说。未出轮回句,言其仍用生灭心也。辩字意指三疑。谓用生灭心而辩圆觉,莫道不能辩明,纵使辩得明白,亦不是圆觉真面目也。故曰彼圆觉性,即同流转。谓彼所明之圆觉性,乃是依于生灭妄心中,流出一种虚妄名言,非是真圆觉性故。若依此而欲免轮回,断断乎不可免。故曰无有是处。次喻显。动目,数动之目也。喻妄心分别。湛水,不摇之水也。喻圆觉妙性。谓湛水本不摇动,因数动其目,依于湛水,妄现摇动之相。喻彼圆觉妙性,本非流动。由彼以生灭心,依于圆觉,变起虚妄名言,以辩圆觉。而圆觉性,随彼名言,而成流转。如彼动目,能摇湛水无异。又如定眼由回转火者,定犹瞪也。《略疏》云:眼识迟钝,旋火成轮。其意盖是以眼识迟钝,看火不真。而勉强瞪定其眼,回旋久观,而火亦成轮。喻彼根性愚钝,见理不真。而勉强澄定识心,发起虚妄名言,反覆辩论圆觉真理。而彼圆觉本非流转及与名言,由彼妄以名言反覆辩论,彼圆觉性,亦随名言而成流转。云飞如驶,因见月有运相。月实不运,因云驶所显而成运。舟行似箭,因见岸有移相。岸实不移,因舟行所显而成移。喻彼未出轮回,依妄心而辩圆觉,依圆觉妄现名言。圆觉本非名言,因名言辩论所显,而圆觉亦成名言。因喻知法,故云亦复如是。

【记】 辩字不是辩别之辩,即指前三种难词。以遍计而辩圆成,则圆成亦是遍计。故即同流转。流转,即轮回也。

未出轮回而辩圆觉。无论辩不成，即令能辩，亦是遍计虚妄分别。故决不能免轮回。

〇庚三　正诃其惑

善男子！诸旋未息。彼物先住，尚不可得，何况轮转生死垢心，曾未清净，观佛圆觉而不旋复。是故汝等，便生三惑。

【讲】　诸旋，指前目动眼定云驶舟行。未息者，言正动正定正驶正行时也。物先住者。言目正动，而水先不摇。眼正定，而火先不转。云正驶，而月先不运。舟正行，而岸先不移。尚不得者，应与感悖故。此约目前事件为能况，以显下之无始心性为所况耳。轮转者，显是无始妄识，出生入死，起惑造业，莫不依之。故云生死垢心。曾未清净者，正在轮转，如彼诸旋未息。圆觉即无始真性。观此不旋复者，离于流转，譬夫彼物先住。此亦应与感悖。彼既不得，此何能尔。故首置何况之言。谓何能况显，令其相悖，成于应感，断不能也。是知永出轮回而辩圆觉,纵使辩得,亦非真圆觉性,以是非真知正见故。三惑,决不得指见思尘沙无明之三种,的须指前伸难之三疑。其一疑惑以自语相违。次疑惑以世间相违。三疑惑以总成非量。若果是真知正见,则三种惑,何由而生。

【记】 诸旋未息,彼物不住,世间法尚且如此。何况六识不空,分别之妄相未息,生死轮回之根本未出,而欲圆觉之不流转,焉可得耶? 以上建立答意。以下正是答难。

○己二　说喻开通

○庚一　泛以喻开

○辛一　泛说幻翳喻

善男子! 譬如幻翳,妄见空华。幻翳若除,不可说言,此翳已灭,何时更起一切诸翳? 何以故? 翳华二法,非相待故。

【讲】 翳者,是净目劳相。生不长生,名幻。喻六识,依八识虚妄变现。翳既是幻,见亦非真,名妄。喻六识分别。空花者,空本无花,由妄见而兴,蝇翼金星等相名花。喻分别所辨妄境。翳除者,遇药即销。喻遇佛闻法,顿了识空。不可说者,不可向幻翳销者,说言此翳已灭,何时更起诸翳。喻世间无知,不可向顿了识空者,说言此识已空,何时更起诸识。佛必泛说此喻者,其意以烦恼依于六识,我已识空,汝等犹问如来,何时复生烦恼,此何异问识复生耶? 然已惑之甚矣! 何以故? 是征。言以何故,不可说空中花耶? 故释以"翳华二法",非相待故。言非待者,显二皆无体,不是对待安立。但言翳除,花不言而可知。喻识空亦尔。

【记】 由此至亦复如是,是正释三难。佛必设喻者,因末世众生根钝,非喻不能显也。幻翳喻显人空。空华喻显法空。虚空喻显空空,即究竟真空妙理,不落两边也。如来虽常说三性,元是一性,皆由依他而起。从依他起分别,则堕遍计。不起分别,便是圆成。然此理上智易领会,末世众生,不易了解,故必以喻显之。翳非常有,故称曰幻。可见是假,又是可医。翳眼见色非真色,见空非真空,悉是妄见。见空有华。翳除花灭。若欲向翳除处,问何时复再生翳。不是愚人,便是痴人矣。此处单以翳喻,不以花喻者。因翳虽幻,尚有实体可指。花本空,无实体可指。二者非相待而有也。目喻真智。幻翳喻众生妄起分别。空花喻妄见。众生迷性成识,当有此疑。岂金刚藏修性人而亦有此疑耶? 以上是破我执。下文破法执。幻翳除,喻破我执。空花灭,喻破法执也。翳花非相待而有,故此处不说花,留待下喻。亦以见我法二执,非相待而有。应先破我执,再破法执也。

〇辛二　因说空花喻

亦如空华,灭于空时。不可说言虚空何时更起空华。何以故? 空本无华,非起灭故。

【讲】　空华,喻众生诸佛生死涅槃等及一切诸法。灭于空时者,净眼无翳,空华不见。喻如来既了识空,则生佛等诸法皆空故。不可说者,不可向净目无翳不见空华者,言虚空何时更起空华。喻世间无知,不可向已达法空者,说真空理中,何时更起诸法。佛又因说此喻者,以翳销识空,似唯显于人空。华除法泯,兼又进于二空。

相因而说,固其宜矣。何以故?是征。谓以何故,不可说言虚空何时更起花耶?故释以空本无花,非起灭故。空无花者,净目不见。喻如来已了识空,不见有法故。非起灭者,以既不见花,孰为起灭。喻如来于真空理中,不见有少法生,不见有少法灭故也。

【记】 此显法空,故说华不兼言翳。真如真理,本无诸法之相。所谓烦恼菩提生死涅槃。一切世出世法,皆如空花。何以故?一如无二如故。证得人空,不起见思烦恼。证得法空,不起尘沙无明烦恼。今金刚藏已证法空,不过未得究竟觉,何由复有此疑耶?特为末世众生代请耳。

　　○辛三　引说虚空喻

　　生死涅槃,同于起灭。妙觉圆照,离于华翳。善男子!当知虚空非是暂有,亦非暂无。况复如来圆觉随顺,而为虚空平等本性。

【讲】 此文有三意:初承以法引。生死,众生也。涅槃,诸佛也。同起灭者,同于空花起灭。此以生死涅槃,例明世出世法,皆同空花起灭。执则成有,不执成无耳。妙觉者,觉已证极。圆照者,照而无碍。照无碍则识空法空,譬如离于花翳,显唯有空存。此即以虚空为喻,故教以当知。非是暂有者,不是因离华翳而暂有。亦不是因有华翳而暂无,故云非是暂无。此中虚空喻真如净觉,即是成佛本体,所谓佛性是也。不因离华翳而暂有,显有华翳时即有。喻众生我法正炽时,即有佛性。无妨说本来成佛,复有无明。此泛开第一难也。不因有华翳而暂无,显虚空固有,权为花翳所覆。喻佛性固有,众生为二执所障。无妨说无明本有,本来成佛。此泛开第二难也。况复下,泛显空性。言空性尚不因华翳而为有无,况复有超过虚空者,则一切齐超,说生佛尚不可得。若更与生佛上兴疑致难,非愚即狂,应不复与之言矣! 圆觉者,圆觉妙性;《起信论》名一心,唯佛独证,故称如来圆觉。随顺者,以能随顺真如生灭二门,成立虚空等一切诸法故。既能成立虚空,即为虚空本性。又能成立诸法,即为诸法本性。俱能成立,即为平等本性。证得此性者,则异生诸佛,无明烦恼,后起复生等,皆为幻化。前文所谓圆觉普照,寂灭无二,是也。此泛开第三难也。

【记】 此显究竟真空。非此最后一喻,不能破前三难。既证人空,即生死空。复证法空,即涅槃空。证此二空,则妙觉本性显现。此性起于圆照之智,犹如太虚,不但无人空。并无法空,离华显法空,离翳显人空也。前文所谓已得成就者即此。

○庚二　实以喻通

善男子! 如销金矿,金非销有。既已成金,不重为矿。经无穷时,金性不坏。不应说言本非成就。如来圆觉,亦复如是。

【讲】 蕴金曰矿。炉镕曰销。喻行者以智断惑,以显圆觉妙性。金非销有者,显矿中原自有金。喻妙性非因修断而有,显惑未断时本自有之。既成不矿者,喻惑断已尽,妙性全彰,再不复重起无明。经时不坏者,一任为瓶，为环，为钗，为钏，纵经年久，器器之金，依然如故。喻乘此圆觉妙性，涉世行化，任尔为菩萨，为缘觉，为罗汉，为人天，经劫度生，圆觉之性，居然常寂。本非成就，谓不应说言此真金体，在矿时本非成就。喻论圆觉者，不应说此圆觉性，在无明时，本非具足。此喻据实而说也。若通前难者，如云金非销有，显矿中原有。喻众生本来是佛，不妨说有无明。即通初难。又云既已成金，不重为矿。喻断无明惑，妙性全彰，不复重起无明。即通后难。末云不应说言本非成就。喻彼论者，不应说此妙性，在无明时，本非具足。意显在无明时，本自具足。所以虽说无明本有，亦不妨说本来成佛。即通次难。

【记】 金比圆觉妙性。销喻修。如来既证人空法空，又证空空，焉能再起无明。

　　○庚三　结示正见

　　○辛一　正以结示

善男子！一切如来妙圆觉心，本无菩提及与涅槃，亦无成佛及不成佛，无妄轮回及非轮回。

【讲】　上约在缠，名如来圆觉，谓能成佛之因心。此约出缠，名如来妙圆觉心，谓成佛之果体。唯佛与佛，乃能究竟，故云一切。意显除佛无能证也。离烦恼碍曰妙，显无明尽也。体备众德曰圆。永不再迷曰觉。此即是绝待灵心。故云本无菩提涅槃，以二德属对待法故。菩提属对待，故有成与不成。今既云无，则成佛尚不可得，况不成耶？如前文所谓对幻说觉，亦名为幻。说无觉者，亦复如是。则成不成皆不许也。涅槃属对待，故有轮与不轮。轮即生死，无即涅槃。今既云无，说不轮尚不可得，况妄轮耶？如前文所谓生死涅槃，同于起灭。妙觉圆照，离于华翳。是有轮无轮，皆不立也。能如是观，名为正见。

【记】　上来所讲。已至究竟地位。故此处皆说究竟了义。此处妙圆觉心，与上文圆觉随顺，意义有别。上指因性，此指十方诸佛之果体。两者虽同，然一为在缠，一为出缠。

盖上来所指圆觉,乃众生所同具,所以随顺一切色空等,是在缠之圆觉。而此指出缠之圆觉,乃十方三世诸佛所同证者,故上加以一切如来四字。裴相《圆觉经大疏·序》有云:"终日圆觉而未尝圆觉者,凡夫也。欲证圆觉而未极圆觉者,菩萨也。具足圆觉而住持圆觉者,如来也。"即此之谓。妙圆觉三字,备彰三德,具于一心。三非定三,一非定一。绝待圆融,不可思议。是为诸佛之自受用地。又名三德秘藏,唯证方知。至此则尽大地无非一圆觉,此外更无他物。故曰本无菩提及与涅槃。菩提有三,皆因对治三种烦恼而设。烦恼不除,须用菩提以破之。破见思得实智菩提。破尘沙得方便菩提。破无明得性净菩提。涅槃亦有三:因凡夫有见思,故不见圆净涅槃。二乘有尘沙,故不见方便涅槃。菩萨有无明,故不见性净涅槃。今则真心独朗,并无一法当情。烦恼既除,三种菩提之名不立。生死皆空,三种涅槃之名亦不立。如来为一大事因缘,出现于世。兴慈悲以度众生。因度众生,故有成佛。然成与不成,特众生有此分别。在如来自受用体上,本无此名。故曰亦无成佛及不成佛。说成佛尚不可得,更何不成之可言乎? 有轮回故说生死。非轮回便说涅槃。诸佛究竟地位,湛湛寂寂,灵性独朗,有何轮回与非轮回之可言乎？

　　○辛二　显况难思

　　○壬一　示声闻莫至

　　善男子！但诸声闻所圆境界，身心语言，皆悉断灭，终不能至彼之亲证，所现涅槃。

【讲】　恐承前疑云。未出轮回而辩圆觉，彼圆觉性，即同流转。莫非得成声闻人，已出轮回者，想必能辩圆觉，不致流转耶？故呼而示之曰：但诸声闻所圆境界，于此大相远也。谓此人所圆满取证的境界，盖是以生空智，将现前身心语言，皆悉灭尽。所谓灰身泯智，使不复生，不复再来三界受生也。正是生空理所现涅槃，既云涅槃，何又说终不能至彼之亲证？当知此种涅槃，是佛权说。故《法华》指为化城，非宝所也。若要亲至，须再过二百由旬，方许实证所现涅槃也。此既终不能至，而妙圆觉心，说彼能辩，无是事也。

【记】　声闻所证地位不一。初果及二三果，亦称声闻，是为有学声闻。至四果,则为无学声闻。如来圆觉境界,不但有学声闻不能辨,即无学声闻亦不能辨。盖声闻所证者,为生空智。但见空,不见不空。果报身在时,所住者为有余涅槃。果报身不在时,所住者为无余涅槃。因其但证偏空,不知真如妙理。灰身泯智,一切断灭,以为止境,不知前途有路而不复进。其所证涅槃,尚在变易生死之中,不能辨微细生灭。故不能知如来清净涅槃境界。

　　〇壬二　况凡夫难思

　　何况能以有思惟心,测度如来圆觉境界。如取萤火烧须弥山,终不能着。

　　【讲】　先法说。谓彼小圣尚无是事,何况凡夫劣于声闻,有思惟心,劣生空智,反欲测度如来境界,断乎不能。故以喻而形之。后喻显。萤火,似火非真。喻有作思惟,不过世智辩聪,非是出世正慧。既非是火,取以烧物,则是徒劳。喻凡夫用思惟心,希求人天福报,终属虚妄。须弥居四洲之中,烧者须待劫火。萤火欲烧,终无

171

着理。喻圆觉居四智之总,证此唯凭佛智。彼有作思惟,相去远矣。有志圆觉者,应鉴此喻。

【记】 声闻见思惑已尽,分段生死已出,尚不能辨圆觉。何况凡夫之有思惟心者。思惟是第七识。凡夫三惑尚在,纵有智慧,不越世间粗智,皆由分别心中流出。何能测度如来圆觉境界。萤火非火,喻凡夫有思惟心非属真心。劫火喻佛智。须弥山须劫火方烧,喻圆觉须佛智方证。

〇壬三　显致难无益

以轮回心,生轮回见。入于如来大寂灭海,终不能至。

【讲】 佛意以我前所说种种取舍,皆是轮回。而刚藏虽非凡夫,若据彼所难,乃是以轮回心,生轮回见。入于如来大寂灭海,不言圆觉云海者,为避繁文,特约境界言之。横竖赅穷曰大。寂,无声也,不可以言诠故。灭,无形也,不可以相显故。体备众德,用赅万有,故喻之以海。海无涯涘,境界若此,岂可以轮回心入乎? 故云终

172

不能至。刚藏闻之,宜自知所难无益矣。

【记】 生而灭,灭而生,轮转不息。以生灭心,起生灭知见,欲入如来大寂灭海,如何能至。圆觉是真智,寂灭是真理。寂者口不能辩。灭者心不能思。无法不具,圆包诸法,故名曰海。由此观之,上述三难。皆是生灭知见,究何所益?故曰终不能至。须知一部圆觉,无非达摩直指之禅。离言说相,离名字相。悟尚不可得,更何论于迷乎?

○己三　斥非正问

○庚一　承示常教断妄根

是故我说一切菩萨,及末世众生,先断无始轮回根本。

【讲】 承上而言,用轮回心,入寂灭海,终不能至之故。所以我于诸经中,常作如是说也。菩萨众生,通指发菩提心修大乘行者而言。先断者,急先务故。所谓知所先后,则近道矣。无始轮回根本,即指用攀缘心为自性者。一切经中,皆说断故。《楞严》云:无始生死根本

173

等。故佛告阿难，一切众生，生死相续，皆由不知常住真心，用诸妄想。凡此皆令断之意也。

【记】　无始生死轮回根本者，即现前一念之攀缘心是也。若不先断此念，则无下手用功处。盖此一念放不下，正知正见，何由显现。故佛说真实用功，必须将现前一念放下即所谓离念是也。禅家祖师教人离心意识参，亦即先断此轮回根本也。

〇庚二　因说展转露妄相

善男子！有作思惟从有心起，皆是六尘妄想缘气，非实心体，已如空华。用此思惟辨于佛境，犹如空华复结空果。展转妄想，无有是处。

【讲】　有作思惟者，如识因尘有，根对境而起种种分别也。从有心起者，谓以有识心分别故，乃能起作无休。生死轮回，无不由之。故教令先断，非无谓也。皆是句，谓能起之心，及所起之思，皆是于六尘境上，现起虚妄之想，有能缘之气分，于中积聚。非实心体，名为妄想。故喻如空华，以显无实体也。佛境即圆觉，是佛亲证之境界故。刚藏之难，意皆为辨佛境。殊不知终不能辨。故喻如空花结空果，义相似也。以妄想辨佛境，岂非类于期空花结空果乎？前云未出轮回而辨圆觉，彼圆觉性，即同流转。故云展转妄想。若必以此而欲明圆觉，断乎不可。故曰无有是处。

【记】　不能离念，则生灭心用事，虽有妙道，终不能得。因无论如何，皆是有作思惟也。有作思惟者，从作意而知。系由第六识起，对境方照，离境即无。此非真心，亦非妄心，乃是六尘妄想缘气。所谓缘气者，以能缘之妄想，攀六尘之缘影，能所互合，昏扰扰相，属于气分。并无生灭之相，乃生灭之影也。凡夫当前乱想，皆属此种，故曰非实心体，已如空花。《楞严经》所谓前尘虚妄相想，即此也。今用此有作之心，辨于圆觉。圆觉乃清净境界，涅槃菩提，二皆无有，更何有此六尘缘气？莫道不能辨，纵辨得明白，亦只是妄想流出之名言耳。故曰无有是处。

　　○庚三　结斥所问非正当

善男子！虚妄浮心，多诸巧见，不能成就圆觉方便。如是分别，非为正问。

【讲】 浮心，指缘影妄想，巧见，谓巧辨立见。言虽有种种思惟，善巧辨析，立知立见，总非真正方便。欲证圆觉，终不能至。故曰不能等也。末二句，正以结斥。意谓汝今欲辨圆觉，连伸三难。如是分别，正类虚妄浮心，多诸巧见。故非正当问也。

【记】 六尘妄想缘气，全是虚妄浮心流出。纵多巧见，不能成就圆觉方便。欲成就圆觉方便，唯有直心。《楞严经》云"心言直故，如是乃至终始地位，中间永无诸委曲相"是也。

○戊二　偈颂

○己一　标颂

尔时世尊，欲重宣此义，而说偈言：

【记】 本章长行所说言语甚多。今偈颂不消数语，即将前文包括殆尽。可见如来之善于说法。

○己二　正颂

○庚一　颂出由诃难

金刚藏当知,如来寂灭性,未曾有终始。若以轮回心,思惟即旋复。但至轮回际,不能入佛海。

【讲】　首句谓少文而摄多义,恐其失错过故。教以当知,令留神也。寂灭性即妙觉性,不可以言说形容,故称寂灭。求于去来迷悟等相,了不可得,故无始终。由此所以云种种取舍,皆是轮回。若以二句,颂可诃也。谓既无始终,汝以轮回心而思惟之,则彼妙性,亦成流转,故云即旋复也。既即旋复,讵免轮回。明其可诃,正为此耳。末二句,正诃其惑。长行乃承上显况,故云何况轮回生死垢心,曾未清净。此中是直言明示,故曰但至轮回际。正见其垢心未净也。长行云观佛圆觉而不旋复,是依况意显其不能。此中即直言不能入佛海,意显果其能入,自不生于三惑。

【记】　如来寂灭性二句,最为紧要! 故先呼金刚藏之名,

177

而告以当知也。如者不变之体。来者随缘之用。寂灭性即妙圆觉性。寂灭就真理言。圆觉就真智言。凡夫妄想起灭，若能离念一照。问前念之灭有相乎？有可云终。后念之生有相乎？有可云始。然孤楞楞一个正念，实无终始可言也。今以生灭心说生灭法，皆是轮回境界。何能悟入如来性海耶？

○庚二　颂喻说开通

○辛一　颂实以喻通

譬如销金矿。金非销故有。虽复本来金，终以销成就。一成真金体，不复重为矿。

【讲】　首二句全同。次二句补颂。谓恐有问云：金既本有，何用销为？故云虽本终销也。喻妙性虽本自有，被无明障，要必断妄，乃能成就。后二句亦全同长行。

【记】　偈中不提空华等喻。因只须金矿一喻，便可答尽三难也。虽复本来金终以销成就二句，是补长行中所未及，甚关紧要！喻凡夫虽有性德，必加修德，方可成就也。

○辛二　颂结示正见

生死与涅槃，凡夫及诸佛，同为空华相。

【讲】 长行云：妙心本无菩提涅槃；及无成佛不成等。总以妙性离诸对故。今偈云：同空华相，其意更妙。

【记】 生死涅槃，皆属方便之说，对待之相。若有种种取舍，则非正见矣。

○庚三　颂斥非正问

思惟犹幻化，何况诘虚妄？若能了此心，然后求圆觉。

【讲】 长行云：有作思惟，非实心体，已如空华。今云幻化，即空花义也。长行云：用此思惟辩佛境，犹邀空华结空果。今云何况以此诘圆觉，岂不至虚至妄。有类夫空花空果也。后二句，义颂所问非正。长行云：浮心巧见，不成方便。今云若能撇了此心，然后可求圆觉。所问非正，不言可知。

【记】 诘，即三难也。思惟犹如幻化。何况所问之三

179

难,皆属虚妄耶。

　　○丙二　示离障显性

　　○丁一　谢前请后——弥勒章

　　于是弥勒菩萨,在大众中。即从座起,顶礼佛足。右绕三匝,长跪叉手而白佛言:大悲世尊! 广为菩萨开秘密藏,令诸大众,深悟轮回,分别邪正。能施末世一切众生,无畏道眼。于大涅槃,生决定信。无复重随轮转境界,起循环见。世尊! 若诸菩萨及末世众生,欲游如来大寂灭海,云何当断轮回根本? 于诸轮回,有几种性? 修佛菩提,几等差别? 回入尘劳,当设几种教化方便,度诸众生? 唯愿不舍救世大悲,令诸修行一切菩萨;及末世众生。慧目肃清,照曜心镜,圆悟如来无上知见。作是语已,五体投地,如是三请,终而复始。

　　【讲】　初一行半,是众中具仪可知。大悲下,谢前成信。谓约法则广为现会,约益则广为未来,故称大悲世尊。法喻重重，故云广为。觉性覆在轮回中，非机不说，纵说亦不致明了，故云秘密藏。因刚藏伸难，如来一一明示，故云开也。深悟句，谓深悟种种取舍，皆是轮回。前文诃斥等语，皆辨邪正意耳。现前四依，以此大教流通当世，即是代佛施生之能也。众生，约发菩提心修圆觉者而言。道眼，即辨析邪正之眼，指正慧也。此眼不明，焉保歧途不入？无有是处。今蒙如来上来开示，则能子贼分明，家宝无畏也。大涅槃至佛果方证，今虽未证，则无复怀疑，故曰生决定信。由此进修，可免生死，不致重随轮转境界，起循环见矣！世尊若诸下，是请后也。分二：先备陈所请。菩萨众生，举所被之机。大寂灭海，即前文圆觉境界。前云入，此云游者，谓解行相成，任运而入，自在如游戏也。前章佛示以先断轮回根本。大士意谓：我等已闻此意，尚恐初学未能领会，故尔代问。云何当断，此总陈也。别陈复具三义：一云于诸轮回，有几种性。二云修佛菩提，几等差别。三曰回入尘劳，当设几种教化方便。至后如来答处自见。唯愿下，正请希悟。唯愿者，显愿之专。余皆不愿，独愿此一件事也。既接现前,复拯末世,断爱欲因,出轮回苦,名为救世大悲。不舍者,殷殷系念,乾乾不息也。慧目即道眼。不驰外境曰肃。肃、严也。无多内染曰清。清、净也。用斯成观,自能照曜心镜。谓以正慧为能照,以心镜为所照,即心地开通义也。心地开通,则无所不知,无所不见,故曰圆悟无上知见。作是下四句,显殷可知。

【记】 此章所言,于我们凡夫,最为切要!盖凡夫所患,即是不能断爱欲。用功宜从此下手。弥勒恐末世众生闻轮回根本之言,而不知断法,故代为请问。断轮回根本,首在离障。障有三:一烦恼障。二业障。三报障。因此三障缠绕,圆觉性乃不得显。此云二障者,烦恼障即事障,所知障即理障。由此二障,造业招报,轮转生死。故障不离,则性不显。然此性本人人同具,凡夫迷之而不减,圣人证之亦不增也。如来说法,必依四悉檀。令众生得益。一世界悉檀。令人得欢喜益。二为人悉檀。令人得生善益。三对治悉檀。令人得破恶益。四第一义悉檀。令人得入理益。弥勒即谢前所闻之法,能令大众得此益也。大涅槃,是我家藏之宝。从此自悟,可以自受用,不畏贼窃。故曰无畏。大寂灭海,即前文圆觉性。前言入，乃是悟入。今云游，乃是修证。悟入属解，修证属行。三种陈请者，一、自初学佛以至成佛，动经尘劫。当其未了生死根本之际，不知于诸轮回中，有几种性。二、发无上菩提心，修无上菩提行，不知中有几等差别。三、欲证菩提，必度众生，故须回入尘劳。但不知有几种教化方便。戒定慧名三道。故慧目即道眼。慧目为能照，心镜为所照。照耀心镜，即是教人修观。我心如镜，慧目亦如镜，互相映澈，所谓光光相射也。无上知见，即佛之正知正见。所谓三智一、一切智，即声闻缘觉之智。二、道种智，即菩萨之智。三、一切种智，即佛之智。一心。五眼——肉眼、天眼、慧眼、法眼、佛眼。——一见也。

〇丁二　师资缘合

尔时世尊，告弥勒菩萨言：善哉善哉！善男子！汝等乃能为诸菩萨，及末世众生，请问如来深奥秘密微妙之义，令诸菩萨洁清慧目，及令一切末世众生，永断轮回，心悟实相，具无生忍。汝今谛听，当为汝说。时弥勒菩萨，奉教欢喜，及诸大众，默然而听。

【讲】　寂灭海唯佛独证，故称如来深奥。众生久隐

183

情识,佛亦常不开演,故称秘密。一悟则辉天鉴地,等佛知见,故又以微妙称之。现前闻之,欲爱不萌于心,故曰洁清慧目。传之末世,生死不系于众,故云永断轮回。正慧分明,照曜心境,故云心悟实相,实相即真空理也。悟此理者,直证无生,于无生理,忍可于心,故云具无生忍。余可知。

【记】 如来深奥秘密微妙,乃佛果上自受用功夫。唯佛独证,无人能知无人能到。弥勒代众请问,即欲如来将自受用境界,令众生一同受用也。众生因三惑所障,见思障慧眼,尘沙障法眼,无明障佛眼,故慧目不清。实相,即寂灭海之异名,即真空理也。无生忍,众生未尝不有,故云具。初地菩萨得少分光明。八地以上得究竟证。圆教则初住亦证无生忍。

○丁三　应请开示

○戊一　长行

○己一　示当断轮回

○庚一　略明

善男子！一切众生，从无始际，由有种种恩爱贪欲，故有轮回。

【讲】　无始指晦昧真心以来。晦昧真心，转变妄想。恩爱贪欲，由兹繁兴，故以种种言之。恩有二：一报上之恩，如父母师长。二惠下之恩，如子孙男女。然有恩即有爱。或爱上贪财物欲行孝敬。爱下贪利禄欲全育养。凡此皆牵连生死，招致往复。故云由有种种恩爱贪欲，故有轮回。此爱欲为轮回之本，已略明矣。

【记】　轮回不但六道众生有之，即出世三圣亦不免。六道众生，受分段生死。生生死死，循环不已。二乘圣人，生灭灭生，其相微细，则有变易生死。诸大菩萨，无明未尽，亦在轮回之中。六道凡夫，恩爱贪欲，粗而易知。出世三圣，恩爱贪欲，细而难知。自最初一念不觉晦昧圆觉真心时，曰无始，言不能究其始也。由是迷本觉为不觉。蔽妙明为无明。由无明变现妄想，以生恩爱贪欲。所以世尊割爱出家，先断贪欲，以其为轮回根本故。爱之一字，九界皆有之。众生无论矣。二乘圣人，欣涅槃，厌生死，亦是爱憎。诸大菩萨，求神通,有法爱。不过凡夫是事爱。圣人是理爱。事爱招分段生死。理爱感变易生死。

〇庚二　详示

若诸世界一切种性,卵生、胎生、湿生、化生,皆因婬欲而正性命。当知轮回,爱为根本。

【讲】　上虽略明,语意含蓄,恐众不了,故复明明详示。首句先举依报。次举正报。故云一切种性。如楞严十二类,今则但举四生。经云:卵唯想生。胎因情生。湿以合感。化以离应。又云:动颠倒故,和合气成,飞沉乱想,故有卵。欲颠倒故,和合滋成,横竖乱想,故有胎。趣颠倒故,和合暖成,翻覆乱想,故有湿。假颠倒故,和合触成,新故乱想,故有化。此种等类,凡有性体有形命者,莫不以婬爱之因为正成,故云皆因婬欲而正性命。四生皆是果报,总以情想为因心也。情想即是欲爱,故为轮回之本。此应当警觉而知之也。

【记】　一世界如是,多世界亦如是,故云若诸世界。一众生如是,多众生亦如是。故云一切种性。性即十二类生。今但举四生,四生是果报之相,皆不离情想二因。或情多想少,或想多情少,或以情合想,或以情离想,由此转变而成十二类生。卵以想成动颠倒,飞则上升,沉则下堕。胎以情成欲颠倒,人为竖生,畜为横生。湿以合成趣颠倒,向上则翻,向下则覆。化生托迹全是假颠倒,舍其故,趋其新。人道,畜道,皆具四生。地狱道只有化生。六欲天亦化生。阿修罗具四生。鬼道有胎生,有化生。此章开宗即搔着众生痛痒。欲用功,的确须从此下手。减一分爱,即多得一分福。多一分爱,即减少一分福。轮回以爱为根本。轮回有粗细不同,由爱有粗细不同。爱由无明流出,而造四生之果。复由四生转熏无明,而成种子。菩萨之理爱,自转相至现相,能所既立,遂成微细之爱。菩萨修行,即断此微细之爱也。人类之爱最重。爱渐轻渐升,至大自在天而爱最轻。初禅至三禅,亦皆有爱。至第四禅舍念清净,即是舍爱,然仍有微细之爱在。四禅以上,方能舍尽。然四空天之爱空,亦仍是爱。直至非想非非想处天,微细之爱仍未忘。故不出轮回。唯超出三界,得阿罗汉果者,方出分段生死而舍爱。然阿罗汉喜涅槃,即权位菩萨,上求佛道,仍是法爱。无明未破,不出变易生死。直至证佛,方破微细无明,而爱方永断。

〇庚三　结成

由有诸欲,助发爱性,是故能令生死相续。

【讲】　或问爱不自生,因色而起。色盛则爱,色衰则不爱。爱既不常,何能为轮回之本?故示之以由有诸欲,助发爱性。诸欲者,对前婬欲而言。此欲以外,更有可欲之声香味触等,皆足以助发爱性。是爱性所以常相续也。以是之故,能令生死相续,谓其为轮回之本,不亦宜乎?

【记】　婬欲只一。若无诸欲助之,则爱根或有能断之时。唯有诸欲助之,故不能断。

〇己二　示轮回几性

〇庚一　显爱相续

欲因爱生,命因欲有。众生爱命,还依欲本。爱欲为因,爱命为果。

【讲】　承上所云,诸欲助发爱性,能令相续者,以爱性无有断故。如婬一事，原因相爱而生，不爱则不成欲故。命不自立，原因婬欲而有，无欲则身尚不有，命将安寄。然众生莫不爱命，爱命即须保身，是为还依欲本。欲本即身，以身为行欲之本故。是知爱欲为将来受生之因，爱命为将来成身之果。此爱心所以不断，而生死所以常相续也。

【记】 以下三请是别请。答是别答。恒人只知有轮回，而不知轮回有几种。实则凡圣同居，有分段生死。二乘方便，菩萨实报，有变易生死。皆轮回相也。今弥勒所问，如来所说，是轮回性，不是轮回相。性，因也。相，果也。婬欲是生死正因。诸欲助爱是助缘。有正因，招胎生之实果。有助缘，招诸业之报果。欲者，业也。为生死之业因。欲因爱生，爱者，惑也。因惑造业，因业招报，三世牵连，相续不断。由种子生现行，现行复熏种子。惑业苦三道，永不能离。若非闻佛法，修奢摩他行，决不能免轮回，出生死也。何以故？爱心无有断时故。若非遇佛出世，或闻佛说法，依法起修，岂能断哉？婬欲生于相爱，提起欲字，令人可惊可惧！众生怕死，故爱命。爱命保身，即造种种之业。此节总标轮回之性。

○庚二　依轮分性

○辛一　恶种性

由于欲境，起诸违顺。境背爱心，而生憎嫉，造种种业。是故复生地狱饿鬼。

【讲】　上显爱性相续，即是在轮回中。此辨有几种性。先明第一。故云由于欲境，谓可行欲之境也。即指男为女境等。此境有可意与不可意。不可意则背我爱性，名违。可意则合我爱性，名顺。其次言境背爱心者，且约违境言之。或赋形失丽，或决志不从。或横生间阻。失丽则立时生憎，不从则败兴怀嗔。横间则不遂衔怨。故曰而生憎嫉。由憎嫉故，或毁其形体，或坏其名闻，或设计而妄生图谋，或依势而责彼父兄，甚至潜伤其命，盗削其家，株连彼之亲族，负累伊之官长，士善永绝，十恶繁兴，故云造种种业。上品地狱，中品饿鬼，下品畜生，虽不言而可知。

【记】　恶种善种不动三者，皆轮回之性。此性不断，轮回不出。欲境,即五欲之境。五根门头所对者为实境。意根所对者为法尘。因我欲而对彼境。因彼境复起我欲。男以女为欲境。女以男为欲境。违境固招苦报,顺境亦然。盖爱益深,业益重,故此报极苦。不过为一点爱情,一丝欲念,乃致轮回无时得休,令人寒心! 有志于道者,切勿为爱所惑,招三途之苦也。

〇辛二 善种性

知欲可厌,爱厌业道。舍恶乐善,复现天人。

【讲】 知可厌者,或阅经教明言,或闻师友开示。知婬欲为恶道之因,深生厌离。设闻有离欲之道,便起心爱慕而欲行之。由此舍因欲所造之恶业。乐离欲防婬之善行。转十恶业,成十善道。上品升天,中品生人,下品生修罗,亦不言而可知。此中天唯六欲,人该四州。且约欲界言之,而曰爱曰乐,仍未离爱性也。

【记】 恶与善,皆出吾人现前一念。虽其性不同,然皆不离爱。恶是苦因,招苦报。善是乐因,招乐报。然乐非可久乐也。此善种性,全仗一知字。不但知违境能造业,且知顺境亦能造业。如婬欲彼此顺意,恩爱绸缪,何日得了? 则亦必造业。业愈深,招报愈重。若违若顺,无非招三途果报。知者,众妙之门,亦众祸之门。今此知字,是就好一边说。即知欲之为害,能生厌离也。因厌欲,保持此厌欲之念,不造婬欲之业,且修防欲之道,故云爱厌业道。不遇良师益友,虽能转十恶业,成十善道。然仅成世间之善。升天亦只升六欲天中之地居天,即四天王及忉利天也。因其散心修善,不是定心修善故。若升夜摩,兜率天,非修定心善不可。修人道须持五戒。不持五戒,则得人身难,失人身易。吾人皆由夙世善因而来,不可不知此义。阿修罗间于天与人之间,善中带恶业。

　　○辛三　上善性又名不动性

又知诸爱,可厌恶故。弃爱乐舍,还滋爱本。便现有为增上善果。

　　【讲】　天上人间,皆由爱生。人中八苦交煎。天上五衰猝至。故知诸爱，甚可厌离。由此舍下界爱，希上界定，故曰弃爱乐舍。以上界定，皆以舍为主故。如四禅从粗向细，渐次舍身。四空渐次舍心。还滋爱本者，乐亦是爱。谓爱修舍定，还以滋生爱本。爱本指上界身心。如禅天舍下粗身，受上细身。空天舍粗心，受细心亦尔。然既有身心，还能生爱，故以爱本称之。便现者，以修舍定为因，现有为善果。以未达轮空，终属有为，不得解脱。但较之下界果报，渐次增上，故云增上善果。

【记】　此段所言，从六欲空居天起，直至非非想天止，故名不动性。得力处亦是一知字。造诸恶业堕三途者，名苦苦。善业虽生天人，亦不离苦，名坏苦。故诸爱亦须远离。八苦者，生、老、病、死、怨憎会、爱别离、求不得、五阴炽盛也。初升六欲天时，以为天报可乐。及五衰猝至，则自知苦境来矣。五衰者，头上花冠萎，腋下有汗，衣裳垢染，身有臭秽，天女生厌，天座不愿久坐，是也。至此心中异常焦灼，夙世恶业现前，难免堕落三途。厌者，离其爱。恶者，恶其爱。若不遇良师，仅知弃爱乐舍。即此乐字，仍旧是爱。故云还滋爱本。四禅，四空，皆以舍为主。舍是放下，本是好事，但其放下，不知将内六根，外六尘，十二处，十八界，一切放下，但知舍下希上耳。厌下界之苦粗障。希上界之净妙离。修觉观功成，身心合一。则由欲界升色界初禅，名离生喜乐地。到此，方知觉观属火，不能免大三灾之火灾。于是舍觉观，修二禅，身心合一，名定生喜乐地。然尚有乐心在，乐属水，不能免水灾。于是舍乐，修三禅，名离喜妙乐地。到此，又闻天王说，仍不免风灾。于是舍三禅寂灭之乐，又修四禅，不但无苦，亦且无乐。将乐舍尽，名舍念清净地。殊不知至此虽免三灾，仍是凡夫定。乃有为之善果，非无为之善果，故名增上善果。生此有五百大劫之寿。劫尽，定力又衰，仍入轮回。于是有志天人，又舍色界之细身，修上界之四空。虽无色蕴，尚有想在。次第舍心，至非想非非想天。有八万四千大劫之寿。劫尽，仍堕轮回。以其舍之一念，犹不离爱也。故云六欲诸天受五衰。三禅尚且有三灾。假饶生到非非想。不及西方归去来。所以净土法门，为末世众生修行最便之路。盖众生若令持戒，戒不易持。若令修定，心易散乱。若令修慧，则所知障重。唯有仗弥陀愿力，超出三界，往生西方。纵使下品下生，在莲花中，不过十二劫。莲花开时，即能见观音大势至二菩萨。永免轮回矣。

○庚三　结断当先

○辛一　正结

皆轮回故,不成圣道。是故众生,欲脱生死,免
诸轮回。先断贪欲,及除爱渴。

【讲】　古德云:假若生到非非想,不及西方归去来。
真实语也。以非非想天人,报尽还来,散入诸趣。故云
皆轮回故。由此所以流转六道,故曰不成圣道。谓常在
生死也。是故六道众生,发心欲脱生死,非断欲断爱不
可。故云先断贪欲,及除爱渴,而结示之。盖以断贪欲,
则下界无根。断爱渴,则上界绝绊。有志出生死者,不
可不知。

【记】　生死根本,欲为第一,故先断欲。然有一丝之爱
未断,便是生死之根。此根不拔,终结生死之果。故又须除
爱渴。

○辛二　通妨

善男子！菩萨变化示现世间，非爱为本，但以慈悲令彼舍爱，假诸贪欲而入生死。

【讲】　或云，菩萨涉世度生，往往示有父母妻子，其于欲爱何？故此预而通之曰。菩萨涉世，必是变化示现，不因父母所生。故曰非爱为本。所以示有妻子者，但以大慈大悲，怜愍爱欲众生，令彼悟爱欲之苦，渐舍所爱。假诸父母妻子，示有世间贪欲，使人易信。四摄法中，同事摄故，妙严转邪，即其证耳。

【记】　上来所讲三界众生，欲免轮回，先断爱本。何以菩萨示现度众生时，亦有妻子，岂非欲爱乎？今释此难，名曰通妨。菩萨入世度生，如月映水，如镜现像，来无迹，去无踪，故曰变化。彼是示现，虽有妻子，而非欲爱。四摄法，一布施摄。二爱语摄。三利行摄。四同事摄。

　　○己三　示修佛几等

　　○庚一　断迷成悟

若诸末世一切众生,能舍诸欲及除憎爱,永断轮回,勤求如来圆觉境界,于清净心便得开悟。

【讲】 佛意以若诸末世众生,实有欲爱,非菩萨比。设欲修佛菩提,必要能舍诸欲,及除憎爱。所以必要舍欲除爱者,有二:一者修佛菩提,期在永断轮回。二者期在勤求圆觉。此二意均须舍欲除爱,令心清净。以圆觉境界,能于清净心求,便得开悟。盖以不悟圆觉,终滞有为,不能修菩提故也。

【记】 舍诸欲,则不造世间恶业。除憎爱,则拔去生死之根。男见男则憎,见女则爱。女见女则憎,见男则爱。中阴入胎,即由一念憎爱。彼见男女交欢时,一念发生,无论憎爱,均能流入母胎。此名润生无明。欲不除则身不净。舍不除则心不净。不清净,则与圆觉不相应。因圆觉乃清净境界也。

○庚二　因修显别

○辛一　总标

善男子！一切众生，由本贪欲，发挥无明，显出五性差别不等，依二种障而现深浅。

【讲】 一切众生，总指修菩提者。差别未分，故总以众生名之。《大疏》云：但缘不了本觉。自见定是众生。遂欲断障求真，厌凡爱圣。指此为本所贪也。由此贪欲不同。或初修未离凡位，或入圣乘分大小，或大小不定，或误入邪宗。故曰显出五性差别不等。此答几等差别。或曰：悟圆觉而修佛菩提，应当平等。何故复有差别？故佛以二障浅深释之。意显理由顿悟，事必渐修。由渐修故，依二种障而现浅深也。

【记】 由本贪欲之本字，即一念不觉，蔽妙明为无明之本无明也。六道众生，堕于依他起性，身心皆是无明，故云发挥无明。于此起修，不能不以幻修幻。众生之见不忘，遂起种种差别，并非觉性有差别。直是迷悟之中，显出差别耳。

○辛二　别明

○壬一　别明二障

云何二障？一者理障，碍正知见。二者事障，续诸生死。

【讲】 理障，亦名所知障。然所知非障，执则成障，致令知见不增，故云碍正知见。事障，亦名烦恼障。能障真如，起诸烦恼，致令生死不断，故曰续诸生死。

【记】 五性差别，由二障而生。知发于心。见出于眼。我之知见发生时。若更有高于我者，当谦让请益，即不碍正知见。若自以为是，则所知所见，皆成为障。见思障真谛理。尘沙障俗谛理。无明障中谛理。无明为理障，即法执。见思为事障，即我执。凡夫所有，见思事障居多。菩萨所有，无明理障居多。故分理事二障。以理障故，不能亲见本来面目。以事障故，不能了脱生死。

○壬二　别明五性

○癸一　总征

云何五性？

【记】 此科文说明五性。所谓五性，即我佛于自定经名中有云：此经亦名如来藏自性差别是也。原性之本体，则一性一切性，一切性一性，并无差别。言一犹嫌其赘，更何有五？但性体虽无差别，而因众生修证次第，从迷得悟，在功用上则有种种差别。盖性德无差别，修德有差别，故种种差别，皆言修德，非言性德。从迷边说，非从悟边说也。然有差别，即无差别。所谓全性起修，全修即性也。众生同具本觉。因一念无明，迷本觉而为不觉。今或因悟道而有始觉。或因分证而有随分觉。或因流入邪途而有外道性，此所以种种不同也。

　　○癸二　　分释

　　○子一　　凡夫性

善男子！若此二障未得断灭，名未成佛。

【讲】　此约初发心人，欲断障而未得。谓修德无功，性德未显。六即中理即佛也。既未断障，不入五性之数，浅深未分故。

【记】　凡有内外之别。此指外凡性。未断二障，不入五性之数。所谓五性者,乃下文声闻性,缘觉性,菩萨性,未定性,阐提性也。五性中最浅者,应由内凡算起。以二障虽未断,而已能伏,外凡则尚不能伏故也。外凡最低者为理即。最高者为观行即。而名字即位其中间。凡夫为二障所迷,丝毫未觉者,谓之理即。因仅具有性德,而毫无修德也。至初发心人,已闻觉性之名,而未悟其理,则为名字即。既闻名字以后,从此而修观行,是为观行即。然二障尚在,总皆外凡。按六即佛者。一理即佛。二名字即佛。三观行即佛。四相似即佛。五分证即佛。六究竟即佛也。

　　〇子二　闻缘性

　　若诸众生永舍贪欲。先除事障,未断理障。但能悟入声闻缘觉,未能显住菩萨境界。

　　【讲】　众生,仍指初发心人。畏生死苦,不能入廛垂手,唯欲永舍贪欲。如小乘初果,则云不入六尘。况复二三果等。其本欲永舍贪欲可知。先除事障者,贪欲为烦恼之首,烦恼断则生死亦断,故先除之。保守偏空,正是理障。不复进求,故云未断。由此但悟人空,离于分段生死,证入声闻缘觉。故云未能显住菩萨境界。此科摄五性之二:一声闻。二缘觉。因同属小乘,故合明之。

【记】 此指声闻缘觉二种而言。自内凡位起修止观,降伏二障。虽不能亲见妙性,而相似现前。即楞严经所谓情既不缘,根无所偶,返流还一,六用不行是也。声闻初果,顿断三界见惑,亦得人空,名须陀洹。此云预流,谓初预圣流,名见道位。再进,断欲界六品思惑,余三品惑尚在,犹润一生。是为二果,名斯陀含。此云一来。再进,断欲界思惑尽,不复还来欲界。是为三果,名阿那含。此云不还。既得三果。住四禅地。用多念无漏,去多念有漏。得根本智,了此一念无漏,一念有漏,遂入五不还天。进断上界七十二品思惑。得四果,名阿罗汉。谓所作已办,不受后有也。从此用功,证辟支佛位。缘觉有二种:一部行缘觉。二麟角缘觉。又出有佛世,谓之缘觉。出无佛世,谓之独觉。此等声闻缘觉,但见空,不见不空,故为小乘。于二障中,先断事障。事障者,即见思二惑也。二惑既净,事障方除,唯理障未断。界外无明,完全尚在。故曰未能显住菩萨境界。

○子三　菩薩性

善男子！若诸末世一切众生，欲泛如来大圆觉海，先当发愿，勤断二障。二障已伏，即能悟入菩萨境界。若事理障，已永断灭，即入如来微妙圆觉，满足菩提及大涅槃。

【讲】　众生，偏指有大根人。众生虽言一切，独取已发大心，要求无上菩提。故云欲泛觉海。佛意以圆觉如海，显其容纳分流。而修习趣入，即同浮波泛浪，先当发愿等，正如来明示方轨，令末世仿行也。大乘根器猛利，愿乐精勤，二障同伏同断，故勤断二障也。不似二乘劣器，但念空无相无作，先断事障，急欲脱离分段，出三界以自避耳。历三贤位，种习现次第分伏，如石压草，石不动而草不起，名为已伏，谓已能治伏也。既能治伏，进成见道，故云悟入菩萨境界。此约初地说。从初地至十地，渐次进断二障，入妙觉位，名为永断。谓现种习尽，如金出矿，故云即入如来大涅槃也。

【记】 破界外之见思，与界内之见思不同。界外见思为住地无明，最不易破，须断生住异灭四相故也。凡夫发心欲泛如来大圆觉海，事虽甚难，而本同具有圆觉性。圆觉之体，离过绝非。圆觉之相，竖穷横遍。圆觉之用，用等恒沙。因其三者皆大，故名曰海。欲泛此海，中间须经烦恼之流。风浪既大，且有五百由旬之广。须发大愿，立大志，修大行。发愿为修行中之最要者，所发之愿，即四弘誓愿也。发此誓愿，志在成佛。欲成佛，必先度众生。欲度众生必先断二障。断之之法，不外于四正勤。未断恶须令断。未生恶须令不生。未生善须令生。已生善须令增长。未断之前，须藉如幻三昧之力，方能调伏。菩萨断障，所历地位，为三贤位，即十住，十行，十回向，十住修空观。十行修假观。十回向修中观。空假圆融是也。菩萨入初住时，先断见惑，断除灭相无明。从二住至七住，断界内思惑，伏界外思惑，灭异相无明。是为二障已伏。八住伏界内尘沙。九住断界内尘沙。兼伏界外尘沙。至十住则有出假神通游戏度生。然界内事障虽除，而界外理障未除。所谓住地无明者，极不易断。必须历劫修行，进破界外无明。由此经历十行十回向，断得一分无明，见得一分圆觉，是为悟入菩萨境界，入初地位。直须破四十一品无明，方能断尽住相无明,净除理障。而最后尚有生相无明,更须修金刚三昧以对治之,二障始可永灭。圆满菩提,归无所得。

○子四　不定性

善男子!一切众生,皆证圆觉。逢善知识,依彼所作因地法行。尔时修习,便有顿渐。若遇如来无上菩提正修行路,根无大小,皆成佛果。

【讲】　此通指初发心人,欲断障而未能,故浑言众生。圆觉是人人固有之性,不假修成,故曰皆证,谓理证也。其所谓修者,不过净治现业习气耳。初发心人,必先逢遇良好师友,切磋琢磨,方成良器,故师友不可不简择也。如下所明。若言三乘知识,即以谛缘度为因地之法行。学人依彼所作,尔时修习,便成三乘渐教人也。若遇如来无上知识,示以正修行路便成佛果顿教人也。故此科不定性。足见根性原无大小,全凭师友为缘。亲之近之,诚不可不慎也。

【记】　此科释不定性。原众生之性,本皆不定。若论大圆觉性，人人同具，故曰皆证圆觉。然众生所具之圆觉，乃是本来之性德，必须加以修德，方为能证。而所谓修者，要不过净除流识习气而已。修行必资师友，故以得遇善知识为最要着！善知识亦有种种。如遇声闻阿罗汉，则教以修四谛为因地法行。遇缘觉，则教以修十二因缘为因地法行。遇菩萨，则教以修六度为因地法行。又三乘诸教，有顿渐之不同。遇通教善知识，则以无言说道。遇别教菩萨，则教以发广大心。此二者皆属渐教。若遇圆教菩萨，则教以先悟圆觉之理，任运断惑，圆伏五住烦恼，此为顿教。再上而能遇佛，则不教修声闻缘觉，亦不教修渐次，而教以修如幻观，开如幻众，作空花佛事，建水月道场，不住相而布施度生，是为无上菩提正修行路。外不住境，内不住心，名之曰正路者，历五十五位菩提路也。众生根器，无论大小，皆成佛果，此圆顿之因地法行也。

　　〇子五　　阐提性

　　若诸众生，虽求善友。遇邪见者，未得正悟，是则名为外道种性。邪师过谬，非众生咎。

　　【讲】　众生，仍指初发心人。言发心求道，必先求师友引导。不意善友不遇,偏偏遇到邪见外道,指示入门,故云未得正悟。西竺,如方论师,口力师,事水事火等,虽有修习方法,但是邪悟而已。可见声闻缘觉等,虽大小有异,仍为正悟。以是佛道种性。堪成佛故。此非彼比,故名外道种性。谓心游道外,定性不移。由此障佛种子,不得成佛。故教中称为无性阐提,以其无佛种性,谓断善根人也。邪师过谬者,如此方之邪教,以利惑人,受其惑则丧心失志,故非众生咎也。初心人当善避之。

【记】 阐提此云断善根,弥戾车此云恶知见,亦阐提类也。众生性既不定,须得善知识为之诱导。不幸而遇邪见,不得正悟。所得之觉,是为邪觉。所悟之理,皆属邪理。所闻所见,皆属生灭。或著于有,或堕于空。或起于两边。或谓心外有法。是为邪悟。迷真著妄,将妄作真,不遇佛乘,不闻佛法,成为外道种性。毁谤正法,堕落三途,是真所谓可怜悯者,咎由邪师,不在学者。

　　○癸三　　总结

是名众生五性差别。

【讲】 最初发心,本为求佛菩提。但以遇缘差别,致成五性攸分。毫厘之乖,天地之谬。真似不可不辨,邪正不可不审。大士致问,良有以也。

【记】 总答上文修佛菩提几等差别。

○己四 示入尘方便

○庚一 应问开示

善男子! 菩萨唯以大悲方便,入诸世间,开发未悟。乃至示现种种形相,逆顺境界,与其同事。化令成佛,皆依无始清净愿力。

【讲】 准前问云:回入尘劳,当设几种教化方便?今示之曰:菩萨行满回入尘劳,唯以大悲为主。违大悲,不能入尘。无方便,不能度生。故云唯以大悲方便也。方便有三。入诸二句,名入世开发方便。谓入有情世间,度诸凡外。入正觉世间,度诸三乘。入器界世间,普度一切含情抱识。开发未悟者,菩萨以滞著两边,或未离但中法爱,亦邪悟所摄。余可知也。今云开发,令得正悟,不被邪悟所惑故。乃至下,名示形同事方便。谓示种种形,如观音三十二应等。现正信男女,与出家二众,依戒定慧,修诸正行,名顺境界。现外道魔王,与六群比丘,依贪嗔痴,作诸非法,名逆境界。同事者,同顺同逆。无非蜜摄其心,易信从故。化令句,名化必究竟方便。谓教化众生,令成佛果。所谓如一未成,终不泥洹也。依者,不背义。无始者,遥指多劫以前,至今不纪时代故。发心不为自求人天福报等,唯依最上一乘发心,故以清净称之。愿与法界众生,同得菩提,故又以愿力称之。谓无始所发愿力,若化不究竟,则大愿背矣!今云化令成佛,故曰皆依。谓所发之愿,皆不背也。

【记】 此发明教化方便也。不大悲不能入尘,不方便不能度生。度生以方便为首,入尘以大悲为宗。开发者,未悟使悟,悟偏使正是也。菩萨修行,原为度生。然欲利人,必先自利。及修行圆满,则乘其愿力,回入尘劳。开发方便亦有三:一入有情世间,开发凡外。外道不了唯心,凡夫念念著有,不悟真空,故菩萨开发之也。二入正觉世间,开发三乘,使其融空假而入中道。盖声闻缘觉,但滞于空,不见不空。不空尚未之见,更何论乎中?故菩萨必教化之,使之出假入中,断变易生死。又渐教大士,贪嗔痴尚未尽断。例如说勤求佛道,即贪也。鄙二乘不能求佛道,嗔也。不了众生皆有佛性,痴也。菩萨教化之,令舍三毒,悟中道之理,不住两边,所谓一中一切中也。三入器世间,普度一切。菩萨本是法身大士,为众生故,回入尘劳。示现种种形相者,即如观音三十二应是也。同事为四摄法_{布施爱语利行同事}之一,举一以概其余也。

○庚二　为机劝修

若诸末世一切众生,于大圆觉起增上心,当发菩萨清净大愿。应作是言:愿我今者,住佛圆觉,求善知识。莫值外道,及与二乘。依愿修行,渐断诸障,障尽愿满,便登解脱清净法殿,证大圆觉妙庄严域。

【讲】　现在菩萨行满,回入尘劳,当在末世。今劝末世众生，发心应当遵依，故云若诸。于大圆觉起增上心者，教以遵依菩萨，发菩提心耳。起增上心，全凭愿力摄持，故又劝以当学菩萨，发起大愿。大愿宜云何发？故云应作是言。是言，即所愿之词也。愿住佛圆觉，即为最上乘发心，不为自求人天福报故。愿求善知识，得正知见，开示正修行路故。设遇外道，不免误入阐提。遇二乘，多滞小道。故皆以莫值为愿。依愿修行，宜先自利为急。二障宜先伏后断，若能已伏，便能悟入，由三贤而入初地，故云菩萨境界。若已永断灭，由十地而至等觉，故曰障尽愿满。升进曰登。等觉亲证佛果，不隔余位，故云便登法殿，即常寂光也。无二死曰解脱。无五住曰清净。法身所依曰法殿，指他受用土也。大圆觉妙庄严者，即自受用土。以因行修圆融三观，果上有微妙庄严。乃称性起修，全修在性，故又名大圆觉妙庄严域。域，犹境界疆场也。

【记】　此段文因上有五性差别，故特劝修。我等处此末世，既知圆觉是本有之心，全体具足，不欠丝毫。由此二六时中，刻刻用功，常住圆觉。此圆觉既是本具，自有体相用之三大,故曰大圆觉。悟得此理,依此起修。起,发也。即发菩提心是也。欲成佛道,须发无上之菩提心,故曰增上。发清净大愿者,即四宏誓愿也。愿我以下,即所发愿。六根门头,念兹在兹,方为住佛圆觉。清净法殿,即是大圆觉海。从此方能证得自己大圆觉性,修德既具,性德方现,名曰妙庄严域。弥勒一章,最为切实,无一委曲相,为诸经所未有。先教断轮回根本,知二障,分五性。令众生发愿,同证圆觉。自众生以至成佛,其义皆备。

○戊二　偈颂

○己一　标颂

尔时世尊,欲重宣此义;而说偈言:

【记】 长行甚详,偈颂从略。

○己二　正颂

○庚一　颂当断轮回

弥勒汝当知，一切诸众生，不得大解脱，皆由贪欲故，堕落于生死。若能断憎爱，及与贪嗔痴，不因差别性，皆得成佛道，

【讲】　初五句，正颂轮回根本。二死永亡，名大解脱。贪欲为轮回根本，由不断故，堕落生死。所以不得解脱久在轮回。此其所以当断者，已可见矣。后四句，翻颂前轮回种性。前云恶性，善性，不动性，此三种性，皆由不断贪等轮回根本也。设若于此，发勇猛心，立决定志。修戒定慧，永断贪嗔，及与痴爱。即可以不因此而受差别种性之报，而成佛道也。故云不因差别性，皆得成佛道。

【记】　纵使能修，半途而止，仍不得大解脱。憎爱是润生无明。

○庚二　颂修佛几等

二障永消灭。求师得正悟，随顺菩萨愿，依止大涅槃。

【讲】　长行云：欲泛如来大圆觉海，及至云满足菩

213

提及大涅槃。此约义略颂也。

【记】 不断二障,成凡夫性。能断事障,成闻缘性;能断二障,成菩萨性;遇邪师成外道性,恶知见成阐提性。正悟者,不依于空,不落于有,得中道也。涅名不生,槃名不灭,即大圆觉海。

〇庚三　颂入尘方便

十方诸菩萨,皆以大悲愿,示现入生死。现在修行者,及末世众生,勤断诸爱见,便归大圆觉。

【讲】 初三句,颂应问开示。菩萨指因圆果满,回入尘劳者言,前云入尘以大悲为主,现起三种方便。此三方便,全凭愿力摄持。故今云愿入生死以略之也。后四句,颂为机劝修。应遵菩萨发愿度生断障,庶不堕于爱见之悲。障尽愿满,便可归大圆觉妙庄严域矣!

【记】 末世众生,不必急于求悟,先在勤断爱见。盖凡夫着爱。外道着见。爱为思惑根本。见为见惑根本。爱见既除,则二惑根本除矣。

〇丙三　示顺觉显性

〇丁一　谢前请后——清净慧章

〇戊一　具仪谢前

于是清净慧菩萨,在大众中,即从座起,顶礼佛足,右绕三匝,长跪叉手而白佛言:大悲世尊! 为我等辈,广说如是不思议事。本所不见,本所不闻,我等今者蒙佛善诱,身心泰然,得大饶益!

【讲】　初一行半,众中具仪可知。次二行文,谢前成益。广说者,重重分析,循循善诱之意。六道何以轮回? 五性所由浅深,皆属不思议事。不见者,从前未见广说。不闻者,从前未闻详示。今则既见广说,又闻详示。故云我等今者;蒙佛善诱。善诱者,诱引有序,即前广说。前文所谓恩爱贪欲,渐致六道轮回,发挥无明,显出五性差别,皆善诱意也。又闻回入尘劳,唯依大悲为主,现起三种方便。末世依之,便得证觉。不禁圆解内发，轻安外形。故曰身心泰然，得大饶益。

【记】 弥勒章离障显性，是反显。此章顺觉显性，是正显。圆觉妙心，佛生同一，圣凡不二。有情无情，同是一性。唯须成佛以后方知。至于我辈，不过由研究大乘经典而知之耳。所谓本具之话，非证后之话。有情无情，虽同是一性。然在有情则称觉性。在无情则称法性。法性无知觉，故谓之法、即不觉之义也。夫有觉性与法性之分别者，即由二障所缠。如眼有翳，自障见性，与空相隔，而见空华。圆明觉明，分而为二，亦复如是。其实不二而二为二，二而不二则一。一者其体，二者其用也。前章离障显性，分出种种差别。此章顺觉显性，到得究竟，只是一性。未到究竟，亦有多性。与前章相反相成。前章就众生界中，与众生切实谈性。断其爱欲，以除轮回根本。乃众生离障初步功夫。是在相边显。此章自众生以至成佛。不谈爱欲而谈本有之话。是就性边显。然相本无相，只是一性。众生不了，乃着相迷性耳。清净慧之慧，即从根本智，发挥后得智。智即性光。在凡夫第六识用事。第六识为心王之一。本不自动作，作善作恶，多由佐使者所为。故有二十六恶心所。十一善心所。恶心所中，根本烦恼六是首领，余是扶助。善心所第一即为信。而自己受用处,则在别境之慧,作用亦最大。六识能分别善恶邪正,全仗此慧。然亦视佐使如何。若二十六恶心所用事时,则信成邪信,慧成邪慧。今清净慧菩萨,从根本智光发出之慧,即始觉智,照于本觉心体。念念当前,照而常寂。化恶成善,化染成净。破世间之事障,出世之理障。故此顺觉显性,非清净慧不能当机代众请问也。欲爱不易离。众生界中,能离者已是不可思议之人。所离者已是不可思议之事。智慧发于中,轻安形于外,故曰身心泰然。

〇戊二　请后显殷

〇己一　请后增益

　　愿为诸来一切法众,重宣法王圆满觉性,一切众生及诸菩萨如来世尊,所证所得,云何差别?令末世众生闻此圣教,随顺开悟,渐次能入。

【讲】　现前大众,非一方来,故曰诸来。各及眷属,主伴重重,故曰一切。或为请法,或为听法,故曰法众。或求增益,或希重宣。显前章如来已说,会众已各受益。

此又为末世众生请也。良以如来在世，三业殊胜。诸来法众，五根通利。所以法雷既震，瞆耳全声。至于末世，恐未能尔。故再问从生至佛，所证所得，云何差别。一切众生者，从凡夫起问。台教颂云："七贤七位藏初机，通教位中一二齐。别信并圆五品位，见思初伏在凡居"。乃藏通内外凡，别圆外凡位也。又云："果位须陀预圣流。与通三四地齐傅。并连别住圆初信。八十八使正方休。"在藏通已入圣流，在别圆犹在内凡也。又云："圆别信住二之七。藏通极果皆同级。同除四住证偏真。内外尘沙分断伏。"在别圆尚在内凡，在通教三人同断思惑尽，在藏教已臻极圣也。永嘉云："同除四住，此处为齐。若伏无明，三藏则劣。"正此谓也。今云及诸菩萨者。颂又云："别地全齐圆住平。无明分断证真因。等妙二觉初二行。进闻三行不知名。"正指此意也。约位从初住至等觉四十一位。约断证别初地与圆初住相等。妙觉与二行相齐。圆教三行，别教不知名字。况后位耶？更须进断三十品无明，方证圆教极果。即此谓如来世尊，所言所证所得，差别之相若此。今经本属别圆二教。所以引四教颂者,慧学之流,不可不知,无妨带说。所证,断惑证理也。所得者,修因得果也。云何差别者,理有浅深,位有高下,此问能被之教。众生,指所被之机也。末世众生,不见如来三业殊胜,诚属可愍。正是所为,故云令也。闻此圣教者,时至机熟,转从四依边闻。随顺开悟者,随圣教边,开悟所证之理。庶几渐次伏断,入所得之位矣。故云渐次能入。

【记】 得悟虽同佛,多生习气深,所谓理则顿悟,事须渐除。此所以有渐次能入之请也。请法指上首。听法者指眷属。前章五性差别中之菩萨性,即法王圆满觉性,然是反显。众生不悟者,必仅就破惑边看,不从本智上看,故请重宣。凡未入位者,皆称众生。众生亦有所证所得。此专指发心用功之人言。众生甚多,故云一切。众生即五蕴中人,五蕴结聚一团,成众生之相。藏教七贤,一、五停心。二、别相念。三、总相念。四、暖位。五、顶位。六、忍位。七、世第一位。前三外凡,后四内凡。藏教初机之人,佛本欲教其修四念处功。因其妄想太多,业障太深,故先令修五停心观,以伏其心。五停心者,多散令作数息观,眼观鼻,鼻观心,数鼻端出入之息。

但出入不宜并数。或数入息,不数出息。或数出息,不数入息。令心系于一处也。多贪令作不净观,吾身自内至外,脓血尿粪,无一处干净。譬如净瓶,外观虽美,中藏臭秽。瓶若一破,人皆掩鼻,不可向迩。贪欲最甚者为色。故男观女,应作不净想。女观男,亦应作不净想。贪心自可渐息。多嗔令作慈悲观。多痴令作因缘观。多障令作念佛观。多障众生,并息亦不能数。则令念佛,观想圣容。若又不能,则老实置佛像于前,对之礼拜。是知五停心法门,为下手最好工夫也。其次则修四念处。钝根者,一观一观,分别修之,为别相念。利根者,修一观则通四观,为总相念。修之久,观行起,心已调伏。譬如两木相摩而生火,即为暖位。藏教名为初机相似位。二六时中,念兹在兹,一刻不敢放松。观行极纯,则为顶位。到此尤宜耐烦,所谓百尺竿头,更进一步,是为忍位。有上忍中忍下忍。下忍修十六行观。中忍修三十二行。伏三界见思惑。再一刹那,进世第一位。通教初乾慧地为外凡,抵藏教前三位。次性地为内凡,抵藏教后四位。别教十信位,圆教五品位,位次相等。皆属外凡。见惑有八十八使。思惑有八十一品。伏者,伏界内事障也。在藏教小乘。虽五停心中,有念佛一法,尚未有净土法门。此法门,直至方等时方开。须陀洹,藏教之初果也。前是伏见惑,至此乃能断见惑。预于圣流,名见道位。从世第一后心,用八忍八智,方断八十八使之见惑。眼见者不是惑,见逆顺境而意根分别好歹起执著,乃为见惑。因执著而起爱憎,即思惑。因见思惑,遂造种种之业。藏教初果,在通教为三地四地,即八人地与见地也。在别教为初住。圆教为初信。通教何以有三四地两位,因有利根钝根之别。八人地是利根人,闻而即断。见地是钝根人,必用功后方断。然利根人亦仅断欲界粗惑,能不起分别。至上界五十六使微细见惑,则不能断。正使方休,习气未除,要不能不堕落地狱道饿鬼道,莫能自主也。藏通以断三界思惑为究竟地。别圆则须断根本无明。故藏通极果,仅抵圆教二信至七信,别教二住至七住。圆二信至七信,别二住至七住,四住烦恼,自然齐断,尚是内凡。在藏教已证偏空理,得阿罗汉果。藏教以阿罗汉为极果。通教以离欲地为三果,已办地为极果。四住者,一、见爱住。二、欲爱住。三、色爱住。四、无色爱住。证但空之理。是为偏真。自以为涅槃,不知实变易生死也。既断思惑,则断界内尘沙。尘沙本自无惑,因众生见思烦恼习气,多如空中之尘,恒河之沙,故名为惑耳。证阿罗汉果者。界内尘沙,随思惑断尽。

界外尘沙,不过能伏而已。至此地位,本可以教人。然彼自苦中出,视生死如牢狱。明知众生之苦。不肯再入世而度生,因无大悲心故。三藏即指藏教。藏教以证偏空为涅槃。不知无明之名。故云:"若伏无明,三藏则劣。"四教中内外凡,皆众生之位次。经文言及诸菩萨,则但讲别圆,不讲藏通,别教以中道观智,照中道谛理,破一品无明而登初地。圆教初住,已与之齐。故云别地全齐圆住平。别教八住至十回向,方伏初地无明。而圆教则仅八信至十信三位。圆教初住至十住,各断一品无明。与别教十地齐。故云无明分断。圆教八信至等觉,别教八住至等觉,皆菩萨所修。真因,即中道也。修德有功,性德方显。初住以前,果中之因。初住以后至等觉,为因中之果。佛为果中之果。十信以前,为因中之因。别教至等妙二觉,仅与圆教初二行齐,故不知三行之名。按以上注文可与天台四教六即图参看开悟者,开自己之知见,悟本具之道理。上根利智,即可断惑。钝根者亦能伏惑。凡夫有心念佛,心无二用,即能伏惑。诵经闻法时亦然。

　　○己二　至三显殷

作是语已,五体投地。如是三请,终而复始。

【记】 例前可知。

〇丁二　师资缘合

　　尔时世尊告清净慧菩萨言:善哉善哉! 善男子! 汝等乃能为末世众生,请问如来渐次差别,汝今谛听,当为汝说。时清净慧菩萨奉教欢喜,及诸大众,默然而听。

【讲】 既问所证之理,令其随顺开悟。复问所得之位,令其深入。故以善哉而双美之。余可略知如上。

〇丁三　应求开示

〇戊一　长行

〇己一　示圆满觉性

〇庚一　本来平等

善男子！圆觉自性，非性性有。循诸性起，无取无证。于实相中，实无菩萨及诸众生。何以故？菩萨众生，皆是幻化。幻化灭故，无取证者。譬如眼根，不自见眼，性自平等，无平等者。

【讲】　前请重宣法王圆满觉性。今示之曰：圆觉自性，非性性有。谓圆觉自性，本非差别之性。然今性有差别者，觉性虽无差别，以有随缘之能，是以随染净缘，现起差别诸性也。诸性即是众生菩萨。既是随缘现起，差别性即圆觉性。谁为能取所取，又谁为能证所证，故曰无取无证。虽然，而现有众生为能取，菩萨为能证。佛即遮云：于实相清净理中，实无菩萨及诸众生。次复征起云：何以故？而云实无耶？遂释云：菩萨众生，皆是幻化故。既同幻化，当体寂灭，又谁为能取能证耶？故曰无取证者。盖以幻化灭故，有即非有。菩萨众生，同归圆觉。若更说有取证之人，岂非以圆觉而取证圆觉，有是理乎？如其不明，更助一喻。故以譬如眼根，不自见眼。喻圆觉不自证圆觉。如是则圆觉自性，本来平等。又谁能使之平等哉。故云无平等者。

【记】 此指示本来平等之理。圆满觉性。平等不二,本无差别。故曰非性,谓非性中自有差别也。然以其有随缘之能,遂生出十界差别之性。故曰性有。谓因随缘而生差别也。是知性无差别,由缘而有差别。缘有染净之异。性有顺逆之差。一切如来顺修,一切众生逆修。众生一念不觉,遂生三性。第一逆性,第二见性,第三色性。因有逆性,是以念念相续,遂分能所。能即见性,所即色性。由此现出种种诸性差别。由逆修而成众生性,由顺修而成菩萨性佛性,故有如来众生之异。夫圆觉性虽随缘而起。然缘起无性,是有差别即无差别,故差别性即圆觉性。就差别说为不一,是曰离。就无差别说为不二,是曰即。众生因不觉而生能取,以一切境界为所取。菩萨因修行而为能证,以一切妙法为所证。至于圆觉本性,则无能取所取,能证所证,故曰无取无证。此专指圆觉妙性也。圆觉妙性为实相真体,故无菩萨众生。菩萨众生,皆是假名,同属幻化。由无明变现,而有迷悟之分,凡圣之别。而圆觉实相,则无凡无圣无迷无悟。幻化既灭,菩萨众生,同归圆觉,当体寂灭,有何取证? 此是修德。然全修即性,若更说取证,岂非以圆觉取证圆觉耶? 此理本明,但因圆觉实相,为离言说相,离心缘相。须是一切放下,亲证此境,方能明白。末世众生,万难理会。故又设喻以明之,喻如眼根,虽能照了前境,而不能自见其眼。犹之圆觉,不自取证圆觉也。盖圆觉妙性,只是一法,更无二法。何以故? 觉性平等故。平等属于本来,既系平等,自无平等者也。

〇庚二　迷倒成差

众生迷倒,未能除灭一切幻化。于灭未灭妄功用中,便显差别。

【讲】　上科众生,指已发心,知伏惑者。此之众生,兼未发心,不知伏惑者。所谓内凡外凡也。全未发曰迷。虽已发心,不知惑空,加功欲伏曰倒。纵使已伏,不过如石压草,均为未能除灭。上云菩萨众生,皆是幻化。此云一切幻化者,不唯菩萨众生,兼一切因果而总言之。犹偏取于因,以惑灭而一切皆灭故。于灭未灭者,灭则渐次断灭,未灭则渐次治伏。不达本空,均为妄加功用。于此妄功用中,便显有菩萨众生之分。故曰差别。

【记】 迷是不觉,倒是不正。既迷妙觉真性,转性成识。即将妙明转为无明,故未能除灭幻化。原觉性虽本来平等,由众生迷倒,不了幻化,所以成差。上文非性性有,是教众生自悟本来觉性。此科是说众生不了幻化,又不能以幻修幻,故曰未能除灭。能灭二障为菩萨。虽未灭而能伏,为初心大士。皆由不悟自性本空,当体是佛,而妄加功用,故有内凡外凡等种种差别。

○庚三　究竟平等

若得如来寂灭随顺,实无寂灭及寂灭者。

【讲】 二障永灭,一性圆明,即是如来寂灭。寂灭者,是法平等,无有高下,即前请法王圆满觉性是也。自是智与理冥,更无智外理为智所证,亦无理外智能证于理。随顺圆觉,绝诸对待。上云自性平等,无平等者。此云实无寂灭,及寂灭者。辞虽有异,而义无殊也。

【记】 若得如来寂灭随顺一语,理极深奥。如来者,如如不动,而无去无来。二障永灭,一心圆明,诸法平等,理智一如,智外无理,理外无智,是为寂灭随顺。随顺者,随顺圆满觉性也。至此则一切平等,并无寂灭之相。既无寂灭之相当前,岂有能寂灭之人哉? 能所双亡,故曰实无寂灭及寂灭者。

　　○己二　　随顺成别

　　○庚一　　次第随顺

　　○辛一　　凡夫随顺觉性

　　○壬一　　由妄成迷

　　善男子! 一切众生,从无始来,由妄想我及爱我者,曾不自知念念生灭,故起憎爱,耽著五欲。

　　【讲】　此由妄成迷也。一切众生,先从博地凡夫说起。由妄想我等,谓由最初一念不觉,迷真心而成妄识,复由识起诸想念,内执身中有我,复执身外有可爱我者,即是执我我所也。曾不自知者,谓一向不自觉知,不知我及我所,俱属念念生灭,虚妄不实。由不知故,背情则故起憎嫉,顺情则故起爱染。憎嫉者,见欲则销。爱染者,逢欲益盛。故云耽著。五欲,即五尘也。均是可欲之境故。

【记】 此下就随顺觉性,显出差别。欲明差别之相,先从凡夫位说起。一切众生,本赅九界,而兹则专指六凡位中众生言。无始,即最初一念不觉。因一念不觉,迷真成妄,由妄识而起妄念,于是内有我而外有爱我者。爱我者,即我所是。就凡夫言为我所用者,就菩萨言是法执,皆由无明妄想根本无明而生见思妄想枝末无明,即我执我见我慢等也。执身为我,以正报为自受用。有我即有他,复执依报为所受用。念念执著,心生爱乐,故有爱我者。试即一身内外,细加研究,谁是我者? 我尚不有,更何有爱? 不知无我,故堕生灭。念念生灭,生死之因。于是本性清净,为念所障。以动为心,以动为境。对一切逆顺境界,而起憎爱之心,有憎爱,故有色声香味触五欲。此指未发心众生言也。

　　○壬二　遇教得悟

　　若遇善友,教令开悟净圆觉性,发明起灭,即知此生性自劳虑。

【讲】 此遇教得悟也。善种内发,不期而逢曰遇。

善友者,具正知正见,能劝人为善故。如华严之五十三人,法华之净藏净眼皆是也。怜其久迷自性,因贪欲而造业,故教令开悟净圆觉性。果能开能悟,自然发起智眼,照明我及我所,念念起灭。即知现前众生,皆是圆觉性中,自劳自虑,乃与圆觉无与焉。

【记】 此指已发心众生,了知生死苦果,憎爱苦因,发心修道者言。则以得遇善友为第一好因缘。遇者,不期而逢也。称为善友,必具正知正见,能劝作诸善,对治诸恶,而使人脱离生死者也。开者,开正知见。悟者,悟净圆觉性也。开悟本由自己,善友但能指示之耳。遇善友非易事。既遇善友而教令开悟。然后了得现前身心,一切皆是无明幻化,妄起妄灭,故曰发明起灭。既悟净圆觉性,何以又知此生性自劳虑? 盖当开悟时,所有无始无明习气,自八识田中,一齐涌现,由此能见自心中微细生灭之相,此即正知见也。未开悟人,往往将邪作正,将妄作真,并此妄想亦不自知。劳虑即妄想。既发正知见,便能照了我心,念念生灭。有如一隙日光,照见尘埃乱动。然尘相自动,虚空不动,虚空即真性也。

　○壬三　缘悟成碍

若复有人，劳虑永断，得法界净。即彼净解，为自障碍。故于圆觉而不自在。此名凡夫随顺觉性。

【讲】 此缘悟成碍也。首句意谓：若于开悟众生中，复有能伏惑之人，显非尽能伏也。劳虑永断者，知圆觉是觉体安然，了无形迹。劳虑者自劳动思虑，野马奔驰，与圆觉全不交涉。一如空，一似尘也。如是可誓期必证，发心永断。是则以观行之功，伏而不动。故曰得法界净。于事相不起妄动，住清净故，此净解也。若执此为是，反成障碍。自此不肯新进，便不更求断惑，故于圆觉而不自在。即前颂之见思初伏在凡居，虽在凡居，尚不至逆于圆觉，故名凡夫随顺觉性。亦是圆别信住之凡夫也。

【记】 用观行功夫得力，真智与真理相应，方得以定力伏劳虑。此文永断之断字，不能作断字看，只可作伏字看。盖能所既无，自知法界清净。然尚有此净解，即是知见，即是妄想，故所得者，并非真净，乃相似净也。因此净解，为之障碍，故于圆觉而不自在。此不自在，系指功用上言。至于自

231

已分上，已得有快乐受用。此是已经伏惑之凡夫，在藏通为内凡，而在圆别则为外凡也。

　　〇辛二　地前随顺觉性

　　善男子！一切菩萨，见解为碍。虽断解碍，犹住见觉。觉碍为碍，而不自在。此名菩萨，未入地者随顺觉性。

　　【讲】　菩萨，指别教八住至十回向，圆教八信至十信位也。颂曰："八至十信二惑空，假成俗备理方通。齐前别住后三位，并连行向位相同。"见解为碍者，谓彼净解为自障碍，而欲断之。从八住去，位位断，位位证也。虽断解碍，犹住见觉者，谓能见净解为碍者，即是随顺觉性。今虽断于解碍，而犹住着见解为碍之觉性。此即中道法爱也。执以为是，不复进求，故云犹住见觉。既住此觉，则此觉亦为障碍，故云觉碍。教中诃为顶堕是也。又云为碍者，以其为圆觉之碍故。而不自在者，不能任运趣入圆觉也。名菩萨者，对前显胜，上求之心超凡位也。名未入地者，对后显劣，下化之功，不及圣位故。然既已超凡，虽不及圣，则于觉性自然不逆，故称随顺。

【记】　前为观行位中之凡夫，此为相似位中之菩萨。一切菩萨，专指圆教八信至十信，别教八住至十回向而言。圆教七信，见思已空。至八信进断界内尘沙。九信十信，断界外尘沙。内外尘沙惑空，故称二空。别教八住，与圆教八信位齐。因别教乃钝根大士，破尘沙惑不易。须经历十行，尘沙方破，又经十回向，空假能通，契中道观，方伏界外无明也。上文见解为碍。然断此见解，而仍存有灭见解之觉，仍是障碍。别教自八住至十回向，往往识中道实性，而为中道所迷，所谓无量劫来生死本，痴人认作本来人。故曰觉碍为碍而不自在。此等人若不遇如来，未易除此障碍。故由十回向而登初地，功夫最难！盖破异相无明易，破住相无明难。如用功之人，稍得受用，便执著此受用而不能进步是也。

　　○辛三　地上随顺觉性

　　○壬一　承前正明

233

善男子！有照有觉，俱名障碍。是故菩萨常觉不住，照与照者，同时寂灭。譬如有人，自断其首。首已断故，无能断者。则以碍心，自灭诸碍。碍已断灭，无灭碍者。

【讲】　此承前正明也。前云见解为碍，即是有照，以非照莫见故。又云犹住见觉，即是有觉，以非觉莫住故，俱名障碍者，谓所照之碍，固是障碍。而能照之觉，亦名障碍。以住着，则障碍圆觉性故。是故常觉不住者，谓有照有觉，俱名障碍之故。所以入地菩萨，无时不照，所谓寂而常照，是故不成碍，以不生住着心故。正以不生住着，则所照之碍，与能照之觉者，同时寂灭，皆不离圆觉性故。此义不易明显，故又以喻明之，故云譬如有人也。有人，谓期死之人。自断其首者，谓期死之人，起心断首而死，以刀自断其首。首未断时，则首为所断，人为能断。至已断故，则所断之头非己，能断之人亦亡，故云无能断者。此喻照与照者同时寂灭之义，可以极甚明显矣！若更以法合者，则是入地菩萨，以灭碍之心，自灭诸碍。碍未灭时，则碍为所灭，觉为能灭。至碍已断灭，则所灭之碍既空，能灭之觉亦尽，皆不离于圆觉性故。上云照与照者，同时寂灭，即此意耳。

【记】 此法身大士用功方法，然凡夫亦不可不知。圆教初住以上，别教登地以上，虽得受用，仍须用功。唯此乃用法界观，修楞严三昧，与地前用功不同。觉是体，照是用。以始觉之智，照本觉之体，此是地前功夫。四住虽除，无明未脱。有此照觉，仍是障碍，因有能所故。能照是心，所照是境，境即无明是也。至登地以后，不必用照，只须了得无明性空，无明即是实性。只有一觉，觉外并无诸法。虽是常觉，亦不住觉。外无所照，内无能照，故云照与照者，同时寂灭。此是登地菩萨境界。地前尚不能知，何况凡夫？故复设为譬喻。能断之人，喻能照。所断之首，喻所照。碍心为能照，诸碍为所照。所灭之碍既灭，能灭之智亦亡也。

〇壬二　虑后防问

修多罗教,如标月指。若复见月,了知所标,毕竟非月。一切如来,种种言说,开示菩萨,亦复如是。此名菩萨已入地者随顺觉性。

　　【讲】　此虑后防问也。恐后有人问曰:地前与地上,虽位分浅深,均属依教修习。何故地前,则历位成执。登地,就常觉不住。岂非世尊施教,地前则听其自便,地上则私与解销? 若尔,则无缘慈如是,便非世尊施教之所应耶? 故世尊以此防云:修多罗教,如标月指云云。教,通指如来所说一切经也。标指者,《楞严》云:"如人以手指月示人。"以手指月,谓指为标月之指。彼经盖是以指喻教,以月喻心。意显如来说教,原为示心。标月之指,即喻示心之教。若复见月者,经又云:"彼人因指,应当看月。"喻学者借教,应当观心。了知所标毕竟非月者,经又云:"若复观指,以为月体,此人岂唯亡失月轮,亦亡其指。"意显不应执指,喻学者看教,即谓明心。岂唯不知心,亦复不知教。意显不应执教。今经能喻同《楞严》,所喻稍异于彼。盖如来于地前地上,立位显觉,皆为修多罗教,即同能标之指。然立位显觉,原为破障成慧,即同所标之月。故云如标月指。果其破障成慧,立位显觉,亦不应住。故云若复见月。了知所有能标之指,毕竟非月。岂唯如来一佛所说,不应住著,则诸佛皆然。故云一切如来,乃至亦复如是。是知地前地上,智分劣胜。智劣则成执,智胜则常照,非佛有私,不得故作是问,恐招谤佛之愆。防问已竟,仍归正结,故曰此名云云。

【记】 月譬圆觉妙心,指譬修多罗教。凡看经人,应由文字,悟实相妙理。了得文字不是妙理,如知所标之指非月。未悟以前,须由文字研求妙理。既悟以后,须修圆觉而不可执著文字也。

○辛四 如来随顺觉性

○壬一 明所证境

善男子！一切障碍,即究竟觉。得念失念,无非解脱。成法破法,皆名涅槃。智慧愚痴,通为般若。菩萨外道所成就法,同是菩提。无明真如,无异境界。诸戒定慧及婬怒痴,俱是梵行。众生国土,同一法性。地狱天宫,皆为净土。有性无性,齐成佛道。一切烦恼,毕竟解脱。

【讲】 此先明所证之境。地前灭碍立觉,觉即成碍。入地常觉不住,若实有不住,亦名为碍。谓障如来大圆觉海。无障无碍,大自在性故。今明至如来位,则一切障碍,即究竟觉。一切障碍者,即指地前碍之与觉,地上常觉不住,虽粗细不同,通名为碍,故以一切目之。即究竟觉者,同归如来大圆觉海,无障碍性故。此二句为总标。不过言其大略。所摄诸碍,其数尚多。此下一一为之融会,如忆念断碍,忆念立觉。能断能立,则为得念,断不能断,立不能立,乃为失念。得则为得所缚,失则为失所系,俱不解脱。今知对失立得,得非真得。因得显失,失非真失,二俱不成,同归圆觉,以二皆圆觉起故。不言圆觉而言解脱者,以圆觉即是离系缚法故。依教修习,精进即是成法,懈怠即是破法。对破立成。成非真成。因成显破,破非真破。二俱成非,同归圆觉。而言涅槃者,以圆觉即是不生灭法故。能照诸碍,即是智慧。不能照碍,即是愚痴。对愚立智,智非真智。因智显愚,愚非真愚。二俱成非,同归圆觉。而云般若者,以圆觉即是大智慧光明义故。观同行者,呼为菩萨。所成就法,名为正道。观异学者,呼为外道。所成就法,名为邪道。对邪立正,正非真正。因正显邪,邪非真邪。二俱成非,同归圆觉。以圆觉即是阿耨菩提法故,故云菩提。地上位位所断妄惑,名为无明。所证实理,名为真如。然无明依真而起,妄固非妄。真如对妄而观,真亦非真。二俱不立,同归圆觉。故曰无异境界,以圆觉即是诸法无差别性故。菩萨示现顺行,即便修戒定慧。示现逆行,即便作婬怒痴。然既属示现,同依圆觉。故云俱是梵行,以圆觉即是一切佛菩萨清净因故。菩萨说法所度,名为众生。集行所严,名为国土。然种种幻化,皆生如来圆觉妙心。幻化不实,实即圆觉。故云同一法性,以圆觉即是依正二报诸法之实性故。菩萨教化造恶众生,即入地狱。教化修善众生,即入天宫。天宫不以为乐,地狱不以为苦,唯依圆满觉性,清净自如。故云皆为净土,以圆觉即是常寂光净土故。菩萨教化不定二乘,及与菩萨,名为有性,谓有成佛性故。教化定性二乘,及与阐提,名为无性,谓其无佛性故。然一切众生,莫不有心。凡有圆觉心者,远近定当作佛。故云皆成佛道,以圆觉即是一切如来本起因地法故。然此以上九对,前四似约地前,后五似约登地。未到佛地,皆名烦恼,以是有对法故。谓有对即有净,因净故有恼。今约佛地融会,同归圆觉。故云一切烦恼,毕竟解脱。以圆觉即是大解脱法,绝诸对待,一切烦恼,毕竟不生故。

【记】 此段文不比前三段。前三段中,一是凡夫,二是地前菩萨,三是登地菩萨。凡夫境界,全是障。菩萨境界,半明半障。若以五时判教法论之,凡夫境界,如阿含会上,纯粗无妙。地前境界,如方等会上,三粗一妙。登地境界,如般若会上,二粗一妙。此段是佛境界,如法华会上,纯圆独妙。是修德之极功,而显性德。盖在众生分上,则有诸法。菩萨仍为对待,如来则为绝待。所谓第一义谛。前段文即第一义谛之出显也。前段是初心第一义谛,此段是圆满第一义谛。前来凡夫菩萨,各种障碍。以佛法界海慧平等眼观之,皆是解脱,不落拟议思量,所谓唯有一中道,无二亦无三也。一念顿悟为始觉。由本觉生于始觉,以始觉还照本觉。始本合一,始本不二。如外无智智外无如。一智一切智,一如一切如。到此一切障碍,即究竟觉。此境唯佛独证,如来以外,皆不能知。若凡夫则头头脚脚,全是障碍,如何得为究竟觉耶?地前之灭碍成觉,登地之常觉不住,皆是障碍。何以故?以其障大圆满性故。得念者,得现前一念之真念也。念念迁流,谓之失念。失则忧虑,得则欢喜,皆是无明,皆非解脱。不知得失皆是幻化。以如来法界海慧照之,有何得失?故无非解脱。精进勇猛,真念现前,为成法。一念懈怠,顿失定力,为破法。成破亦是对待,即是幻化。以如来觉海照之,有何成破?故皆名涅槃。涅,不生也。槃,不灭也。智愚皆是梦幻。觉性上本无智愚之别,岂非同是般若?邪正俱无自性,无性之性,乃圆觉妙性。非正非邪,双遣二边,而中道显,岂非同是菩提?无明是不觉,真如是妙觉。然以法界海慧照之,本无明暗,故无异境界。诸戒定慧及婬怒痴,俱是梵行。此语唯佛可道。盖婬怒痴之性皆空，即是戒定慧。此必全理成修；全修成理之后，方可曰俱是梵行。切勿错认！众生分上，有情为觉性，无情为法性。不知内而色身，外洎山河虚空大地，咸是妙明真心中物，故曰同一法性。地狱受苦，诸天极乐，菩萨开示地狱者，令众生止恶。开示天宫者，教众生修善。然而境从缘有，本无自性。故曰皆为净土。如提婆达多，在地狱中，世尊令阿难入定观之，问其苦否？达多曰：我在此有三禅天之乐。又问出否？答曰：待世尊入地狱时方出。曰：世尊那有入地狱时？答曰：我那有出地狱时？夫达多不以地狱为苦，而以为乐。或曰：此妄乐也。然而妄不离真，了得真妄原空，地狱即是天宫矣！岂非皆为净土哉？有性者，有佛性也。无性者，无佛性也。如曰声闻缘觉，永无成佛之期。此小乘不了义教。大乘了义，则无此别，故无不成佛。烦恼性即涅槃性，离涅槃无烦恼，犹离空无华。对烦恼说解脱，非真解脱。须知烦恼者，迷之则有，悟之则无。故曰毕竟解脱。

〇壬二　明能证智

法界海慧，照了诸相，犹如虚空。

【讲】　此明能证智也。言佛地所以能融诸对待，而归于圆觉性者，以其有法界智故。法界，即一真法界。佛地证之。依此而起平等大慧，犹如大海无量无边。故云法界海慧。照了诸相，诸相，即指前凡夫相，地前相，入地相也。照了者，照其起自圆觉，了其相即实相。实相无相，仍还圆觉。故曰犹如虚空。《楞严》云："譬如虚空，体非群相，而不拒彼诸相发挥。"今经亦尔。

【记】　一切障碍，为不二境。即究竟觉，为不二智。以境发智，以智照境。境外无智，智外无境。境智一如，中道平等。故曰犹如虚空。

　　○壬三　结归圆觉

此名如来随顺觉性。

【讲】　此结归顺圆觉性也。名如来者，显能随顺者，非前三等人故。谓如来从初发心，由凡夫经地前，至地上,毕竟圆极。至游大圆觉海,登彼岸而入妙觉果地。故曰如来随顺觉性。

【记】 绝对待,离能所,灵光独耀,迥出根尘。是为如来随顺境界。

○庚二 顿圆随顺

○辛一 明随顺相

善男子! 但诸菩萨,及末世众生,居一切时,不起妄念。于诸妄心,亦不息灭。住妄想境,不加了知。于无了知,不辩真实。彼诸众生,闻是法门。信解受持,不生惊畏。是则名为随顺觉性。

【讲】 如上渐次随顺。失照,则任运成碍。圆照,则无法不融。然此圆照之功,修之诚非易易。若果有顿圆之机,亦不难也。故重呼而告之曰:但诸现前菩萨,及末世众生,有顿根,或圆根者,只须居一切时,浑浑噩噩,而不起妄念。言一切时者,即是自朝至晚,循环往复,迎宾送客,咳唾掉臂,及一切见色闻声时也。不起妄念者,并非无念,亦非一念不生。然离念境界,唯佛独证。等觉已还,皆未离念故也。既未离念,焉得一切时中不起?今言不起者,以圆顿教人,赋性浑噩,天然自在。对诸美恶境界,而不故起憎爱之念,故云不起。以顺性之念,本属依他起性。如幻如化,有即非有。遇境逢缘,不生二执。二六时中,莫不如是。故曰居一切时,不起妄念也。于诸妄心,亦不息灭者。妄心即是有即非有,非有而有之念,既属依他,其体圆成,息灭作么? 若起念息灭,便成遍计。譬如好肉挖疮,无病寻病,何必如此!故曰亦不息灭。住妄想境,不加了知者,凡一切境界,从缘而生。缘起无性,当体即真。妄境亦属依他,妄即无妄。若加了知,即是起念分别,又成遍计。譬如钵盂,何须安柄? 故曰不加了知。于无了知,不辩真实者,四祖云:至道无难,唯嫌简择。但莫憎爱,洞然明白。了知之性,即自性之光,有尚无碍,何况云无? 若辩真说妄,即落简择。反堕无明昏暗,而不洞然明白矣。彼诸众生,独约末世言之。以现前菩萨,根性猛利。又在佛世之时,亲见如来三业殊胜。闻是圆觉随顺法门,信解受持,不足为难。故不言也。信者，信得佛所说之法是正教。解者，解得正教中所诠是真理。受者，受以自修。持者，持以教人。末世众生，不唯不能如此，而且惊畏者多，故独言之。谓末世众生，闻此法门，设能信解受持，不生惊畏者，是则名为随顺觉性。问：何故闻之而生惊畏耶？答：此言小根劣器的人，闻上圆顿大教，惊其非是佛语，义涉荒唐，畏其不能下手，不敢教人。此即不信不解不受不持也。反此是名随顺觉性。

【记】　此段文各家注解不同。仁山老居士，曾另出手眼解之，犹觉太高。今鄙人别有发挥。盖各家皆发挥菩萨境界，而略众生境界。我则专就末世大心众生发挥也。上来所说，皆渐次修证功夫。此段则圆顿功夫。顿者，一念不生，湛湛寂寂。圆者，不起分别，虽有妄想，而对境不生。所谓对境心不起，菩提日日长也。日六时，夜六时，为一切时。圆顿人二六时中，穿衣吃饭，皆与人同。唯不起妄念，故境界独异。所谓不起者，并非真不起。玩讲义自明。若真不起，下文何又曰于诸妄心，亦不息灭耶？须知妄心不必灭，并不能灭。登地已还，尚且不能，何况凡夫。盖妄想原是依他起性，如水上浮沤，自性本空，有何妨碍？起念灭之，即是遍计。何以故？以心中分别好坏故。但对境不被所惑。妄想起时，即时一照不生我法二执，即是本领。要在此处用功。初不在除妄想。了得依他如幻，当体即是圆成。诸居士多有以妄想不能息灭为问者，不可不知此理。因缘和合而有，有非真有。因缘分散而无，无非真无。性真常中，原无有无迷悟之相。有了知固是虚妄，无了知亦是虚妄。又何必辩？受者，领纳之义。领纳此法门，对境不起二执，岂非受用乎？

〇辛二　赞随顺人

善男子！汝等当知。如是众生，已曾供养百千万亿恒河沙诸佛，及大菩萨，植众德本。佛说是人，名为成就一切种智。

【讲】　当知者，谓当知其所以能随顺者，有由来矣，故曰已曾等。极显其供佛之多，不但于一二三佛而种善根也。供佛及僧，必兼闻法。福慧双修，以植万德之本。故曰植众德本。佛说者，所言不虚。种智者，即是佛智，能生佛地一切智慧。是知众生虽在末世,但能随顺觉性,必至成佛无疑。

【记】 此段及偈颂,玩讲义自明。

○戊二 偈颂

○己一 颂示圆满觉性

尔时世尊,欲重宣此义,而说偈言:

清净慧当知:圆满菩提性,无取亦无证。无菩萨众生。觉与未觉时,渐次有差别。

【讲】 前四句,颂本来平等。长行云:圆觉自性,今云圆满菩提性,二即一也。无取亦无证者,性自有故。长行云,非性性有,亦一也。菩萨是能证人。众生是能取人。所取所证既无,能取能证何有? 故并以无称,同幻化故。后两句,颂迷倒成差。文云:于灭未灭,妄功用中,便显差别。颂云:觉与未觉时,渐次有差别。盖长文以一切幻化,皆生如来妙圆觉心。灭得一分幻化,显得一分觉性。故曰灭未灭。约所灭之幻言之。颂云:觉与未觉时。约所显之觉言之。盖幻灭,即是觉时。幻未灭,即未觉时。文云:便显差别,颂云:渐次有差别,皆约两楹言之。文有究竟平等一段,而颂无之。而渐次差别一句,直是标下颂意。

○己二　颂示随顺成别

○庚一　颂次第随顺

众生为解碍,菩萨未离觉。入地永寂灭,不住一切相。大觉悉圆满,名为遍随顺。

【讲】　首句,颂凡夫众生伏惑,得法界境,名为凡位。为解碍者,文云即彼净解,为自障碍。故于圆觉而不自在。虽不自在,尚不至于背逆。故云随顺。次句,颂地前。文云虽断解碍,犹住见觉,故为解碍。次二句,颂登地以上。永寂灭者,上二位有照有觉,俱名障碍。登地以上,则照与照者,同时寂灭故也。不住相者,谓碍觉二相,俱不可得故。末二句,颂如来。今言大觉,即是如来。悉圆满者,文云一切障碍,即究竟觉,乃至云一切烦恼,毕竟解脱。所谓不可得中怎么得也。遍随顺者,文云法界海慧,照了诸相,犹如虚空,故云遍也。

〇庚二　颂顿圆随顺

末世诸众生,心不生虚妄。佛说如是人,现世即菩萨。供养恒沙佛,功德已圆满。虽有多方便,皆名随顺智。

【讲】　初二句,颂明随顺相,只在心不虚妄。一言蔽之,谓不唯起妄念为虚妄。而息妄心,加了知,辩真实,有意欲乐,一一皆为虚妄,同幻化故。今以一不字,赅文中不起不息,不加不辩之义,皆摄之矣。佛说下,颂赞随顺人。佛说者,显是真实语故。人指末世众生,转从四依边闻,设能不生惊畏,许其现生,即是菩萨。供养句,出其所以。文云百千恒沙佛,今但云供佛。文云植众德本,今云功德圆满。虽有句,许其不欲速成。皆名句,许其为度众生,随顺一切种智也。为中根人显性竟。

〇乙三　为中根人示圆修

○丙一　示三观圆修

○丁一　谢前请后——威德自在章

○戊一　具仪谢前

　　于是威德自在菩萨，在大众中，即从座起，顶礼佛足，右绕三匝，长跪叉手而白佛言：大悲世尊！广为我等分别如是随顺觉性，令诸菩萨觉心光明。承佛圆音，不因修习而得善利。

　　【讲】　怜及末世众生，希成遐益，故称大悲。且就现前大众，统冀传芳，故云广为。分别者，微细开示。随顺者，即前所说。觉心光明者，闻次第，则随分识碍显觉。闻顿圆，则句下承当领荷。承，领也。佛圆音者，一音说法，随类各解故。不因修习而得善利者，言前荐取者，固然难得其人，而句后明宗者，随闻入观，识得自心，即是圆觉。不依观行而得发明，如斯善利，实未曾有。此则悟后正好修行也。

　　【记】　此章发明从凡夫成佛，修证功夫。修行惟人道为

251

最宜。盖诸天极乐,被乐所迷,不肯修行。三途极苦,为苦所逼,无暇修行。人道则有苦有乐,因乐知苦,因苦识乐。二者相因,方知苦应离,乐应得。正心虑,趋菩提,惟人能之。若既为人,不肯修行,真所谓自暴自弃也。上来普贤章修如幻三昧。普眼章修奢摩他行。其法太妙,惟上根利智者能之。威德辩音两章,专为中根人示修行之路,且辩音二十五轮,反不如威德章之纯粹,诸君宜格外留心。既为中根人圆修法门,须先知经中教相,相是顿教之相,而义则是圆。无法不摄,无机不投,三根普被,上下皆宜,故曰圆修。若论文相,则有次第。先修奢摩他,次修三摩钵提,后修禅那。而今判圆者,文相虽有次第,而其理无非一圆。盖本经所谈了义,无非圆照清净觉相。觉之一字,虽有六种不同,而起修则一。依理起行,一修一切修,无法不圆也。大而周遍法界,是一圆。小而析至微尘,亦一圆。所有十法界依正二报,无非因缘所生,当体皆空。而即空即假即中,随拈一法,皆是妙理。任依何法,皆是圆修。何况此三种次第耶?悟此圆理,即修藏教观行,如数息观,则一息亦圆遍法界。无圆外之境为所照,无境外之智为能照。智圆境圆,境智一如,此为全性起修,全修在性。故下文随举一观,无不具三。此之谓圆修。本经中请法之人，无不与本章中所说相应，是为当机。此章所修三观，为初学者说。威德初学时，亦从三观入手，是过来人，故能为众生请问此法。吾辈若有观行功夫，则我心平平帖帖，即入地狱，入刀枪剑戟林中，亦无所惧，以心中本无此物也。如此自受用，令人见而生畏，是为威。若金刚怒目，虎豹食人，饿鬼变相，人亦望之生畏，然是有威无德。此云威德者，行道有得于心，能以此教化人，使人有威可畏，有德可怀也。其下更加自在二字，可见并非有意做作，乃自然而然。此即表明此菩萨之德性，亦即修三观所得之果也。众生本具圆觉妙性，因彼不觉，迷性成识，障碍觉性。今佛随众生根器，令识得障碍开显觉性，故云随分识碍显觉。不因修习而得善利者，言上根人根器极利，当如来未发言前，已识得自性，是为言前荐取。若正当闻经时，便能以智观照，并断无明，与佛无二，是为随闻入观。此类人古今不可多得。若中根者，闻法时虽能了了，过后习气又来，故须修习观行。威德之请，正为此也。

　　○戊二　请后显殷

253

世尊！譬如大城，外有四门，随方来者，非止一路。

【讲】　先喻说也。大城，京都也，国主所依故。喻圆觉妙心，清净法身之所依故。四门，喻菩萨修行圆觉，亦必由有，空，双亦，双非，四门而入故。来者非一者，喻菩萨欲证圆觉，必依四法而修。随彼根性，发觉初修，乃有多种方便，所谓方便有多门也。

【记】　大城譬如北京城。四门东西南北四正门也。城有防匪御敌之用。圆觉妙心，能防魔外，故以城为喻。从空门入者，即奢摩他。从有门入者，即三摩钵提。从亦有亦空门入者，为禅那。既有四门，应立四观，今只有三者，以非空非有，乃别教所修，双遣二边而显中，是为但中观。亦空亦有，则即边明中。离边无中，一中一切中，是为圆中观。禅那中摄此但中圆中两门也。众生根器不同，约藏通别圆四教论之，当有四四十六门。即当经而言，亦应别教四门，圆教四门，立为八门。

一切菩萨庄严佛国，及成菩提，非一方便。

【讲】　次举法合也。一切菩萨，谓欲证圆觉之人。

254

此合随方来者,庄严佛国及成菩提,总以教化众生为本。言菩萨依四法而修,并教化众生。一为庄严佛国,二为成就菩提。但随其根性乐欲,发觉初修方便,乃有多门,故云非一方便。此合非止一路。

【记】 大城喻佛国,即常寂光土,即妙庄严域。庄严者,即非庄严,是名庄严。修止观,得定慧,故止是福庄严,观是智庄严。又觉性是所庄严,定慧是能庄严。庄严佛国,即庄严自己清净觉性,故云及成菩提。是培植体智用三德,不是一种方便能庄严得成。下文三观,一一皆成就菩提之方便。悟圆理者,无一不圆。任修何法,皆成方便。持戒是第一方便,由戒而定,由定而慧。定能伏惑,慧能断惑,能悟圆觉妙性,无一非方便。经是文字般若,依经修观,为观行般若。由观行证实相,为实相般若。亦无非方便。念佛一门,为庄严佛国之大方便,能念之心,了不可得,所念之佛,无形无相,即是空。能念之心,历历明明,所念之佛,句句现前,即是假。持名念佛,空假圆融,即是中。故曰念佛即是修观。了此则无一法不可修,无处非方便矣。

255

唯愿世尊,广为我等宣说一切方便渐次,并修行人总有几种?

【讲】 古德云:欲知三叉路,须问过来人。以世尊乃过来人也。故曰唯愿。近接现前法会,远济末世众生,故曰广为宣说。一切方便者,以所为既广,根性乐欲,自应不齐。随其发觉初修,应用何等方便,渐次增进。并诸能修行人,总有几种,求佛一一宣说,乃见慈无遮而悲无尽也。

【记】 唯,独也。并无他愿,专为此事。威德知众生根器不同,不能请世尊将方便一切尽说,只就修行人大概有几种言之。

令此会菩萨,及末世众生,求大乘者,速得开悟,游戏如来大寂灭海。

【讲】 现前既是大乘之机。末世求大乘者,亦是菩萨之侣。谓令其速得开悟,初修方便,及渐增进之法。

从此建水月道场，作空华佛事，度如幻众生，严阳焰佛国，成梦里菩提，故云游戏大海。

【记】 未悟人修之，处处着相。既悟人修之，处处自在。开者，开慧眼法眼佛眼也。开此三眼，知见方正，方可全性起修。否则不能入如来大寂灭海。发心修观，入观行位。观行得力，入相似位。相似得力，入分证位。初断一品无明。从此十住十行十回向而登地。十住从空门入，十行从有门入，十回向从亦有亦空门入，十地从非有非空门入，正可游戏。游戏者，自在之义也。依圆理开圆解，依圆解修圆行，方能自在游戏。

作是语已，五体投地，如是三请，终而复始。

【讲】 此至三显殷也可知。

【记】 如文可知。

○丁二 师资缘合

尔时世尊告威德自在菩萨言:善哉善哉! 善男子! 汝等乃能为诸菩萨及末世众生,问于如来,如是方便。汝今谛听,当为汝说。时威德自在菩萨奉教欢喜,及诸大众,默然而听。

　　【讲】　准前问词,请为广说一切方便,渐次增进。今牒词但云如是方便,不言渐次增进者,以初步定千里之程,不待言自知故。

　　【记】　方,法也。便,宜也。一切方法,皆可修行,惟随众生之机宜说之,故答威德之问。只提方便二字,不及其他。以明将一切法,收在方便二字之中也。

　　○丁三　应求开示

　　○戊一　长行

　　○己一　总标三种

善男子！无上妙觉,遍诸十方。出生如来,与一切法,同体平等。于诸修行,实无有二。方便随顺,其数无量。圆摄所归,循性差别,当有三种。

【讲】 妙觉,指本妙觉心。体居象先,故以无上称之。非约修得,名无上也。遍诸十方者,法性遍在一切处故。出生如来者,随缘出生一切诸佛,岂惟诸佛,乃至情无情等,亦皆从此出生,故云与一切法。前云种种幻化,皆生妙心,即此意耳。同体平等者,既皆从彼妙觉出生,则佛与诸法,同一体性。则佛性即是法性,法性即是佛性,故平等也。于诸修行实无有二者,谓于彼诸佛,及与诸法,随据一法修行,实无差别。以圣性无不通,顺逆皆方便故。既顺逆皆为方便,若随顺机宜,其数应有无量。至总统赅摄无量方便,所以收归者,循诸机性差别,证入浅深,当有三种。圆摄者,即总统赅摄之意。循性差别者,体性原无差别,约用而论差别耳。以自性有体寂用照,更有寂照不二,体用一如三义。即所谓如来藏如实空义,如实不空义,如实空不空义。空义者,真谛理也。不空义者,俗谛理也。空不空义者,中谛理也。依真谛理修,成体真止空观。依俗谛理修,成方便随缘止假观。依中谛理修,成息二边分别止中观。又三止名奢摩他,三观名三摩钵提。止观不二名禅那,循理性三义差别,故当有三种也。

【记】 先建立三观所依之体,使众生修行,有所标准。此处之无上二字,与他处不同,乃直指妙觉之性。此性过去无始,未来无终,现在中间无际,无一法可超过之,故称无上。观依报亦空,观正报亦空,举一即具一切。十世古今,不离当念。无边刹海,不隔毫端。此之谓遍。菩提涅槃,皆从妙觉流出,一切诸法亦然,故云出生如来,与一切法。所谓无不从此法界流。今修妙观,所谓无不还归此法界也。万法无性,皆从缘生。缘生如幻,即是无生。众生不悟缘生,故有六道三途之苦。若悟缘生,正可修如幻三昧。知幻即离。则地狱可化天宫,三途皆是乐境。众生之佛性,即大地山河之法性。大地山河之法性,亦即众生之佛性。故云同体平等。法法皆是依他起性。了得诸法如幻,即是圆成实性。随拈一法,无非妙法。随修一行,无非妙行。楞严所修二十五门,门门可以融入一门。任修何法,皆是方便。无论诵经、持咒、礼拜、参禅、只须回向净土,即是念佛方便。故云实无有二。众生病有千差,缘有万别,故方便亦无量。无量法门,以圆行修之,曰圆修。圆修所摄妙理,不外三种,即真俗中三谛。依真谛理修,曰奢摩他,亦即体真止,空观。依俗谛理修,曰三摩钵提,亦即方便随缘止,假观。依中谛理修,曰禅那,亦即息两边分别止,中观。理实是一,方便说三。空观修成,真谛理显,能破见思惑。假观修成,俗谛理显,能破尘沙惑。中观修成,中谛理显,能破无明惑。又说空,即自心寂体。说俗,即自心照体。说中,即自心寂照不二。

〇己二　次第别明

〇庚一　修止

【讲】　止义,如大乘止观第一页云:所言止者,谓知一切法。从本以来,性自非有,不生不灭。但以虚妄因缘故,非有而有。然彼有法有即非有,唯是一心,体无分别。作是观者,能令妄念不流,故名为止。

善男子！若诸菩萨，悟净圆觉，以净觉心，取静
为行。由澄诸念，觉识烦动。静慧发生，身心客尘，
从此永灭。便能内发寂静轻安，由寂静故，十方世
界，诸如来心，于中显现。如镜中像，此方便者，名
奢摩他。

【讲】　梵语奢摩他，此云止。止有三：一体真止，二
方便随缘止，三息二边分别止，此依寂体而起修也。悟
净圆觉者，承前重重开示，悟得现前一念不生，湛然常寂
之心，是个净圆觉心。其体无染曰净，其相周遍曰圆。
对境不迷曰觉。即以此心为观行之本，故曰取静为行，
此即体真止也。谓体达诸法，皆从缘起。缘无自性，当
体即真。依之修习，而诸妄不起。故名为止。亦即以此
取静之功，历一切处。谓穿衣吃饭处，咳唾掉臂处，迎宾
送客处，皆可随缘照顾，使妄念不起，即名方便随缘止
也。当修止时，外遇境缘而不起分别，内亦不以静为究
竟，不过假静以为入手方便，即名息二边分别止也。由
澄诸念者，诸念，即妄想也。谓未修止时，即使悟得净圆

觉心，本来湛寂，其如无始已来，习气熏染，迁流不住，觉得妄想乱扰，生灭不停，无时暂息。今既悟此心，即以所悟之境，发起观照，返观不动之体。观久功纯，由此妄想消歇，粗念渐空，故曰澄诸念也。粗想既澄，乃见赖耶体上，所有习气，微细生灭流动之相，分剂头数，无量无边，故曰觉识烦动。久久观察，则见自心光明，忽然发现，故曰静慧发生。心光一发，则顿见身心，果然不实，如客如尘，所谓客非主，尘非空也。此即寂静功夫，功夫至此，始觉现前身相，如空中之尘耳。如此则内脱身心，故曰永灭。由此则一念顿证无生也。便能下，正显定中受用之相。言内发寂静轻安者，直解云：以圆觉妙心，向被幻妄身心，无明之所覆障。今既内脱身心，则无明已伏，故于寂静定中，发起轻安之相。到此则十方廓然，本有法身，自然挺露。故曰诸如来心，于中显现。即指本有法身为如来心也。以生心与佛心，原无二故。永嘉云："诸佛法身入我性，我心还共如来合。"正此意也。如镜中像者，镜指自心之光，像喻如来之心。光即是智，心即是理。以智照理，如镜现像也。此乃妙契法身，即《楞严》

所谓返流全一，六用不行。十方国土，皎然清净。譬如琉璃，内悬明月，乃至一切如来，密圆净妙，皆现其中，亦此意也。欲成无上菩提，当以此为方便。故曰此方便者，名奢摩他。亦得名为空观，即体真止也。

【记】 一部经中，所言修行方法，此章最为紧要！人人可以下手用功。奢摩它梵语，此云止。若但以念头起处，强行压制为止。譬如以石压草，暂被制服，石去草仍长。似此用功，无甚益处。知一切法数句，乃发明三自性之真体。三自性者，一圆成实性，二依他起性，三遍计执性也。盖一切诸法，本无自性，无自性，即是不生不灭本体。所谓三自性者，圆成实性，真性也。依性起相，相不自相，缘会而有，即名依他起性。由此而有分别，名遍计执性。内自根身，外自器界，从本以来，皆属非有。虚妄因缘者，一念不觉为因，展转变现为缘。幻出根身器界，本属非有而有。此即遍计执性也。然一切诸法，既随缘起，皆属虚相，非实性故，有即非有，此即依他起性也。既依他起，本无自性，诸有如幻，当体即空。惟是一心，心外无法，本无分别，当体即是圆成实性也。作如是观，则妄念不流，是名为止。妄念者，在六凡众生中，即见思惑。在二乘中，即尘沙惑。在菩萨中，即无明惑，是妄念有三种也。今修止，所以对治妄念。了得遍计性空，依他如幻，圆成本有，则三种妄念不流，便成为三种止矣。见思妄念不流，即体真止。尘沙妄念不流，即方便随缘止。无明妄念不流，即息二边分别止也。体真止是初步功夫，其次为方便随缘止。如吃饭时参究吃饭是谁，饮茶时参究饮茶是谁，以至咳唾掉臂，迎宾送客，无时无处，不有此念头存在，则妄念自然不流。何以故？人无二心，心无二用故。古德云："随缘认得性，无假亦无真。"又云："行也禅，坐也禅。"又云："行也弥陀，坐也弥陀。"皆此等作用。诸居士为在家人，不能不料理俗事，极宜修此方便随缘止，则随处皆可受用。息二边分别止者，二边指一切对待法言。如空有，我无我，常无常，大小，高下，长短，亲疏等，凡有对待者皆是。两边对待法，本无实体，皆由比较而生。如大小对待也。大非真大，因小见大。小非真小，因大见小是也，今对于一切之境，不起分别，故谓之息。不著空有，不偏一法，不厌生死，不欣涅槃，无边可止，即边即中，并无二边，有何可止？盖不期止而自止，故又谓之不止止，此为最高功夫！大概修奢摩它，宜依寂体而行。寂体者，自性不动是也。在三如来藏中，属空如来藏。能修此者，便是大乘功夫。然欲修止，先须发菩提心，悟净圆觉性。悟是修之最初方便。悟者,悟圆觉清净之相。即文殊普贤章所讲者是。质言之,即吾人现前一念之心性,又称觉性是也。此觉性不必定在吾人方寸间,亦不离于方寸。何以故?不在内,不在外,亦不在中间故。觉体既圆,无在无不在。了得此性,则谓为在内可,谓为在外在中间,亦无不可。不了此性,则说不在内,不在外,不在中间,亦皆是误。何以故?此性周遍圆满,并无分剂,不落方所,亦不落过去未来现在三际故也。故云"三际求心心不有,心不有处妄念无"。其体无念曰净。其相_{无相之相}周遍曰圆。又对境不起分别,则境不能迷曰觉。故谓现前一念不生之心,即净圆觉心也。今欲修止,即以此净圆觉心为所观之境,亦即以净圆觉心为能观之智。初次用功,未忘能所,故分境智。其后境智一如。_{此种功夫切不可著文字相}盖既取静为行,则先将万念集于一念,又明此一念本来无相,念即无念,假名为念,定为所观之境。又以观此无念之一念,为能观之智。当此前念已灭,后念未生,中间孤孤一念能观之智,观此本性无念之境,境智一如,有何妄念可起?此即体真止也。然切不可误将已灭之前念为所观之境,是为至要!上来止分为三,不过就修行方便言之,其实一止之中,皆含三止。即如修体真止时,随处皆用此功夫,即是方便随缘止也。又对外遇境不起分别,则息有,对内不以静为究竟,则息空,即是息二边分别止也。任修一止,三止具足,修习既久,功夫自然得力。由澄诸念,正指得力时也。诸念即妄念。净圆觉性,本来常寂不动。无如无始习气迁流,念念不住。如水未澄波浪纷起。然全妄即真,波不离水。故以此净圆觉性能观之智,观此不生不灭之境。久之,则粗念不起,如水之澄,波浪全息,始见八识田中,微细生灭,乱起乱动之相。此微细念头,生住异灭,刹那刹那,迁流不住。惟修奢摩他行,功夫相应,方得见之。向来妄心,譬如浑水,不见沙泥。今水既澄,泥沙自见。此境现前,切勿认为妄念而生退志。且须极力前进,不可放松。久久观照,则静慧发生,顿觉身心二相,轻快非常。盖身心如空中之尘,主中之客,全体皆属虚妄。了得身如客,则不起身见。了得心如尘,则不起我执。故曰身心客尘,从此永灭。是谓一念顿证无生。古人云"证无生者,方见刹那"是也。便能内发寂静轻安者,正显定中受用之相。自性本属轻安,向为二障所迷,不得见故。今既见之,则身无重着之相,故轻。心无扰动之相,故安。皆从寂静功夫由内而发,此好境界也。由寂静故,十方世界诸如来心于中显现,此如来心,即自己本有之法身也。众生身心二执未破,皆属尘见,不得称心。今二执已破,则众生凡心,即是佛心。一切如来心。密圆净妙,妙即法身,净即应身,圆即报身,举一密字,三身即是一身。古语云:"诸佛妙法身,湛然应一切。十方诸如来,同共一法身。"众生不知,故为密。既知之,则密而显矣。如琉璃内,悬明月,同是光明,喻境智不分为二也。奢摩它别名是止,其实即观。《大乘止观》释止字,开首即云:知一切诸法。知字,即观也。因知得如此,则不起三惑,三妄念遂得不流,即止义也。古人云:佛法无多字。一部圆觉经。若论省悟,则弥勒一章最为切要!若论修行,则此章最为得力!无论参禅念佛持戒,皆不出于奢摩它。将此科文详细研究,着实用功,一生受用不尽,何须多法。穷究三藏一切教典,无非欲得门而入。既得其门,只须一门深入,切要切要!又止观之理,大乘止观言之最详。此书乃大澈大悟之南岳思大师所作,诸君不可不读也。

〇庚二　修观

【讲】　观义,《大乘止观》又云:所言观者,虽知本不生,今不灭,而以心性缘起,不无虚妄世用。犹如幻梦,非有而有,故名为观。

善男子！若诸菩萨，悟净圆觉。以净觉心，知觉心性；及与根尘，皆因幻化。即起诸幻，以除幻者。变化诸幻，而开幻众。由起幻故，便能内发大悲轻安。一切菩萨从此起行，渐次增进。彼观幻者，非同幻故，非同幻观，皆是幻故。幻相永离。是诸菩萨所圆妙行，如土长苗，此方便者，名三摩钵提。

【讲】　梵语三摩钵提，此云等持，即观也。观亦有三：一空观，二假观，三中观。然其修功，无论修止修观，均须以悟为先。谓未悟而修，乃名缘修。悟后而修，方名真修。亦名圆修。所谓一修一切修也。前修止，止中即有观。今修观，观中亦有止。不过是入门有异，下手不同耳。以言有次第，分之则三。修无前后，故成功一也。所以三科中，一一皆先举悟净圆觉为所观境，亦即以净觉心为能观智也。言知觉心性根尘皆幻化者，心性指识，谓内六根，外六尘，中六识，皆是从缘而有，有即非有，故曰皆因幻化。幻化不实，即空观也。以根因尘而有知，尘因根而有相。根尘因识而有性，识因根尘而有分别。如此则根尘识三,皆从缘会而有。缘起无性,岂非空耶?即起下,是假观也。谓依此净圆觉心,发起智照。照见根尘识三,本来不有,皆因无明之所变现。虽有而性常自空,皆如幻化。我之身心,既然如是,则例观一切众生,一一皆如幻化,故可即起如幻之观。故曰即起诸幻。诸幻,指观智也。以此观智,净除现业流识,故曰以除幻者。幻指现业流识,即无明也。谓以此如幻始觉之智,净除根本无明。无明既破,自然而有不思议之业用,故曰变化诸幻而开幻众。广作度生佛事,现十界身,普应一切。此出真涉假之相也。由此起幻之功,了得自身他身,悉皆如幻。则内亡身心,外遗世界。终日度生,自不见有度生之相。抖擞精神,不觉疲倦。故能内发大悲轻安,即中观也。不惟一菩萨如此,而一切菩萨,皆从此而起行,亦渐次而增进也。谓出假菩萨,以如幻观,破无明惑,亲证真如。依此真如妙理,起于利生事业。而以同体大悲,广化众生,不取度生之相,故云大悲轻安。彼观下,即观行增进之相也。以证性未圆,无明未尽,渐次深入,故云渐次增进。约断惑,乃从粗至细。

约历位,则由浅而深。初在信位,断灭相无明。次在三贤位,断异相无明。又次在十圣位,断住相无明。至果位,方断生相无明也。如《起信》云:如菩萨地尽,满足方便。一念相应,觉心初起,心无初相。以远离微细念故,得见心性。修行至此,返观从前彼观幻者。非同幻故。盖以彼观幻者,是离念真智,非同幻化之无实也。此是对待未忘,先遣所观之境,犹存能观之智。故云彼观幻者,非同幻故。又云非同幻观者,言幻观之智,对幻法而起。今则幻境既忘,幻智亦泯。故云皆是幻故。谓若有能观,犹未离幻,今知能所俱幻,忘则双忘。能所既忘,境智俱绝。唯一绝待灵心,圆明独耀。故云幻相永离。此即中观相也。如上所说,至此乃是菩萨所圆满之妙行,渐次增进,如土长苗也。土喻真理,苗喻真智,以智契理,如苗栽土。以理起智,如土养苗。下得一分功,增得一分智,如土长苗,直至菩萨地尽,如苗已成秀实矣。故曰此方便者,名三摩钵提。亦得名为方便随缘止,即假观也。

【记】《大乘止观》所云,虽知本不生,今不灭,即第一义谛,即圆成实性。此知字即从上文,知一切法之知字而来。圆成实性,随缘而起,故有依他起性。然缘生而本体未尝生,缘灭而本体未尝灭。前无始,后无终,中间无现在,此即不生不灭也。体虽不生不灭,而随染净缘以起世用,非有而有,乃为遍计执性。识得此理,故名为观。此科在三观中为第二观。三摩钵提,此云等持。持者修持,等者平等。盖单修奢摩他,注重在空,不得意者,若执于空,空即为病。故必平等修持,不堕空,亦不堕有,是谓等持。等持何以为观?谓观世出世法,一切平等。何以故?万法皆从缘生,法法皆无自性故。既无自性,则无分别,故谓等持为观也。前云止有三止,今观亦有三观。一空观,二假观,三中道观。钝根人不能三观圆修,则先修空,次从空出假,最后息空有二边而入中道。若圆修,则一空一切空,一假一切假,一中一切中,并无次第先后。假观如何用功?当知一切诸法,皆是惟心建立。凡夫之人,前念灭,后念生,念念迁流,生灭不住。心生则诸法生,心灭则诸法灭。可见诸法皆假,全由尘想而有。此谓因成假。前念既灭,若第二念不起,则天下太平矣。无如前灭后生,生灭之间,无刹那不相续,此谓相续假。然一切诸法,皆因对待立名。如对大言小,小非真小。对小言大,大非真大。

全是假立。此谓相待假。菩萨以三假观一切法，由此可以出假作事。夫一切诸法无自性，故曰空。一切诸法有形相，故曰假。然非离假而有空，非离空而有假。因假说空，因空说假。然则空假亦是对待，既是对待，空假俱不可执，当体即是中道矣。智者大师之三观，因南岳大师之三性而建立。依分别性立空观，依依他性立假观，依真实性立中观，名虽不同，其理则一。无论修止修观，皆以悟为当先，悟为修之方便。修为证之方便。可见悟为最初方便。楞严会上，阿难尊者，请求最初方便，是急在修行。我世尊说法至三卷之多，处处皆以如来藏妙真如性为本，亦是说悟为要。四卷至七卷，灵峰大师，判为皆是开示不生不灭妙三观门，并未将奢摩他三摩禅那强分段落。如此科判，可称古今独步。何以故？因其所论，乃是圆修故。此经处处皆曰悟净圆觉，与楞严正同。盖悟后而修，是依真性起修，乃为真修。是依圆理而修，又曰圆修。圆者，圆真俗中三谛之理而修也。以净圆觉为所观之境，本觉理也。即以净圆觉为能观之智，始觉智也。及其修功已深，则能所不二，理智一如，同是一净圆觉性矣。前修奢摩他，云取静为行，是从空门入道。此修三摩钵提，云以幻除幻，是从有门入道。此下手功夫不同处。其实言有次第，修无前后。得意之人，修止即是修观，修观即是修止。知觉心性者，凡夫分上，皆以识神当作心性。非但第六识，即前五识皆是。今不言六识而曰心性者，因已悟净圆觉，乃取与妙观察智相应之一品，即别境中之慧心所，是也。以此与妙观察相应之慧一照，始知外而六尘，内而六根，根尘相偶而生六识。所谓识也，根也，尘也，皆是从缘而有。既从缘有，乃是假有幻化之物，并非真有。故曰知觉心性及与根尘，皆因幻化。了得幻化非真，便是空观也。无明本空，何况无明之所变现，故曰皆因幻化。夫根因尘而有知，尘因根而有相，根尘因识，则有了别之境。识因根尘，则有分别之性，所谓犹如交芦，缘起无性。岂非空耶？即起诸幻者，以净圆觉心，发起净圆觉智，照见根尘，皆因无明而有。始由一念不觉，而有根本无明。继因一念妄动，而有枝末无明。然而无明本空，非是实有。我之身心，既如幻化，则一切众生身心，皆如幻化。了得此正好用如幻身心，作如幻佛事。谓作如幻之善，对治如幻之恶，以如幻之净，对治如幻之染。即起诸幻之幻，谓观智也。除幻之幻，谓无明也。譬如念佛之净念既起，则九界之念冥伏。即可对除现业流识，现业流识者，即我辈凡夫现前之一念妄想也。由是以如幻始觉之智，对治末无明枝无明。

渐渐而除,以至根本无明。莫道根本无明全破,即破至枝末无明,则六通皆发,便有不思议之大用。故能变化诸幻而开幻众。此皆从空出假功夫,所谓假观。假观成时,能现十界身,广作佛事,终日度生,不见度生之相。一假一切假,内忘身心,外忘世界,不住空相,亦不住假相,即中道观也。由起幻故以下,譬如此讲经会,即是如幻道场。由起如幻道场,有此听经之如幻,而一切无明之如幻皆伏。即是以幻除幻。由此讲经之如幻,日日所谈,无非佛法。听众心中,无非道念。即是变化诸幻而开幻众。而日日听经,便愿多人来听,此非内发大悲而何? 且诸君日上办公,夜夜必来听讲,自忘其劳,此非轻安而何? 然此尚就凡夫说,如讲义中现十界身云云,则是菩萨境界矣。观幻之观,乃是真智。故曰非同幻故。虽非同幻,然尚有能观在,有能即有所,仍是对待。则此非同幻之观,仍然是幻,故曰皆是幻故。能所双忘,心相不二,至此,幻相永离,绝待之灵心独露矣,此中道观也。讲义所引起信论一念相应云云。此之一念,乃根无明,即最初一念不觉之生相无明也。此念原来无相,了得无相,则心境一如。故曰心无初相,以远离微细念故。功行到此,当体寂照,一切皆空,幻相永离矣。上来所说,皆是修观。并未说止。然须知了得一切诸法如幻,不起我法二执,此即是止。所以圆顿止观,止即观,观即止,并无二致。盖净圆觉心之体,本来寂照同时,故最初下手,即用寂照平等功夫。久久纯熟。则得定慧平等。如此,则七觉支,八正道等三十七道品次第功夫,皆可省去。此圆顿止观之妙也。能用此功最好,倘业障深重,既不能止,又不能观,只有老实念佛。一句佛号提起,别念不生,即止也。声声佛号,历历明明,即观也。诵经亦然。诵时不杂余念,即是止。句句分明,即是观。持咒等一切法门皆然,如口念心不念,即是口头佛,口头经,口头咒,岂止口头禅而已哉?所以如能会通,法法皆是止观。何以故?皆是净圆觉心所流出故。但须一门深入,老实做去。所谓拈来无不是,用去莫生疑。此乃确切之言。以三观分别言之,则奢摩空观,三摩假观,禅那中观。其实每段皆具三观,此之谓圆。如以止言之,三摩即是方便随缘止。何以故?以幻除幻,一切法不染,岂非止耶?

○庚三　止观双修

【讲】　若单约止,即息二边分别止。约观,名中观也。

276

善男子！若诸菩萨悟净圆觉，以净觉心，不取幻化，及诸静相。了知身心，皆为罣碍。无知觉明，不依诸碍。永得超过碍无碍境，受用世界，及与身心。相在尘域，如器中簧，声出于外。烦恼涅槃，不相留碍。便能内发寂灭轻安，妙觉随顺寂灭境界，自他身心所不能及，众生寿命皆为浮想。此方便者，名为禅那。

【讲】 梵语禅那，此云静虑，静，即止也。虑，即观也。前修止时，先以取静为行。次修观时，以起幻为相。此止观双修，不似前二之单修。故曰不取幻化及诸静相。此行若说止，即是息二边分别止，故二俱不取。说观即是中观，则一中一切中，静幻皆中，则无边可取，故不取也。以悟得净圆觉心，心外无法，依此净圆觉心，建立妙观，直观中道一心。外忘其境，故曰不取幻化。内忘其智，故曰不取静相。此即二观双超，空假并照之相也。了知身心皆为罣碍者，谓不取所以。言我所以不取幻化者，即是了明有知之身心，动被烦恼逼迫，业苦缠缚，皆是罣碍之法，所以不取也。无知觉明不依诸碍者，即是了明无知之觉明，本来离于幻妄，绝诸垢染。若有静相，亦即是碍，故亦不取也。故曰不依诸碍。如是所以二俱不取，故曰得永超过碍无碍境。此中碍指幻，无碍指静也。若取幻碍，则为事障，恐于有为法中不得解脱。若取静相，静虽无碍，恐成理障，则于无为法中不得自在。故二俱不住，方得永超也。于此观行境界现前，则回观现前所受用之世界身心，虽相在尘劳区域之中，则不被尘劳之所拘碍。故喻以如器中锽，声出于外。器是乐器，锽钟声也。钟喻碍境。钟内之空，喻无碍境。如声在钟中，一击而翛然外扬。喻以智观境，则烦恼之有碍，涅槃之无碍，有碍不能留，无碍不能碍也。功夫至此，便能于此妙观心中，发起寂灭轻安。以前烦恼不能留，涅槃不能碍，则二俱寂灭。如是则终日说法，不见有法可说。终日度生，则无度生之相。乃至行种种难行之行，不见有难行之相，此即轻安之相也。至此方乃契合妙圆觉性，寂灭真境。故曰妙觉随顺寂灭境界。自他身心所不能及，无我人二相也。众生寿命皆为浮想，无生寿二相也。如是则四相皆空,亦即所谓顿空五阴,顿超五浊。生灭既灭,寂灭现前,忽然超越之功,若此而已。结句可知。

【记】 此科为禅那功夫,要在止观双修。世尊所说法门无量,即因众生迷一真之体,流转于六道。今欲由六道返乎一真,不得不说多门方便。然殊途同归,到家则一也。圆觉之性,有寂有照,有寂照不二。奢摩他依寂体起修,三摩钵提依照体起修,禅那则依寂照不二,圆顿双修。至其修证功夫,则从不取二字下手。以现前不生不灭之一念,直照净圆觉心,当体即真,不落思议。且此不生不灭之一念,亦不留影子。有影即是识,即是法尘。则能观之智,便堕于分别,不得为正念。今此正念照于净圆觉心,即起信论所谓直心。故不偏于静,不偏于虑。偏于静即奢摩他,偏于虑即三摩钵提。静相属空,幻化属有。今皆不取,是为息二边分别止。夫二俱不取,当然是中。外不住境,内不住智。智外无境,境外无智。智境双忘,故云二观双超。照境历历明明,照智了不可得。此一念提起,即所谓离心意识参,即达摩祖师直指之禅。后世钝根,不能如此,方创参话头之法,使有把握。故此科全为顿教法门,妙则极妙,修却不易。身心全是无明,身是色蕴，心是受想行识四蕴。若依之起修，无非罣碍。取幻化则必依身而修，取静相则必依心而修。由禅那二皆不取看来，可见古德教人离心意识参者，确有至理。不过非上根人不能领会耳。无知觉明，即本觉妙明不生不灭之体。不落于分别拟议思量，一举便得。如全纲提起，万目毕张。禅那观，若得一念少分相应，其受用便与前二观大不同。虽外而世界，内而身心，日在尘劳区域，而不为所拘碍。如声不集于钟，喻超过有碍。亦不集于钟之空，喻超过无碍。有碍，指众生之烦恼生死。无碍，指二乘之偏空。寂灭轻安，是受用境界。离心缘相，不可以言语形容。所谓内无身心，外无世界。勉强以言语形容之，毕竟不能。故经中亦只言寂灭轻安而已，即用功之人，在入定时，亦不觉其所以然，以其无境象可表。但出定后，一念未起时，觉此色身轻如灰尘而已。功夫到此，方能与净圆觉心，冥然契合。寂灭境界，即不生不灭之谓。即观世音菩萨用闻思修功夫，所得寂灭现前。此之谓真消息。前来三观，全是用功境界。全非文字，不过借文字以显耳。必须实行，方可得消息。佛门禅堂之中，得前三观之轻安者恒有之。诸居士则不肯离文字用功，所知障重。取静相难。取幻化更难！二俱不取，难之又难！然虽难而此理不可不知,此功不可不用,何妨得暇即一试之乎? 不取之取字,宜看明白。吾辈在凡夫地位。下手用功。随发一念,必取一境。净圆觉心,本无方所,无论眼见耳闻,皆可下手,如何能不取? 故此处不取,乃不执著之谓,非不用之谓。了得一切法皆无性,皆从现前一念之所建立,故须离根尘,从一念心性上着手。若执著此心性,便是取。诸居士,得暇即用功,遇事来即做。做过仍用功。若事来不做,便是执静。故用功须息二边,归中道。即中道亦不可执著,此方是不取。修止观功夫,一语道破,是在平平帖帖,尽管用功,不求速效,时至理彰,瓜熟蒂落,身心自然轻安。如求速效,即是取。此亦应告诸君者也。前云念一句佛号,即是止观功夫。须知念时不取佛相,不取念相。心外无佛,佛外无心。此即禅那功夫也。若必先除妄想而后念佛,此亦是取。只要老老实实念去,念到纯熟妄想自无,身心自然脱落。加以早晚对佛发愿,临终必稳坐莲台。诸君信此言否? 老僧有一妄语者,当堕拔舌地狱。

○己三　结显应修

○庚一　正结应修

善男子！此三法门，皆是圆觉亲近随顺，十方如来因此成佛。十方菩萨种种方便一切同异，皆依如是三种事业，若得圆证，即成圆觉。

【讲】　总指前之三观，结示在所应修也。圆觉不指因心，乃约佛所修成圆满觉故。亲近随顺者，去佛不远。随顺修习，便可到故。已成之佛由是而成，故曰十方如来等。未成之佛，修因度生，常行种种方便。或顺性通修，或分门别行，故曰一切同异。迹虽同异分驰，本实显密合观。故曰皆依等。事业者，谓此三种观法，即为菩萨所应作之事业故。若得圆证即成圆觉者，谓若得圆融而修，三非定三。一不定一，举三全是一，言一即为三。因地圆修，果上圆证，即成圆融无碍，三身一体之妙觉佛矣。

【记】　此三种法门，二六时中，时时依他为亲，时时不离为近。得暇便修，即为随顺。如此则众生去佛不远。一念相应，一念是佛。念念相应，念念是佛。一人修，一人到。人人修，人人到。若问菩提家乡，不肯举足，终不能到。一举足，即是到家消息。顺性通修谓同，分门别行为异。默修理观为密行,单修事观为显行。显者显其密,密者密其显。菩萨作此事,即有业用,业用即前三种轻安。证有次第,最初作观起修,是观行证。再进至相似证。再进而至分证。再进至于究竟。为圆证。本经之文,全是活泼泼地。即此三观功夫,必全性起修。性修两字,不可偏废。有性无修,则执理废事。有修无性,则执事废理。吾辈看经,亦须不执文字,不离文字。何以故?文字是幻故。又须不取自性。自性虽是妙理,然执之便是垢。比之执著事相,其害更甚!所以禅那中不取二字,处处皆用得着。故云汝须不执著,执著便是垢。《楞严》一经如大冶洪炉,处处不可著,着即被焚。《圆觉》一经,是清凉境界,门门可入。用功者随拈一法为正,以余法为助。照此老实做去,切宜不执著也。

〇庚二 设事校量

善男子!假使有人修于圣道,教化成就百千万亿阿罗汉、辟支佛果。不如有人,闻此圆觉无碍法门,一刹那顷,随顺修习。

【讲】 先约能校,似胜反劣。将欲设事校量,故云

283

假使,谓假使有是人也。修于圣道者,谓从凡夫地,发小乘心,修出世道。而言圣道者,乃约已证偏真住最后身者言之。教化者,以谛缘教化众生为眷属。成就者,恐其不能,复以八忍、八智、九无间、九解脱道而接济之。所化之众,有如许之多,故曰百千等。所证之果,竟有至阿罗汉辟支佛之胜。以是而知,上之所谓修于圣道,能教化能成就者,其功德不可胜言。及欲与修三观者校之,则反为卑劣。不如下,次约所校,似劣实胜。言上云修于圣道,又能以斯教化。设若不发大心,终为败种,故曰不如有人。谓不如有人,从凡夫地,发大乘心也。发大乘心,修大乘行,故曰闻此圆觉无碍法门。然圆觉二字,通指全经,以本经为圆觉经故。无碍法门,特指三观,以三观超出碍无碍境故。然闻此,但是自闻,无利他之德。随顺,但是暂修,无实证之德。刹那,但经少时,无久修之功。其功德似为卑劣。而上云修于圣道教化多众证果者,犹不如此。以此圆觉无碍法门,乃成佛正因。一历耳根,永为道种。才经修习,便是大根。足见偏圆修习,可谓日劫相倍矣!

【记】 此校量功德之文，设此校量令人于圆觉法门，起信心故。分为二节：上节是能校量，下节是所校量。就能校量观之，教化成百千万亿阿罗汉辟支佛，似乎功德甚深。然以校圆觉法门，则又无足比数。圣道，乃出世之道。唯中有大小不同。阿罗汉辟支佛，是小乘中人，所作已办，不受后有，谓之最后身。小乘自初果至三果，修之尚易。唯进至四果最难，须断尽上界七十二品思惑，方得阿罗汉果。阿罗汉此云无生，因其不再堕于分段生死。然尚有变易生死在，非真无生也。习气未尽为阿罗汉。习气已尽为辟支佛。辟支佛有二：出有佛世名缘觉。出无佛世名独觉。八忍八智者，修苦集灭道四法忍，伏欲界见惑，能发四法智_{苦法忍至道法忍，苦法智至道法智}。破欲界见惑。又修苦集灭道四类忍，伏上界见惑，能发四类智_{苦类忍至道类忍，苦类智至道类智}。破上界见惑是谓十六心见谛。类谓比类而知也。九无间九解脱者，以无漏智观无漏境，中间并无丝毫间断，故云无间。修一无间三昧，断一地思惑，得一解脱。三界共有九地，故修九无间三昧，得九解脱。即烦恼断尽，生死可了。此九无间九解脱，连上八忍八智，统名三十四心。修此则界内见思，方能断尽。不如有人下，是所较量。圆觉法门称为无碍者，以其一空一切空,假中皆空。一假一切假,空中皆假。一中一切中,空假皆中。故并无留碍也。刹那,极言时间之最短者。闻是闻慧,随顺是思慧,修习是修慧。然时间虽少,必具大乘根基但发大心者,方能闻此大乘法门。闻此而因文思义,悟得本性竖穷横遍,因信起修。无论修习成就与否,即此一刹那顷修习之功,已胜彼修小乘者多多矣!盖修习小乘者,往往住于果位,不知前进。譬之行客,半途误认逆旅,谓为家乡。若发大乘心者,则不住果位,不论劫数,一往直进,要以成佛为期。昔有一师,已得阿罗汉果。偶然出外,使其徒代负衣钵,随之而行。其徒夙秉慧根,一向居山,不知世事,未发大心。此次出行,一路见人,觉其种种苦况,遂发度生之心。其师有他心通,故知之。即让其徒前行,而自负衣钵。后其徒大心忽退,欲先自度而后度人。复为其师所知,仍令代负衣钵,在后随行。如此数次。徒疑而问其师,师告以故。其徒闻说悚然,不敢退其初心。师卒自负衣钵,随徒而行。由此观之,大小乘之相去,诚不可以道里计也。此文缀于三观之后。所言圆觉无碍法门,即指三观可知。盖一为成佛真因,一是小乘权果,故不可以之较量也。

　　○戊二　偈颂

○己一　颂总标三种

尔时世尊,欲重宣此义,而说偈言:

威德汝当知:无上大觉心,本际无二相。随顺诸
方便,其数即无量。如来总开示,便有三种类。

【讲】　体居象先,竖穷横遍,故称无上,又云大也。
出生如来与一切法,在如来曰觉心,在诸法曰本际。如
来与诸法同体,故无二相。随顺修习,起诸方便,其数即
应无量。若总摄所归,统为开示。循性差别,则有三种。

【记】　无上大觉心,乃三观所依之体。本是根本,际是
实际。诸法无本,以大觉心为根本。诸法无际,以大觉心为
实际。因该果海,果澈因源,故云无二相。

○己二　颂依次别明

寂静奢摩他,如镜照诸像。如幻三摩提,如苗渐
增长。禅那唯寂灭,如彼器中鍠。

【讲】　如文可知。

【记】 此明三止三观也。奢摩他以寂静为相。证究竟位,则如大圆镜,故曰如镜照诸像。三摩钵提是观,三摩提是三昧,二者意义本不相同。然此处则当作三摩钵提解,盖谓修得如幻三摩钵提之三昧也。

○己三　颂结显应修

三种妙法门,皆是觉随顺。十方诸如来,及诸大菩萨,因此得成道。三事圆证故,名究竟涅槃。

【讲】 首句总指三观,次句结显随顺,皆是圆觉随顺修习之方便故。后五句,结显应修。谓已成之佛,先依此成。后成之佛,当依此修。若果能一修一切修,三事圆修。则便能一证一切证,三身圆证,所以名究竟涅槃矣。

【记】 一一法门,皆是不可思议。随顺觉性,方能起修。因中三观圆修,则果中三德圆证。随分修,随分证。究竟修,究竟证。一修一切修,一证一切证。

○丙二　示轮观随修

○丁一　谢前请后——辩音章

　　于是辩音菩萨，在大众中，即从座起，顶礼佛足，右绕三匝，长跪叉手，而白佛言：大悲世尊！如是法门，甚为希有。世尊！此诸方便，一切菩萨于圆觉门，有几修习？愿为大众及末世众生，方便开示，令悟实相。作是语已，五体投地，如是三请，终而复始。

　　【讲】　此诸方便等者，谓此诸方便，浅深惟说三种，一切菩萨顿渐乃有多根，于前所悟圆觉，分门各证，约有几种修习？愿为现前大众，及末世众生，曲垂方便，备悉开示，令悟真修实相，不至徒尚虚名，是所望焉。此请后真修也。

　　【记】　辩有四辩，音有八音。此位菩萨，修圆觉无碍法门得法无碍，词无碍，义无碍，乐说无碍。有此四无碍辩才，故知众生根器不一。有喜单修者，有喜复修者，有喜齐修及融修者。前章如来所说三种法门，不第世间无有，即出世间亦未之闻。故曰甚为希有。然法门总说，虽有三种，而众生根器，广说无量。折中而论，则有如下列之二十五轮。故菩萨特请开示也。

　　○丁二　师资缘合

　　尔时世尊,告辩音菩萨言:善哉善哉! 善男子! 汝等乃能为诸大众,及末世众生,问于如来,如是修习。汝今谛听,当为汝说。时辩音菩萨,奉教欢喜,及诸大众,默然而听。

　　【讲】　随文可知。

　　○丁三　应求开示

　　○戊一　长行

　　○已一　总标轮数

　　善男子! 一切如来圆觉清净,本无修习,及修习者。一切菩萨,及末世众生,依于未觉,幻力修习。尔时便有二十五种清净定轮。

　　【讲】　首言一切如来圆觉清净者,正显此理,为诸佛同证。若能修习,皆可成佛故。盖妙圆觉性,一真独朗,众惑不染,故云清净。既云清净,则无法可修。既无法可修,则所修之法全空,能修之人何有? 故曰本无修习及修习者。依于未觉者,上言一切如来已证圆觉者,固无可修,今菩萨众生,虽发大心,尚在学地,而犹未证圆觉。由未证故,依之而起心修习。当知圆觉,本无修习,今起心修习,即同幻化,故曰幻力修习。当尔之时,随机分门。便有二十五种。通称清净者,各能断障故。通称定轮者,三观属定轮替修故。又轮有摧碾运动之功,喻依此而修,能摧二障,运至菩提涅槃果故。

【记】 此总标清净定轮二十五种,一一皆是修行下手功夫。一切如来圆觉清净者,即显二十五轮所依之体。正显现前一念圆觉妙性,本来如此。一切如来,皆依此取证也。本无修习及修习者,圆觉妙性,一心独朗,从不与惑相应,故开首标清净二字。既是清净,何须更修? 所谓修者,不过净除流识习气而已。所修之法即空,能修之人自亦无有。然一切如来,已证圆觉,故无修习。若一切菩萨及末世众生,未证圆觉,必须修习。以如幻智,起如幻观,破如幻无明。即此修

291

习,亦同幻化。故曰依于未觉幻力修习。二十五种法门,称为清净定轮者,任修一种,皆能破惑,皆得清净。三观中各有止,故曰定。轮替而修,故曰轮。随分修则随分断惑,究竟修则究竟断惑也。

○己二　别明定轮

○庚一　单修

○辛一　单修空观

若诸菩萨,唯取极静,由静力故,永断烦恼,究竟成就;不起于座,便入涅槃。此菩萨者,名单修奢摩他。

【讲】　此观以取静为行。须逼拶至极静之处,所谓静极光通,故云唯取极静。由斯极静之力,一念不生,则一切烦恼,自然不起。到得静极光通,寂照含虚之际,则烦恼澈底冰消,二障自能瓦解。直得觉体圆明,自然成佛,故曰究竟成就。只此一观,送你到家。只消不出户庭,何必梯山航海,故曰不起于座,便入涅槃。显是顿入,一断一切断,一证一切证故。

【记】 二十五轮,轮轮皆定门也。今此段文,虽明单修空观,乃为不得意人说法。得意者,即一即三,即三即一。文虽是单,义则三观全具。如下段之三摩钵提,假观也。而文中云不失寂念,即是禅那。又云及诸静慧,即是奢摩他。举一即三,明明可见矣。照前章文相,三观之前,皆有悟净圆觉四字。而二十五轮独无之,鄙人别有发挥,后当详说。取静者,放下余念,单提静念也。夫一切境无生,因心而有。一切心亦无生,因境而有。今取极静,则是一念不生,境智皆空。然初下手时,静何能极? 须在功夫上仔细体究,必以极静之念,照极静之体。渐渐逼拶,证到百尺竿头,自然而至极静之处。则如水澄清,明相自现,所谓静极光通是也。至此一念尚且不生,烦恼自无。何以故? 一切烦恼,皆由一念妄动而起故。初心人先不过用功伏之。必到极静时,寂而常照,照而常寂,方能永断,而究竟成佛矣。此段文,说空观极显。而一空一切空,便是中谛理。所以说文虽是单,义则三观全具。了得此理,一门深入,自然水到渠成。余观亦复如是。

　　○辛二　单修假观

293

若诸菩萨,唯观如幻,以佛力故,变化世界,种种作用,备行菩萨清净妙行;于陀罗尼,不失寂念,及诸静慧。此菩萨者,名单修三摩钵提。

　　【讲】 此观以起幻为行,余皆不取。故曰唯观如幻。即于如幻观中,上祈佛力慈光加被,下度一切众生。次观一切世界,以及众生等法,皆如幻化。犹如幻人,以幻术变化诸物无异。当知幻观,盖是一切诸佛已修成之法。今菩萨正是依诸佛修成之法而修成之,故云以佛力故。今欲度彼如幻众生。还以佛力修成之幻观故。乃能随彼如幻众生,变化如幻世界,以及种种作用。即如变娑婆而成净土,化地狱以作天宫,等类作用,即随机化度也。虽行如是变化作用,咸同幻化,了无实性,故云备行清净妙行,而行无滞碍故。于陀罗尼不失寂念及诸静慧者,首章云有大陀罗尼门名圆觉者,即今之陀罗尼是也。寂念本是禅那功夫,静慧本是奢摩功夫。今单修三摩一观,于前后二俱不失者,足证圆融妙观,举一即三。实不单修,即具修也。

　　【记】 内六根,外六尘,中六识,观此十八界,一切如幻如化,是为如幻三昧。不但观自己身心如此,观众生亦如此,观佛亦如此,观世界亦如此。然虽了得一切如幻,必仗如幻佛事,方能永离幻相,而度如幻众生。故曰以佛力故。以者,仗也。谓仗诸佛如幻法门,修清净妙行,具种种作用也。既云不失寂念,是即此假观,而具中观。又云不失静慧,是即此假观而具空观,可见举一即三。

○辛三　单修中观

若诸菩萨,唯灭诸幻,不取作用,独断烦恼;烦恼断尽,便证实相。此菩萨者,名单修禅那。

【讲】　此静以不取为入手功夫。以烦恼为正行。与奢摩他观较近,故用唯灭诸幻,不取作用功夫。诸幻二字,即指根本枝末二种无明。今菩萨唯以寂灭之力,灭诸幻法,即是断烦恼之方便。不取作用,即不起利生之行。但先自究竟圆满,然后倒驾慈航,随流九界,故曰独断烦恼,谓独自先断烦恼也。盖以烦恼能障真理,其必烦恼断尽,真理方现。故云便证实相。实相即圆觉真心也。能为诸法之体,故曰实相。

【记】 唯灭诸幻,是以寂灭为下手功夫,即是不取作用之意。修妙禅那,是圆中谛理。中谛者,息空有两边也。修奢摩他,本是真谛,而修妙奢摩他,一空一切空,即是中道。故禅那与奢摩他,颇为相近。独断烦恼者,不取别种作用,唯独断其烦恼。直至断尽,则真理化道法身皆显。若有烦恼,则为所惑,不能显矣! 所以云烦恼断尽,便证实相。烦恼如何断? 先断见思,次断尘沙,后断无明。

○庚二　统修

○辛一　空观统修

○壬一　复修

○癸一　空假复修

若诸菩萨,先取至静,以静慧心,照诸幻者,便于是中起菩萨行。此菩萨者,名先修奢摩他,后修三摩钵提。

【讲】 统修谓七观皆以空观为首,故云统也。先取至静者,修空也。前云以净觉心,取静为行。今云至静者,亦极静意。以静慧心照诸幻者,亦静极光通意,从空出假也。谓即以此极静之力,发起慧照之光,起如幻观,照诸世界及诸众生,皆如幻者。所以能便于是幻观之中,起诸利生之行。亦能变化世界种种作用,备行菩萨清净妙道,此前后之分也。

【记】 内照身心,外照世界,故曰照诸幻者。既然是幻,便好从空出假,备行菩萨清净妙行。

○癸二 空中复修

若诸菩萨,以静慧故,证至静性,便断烦恼,永出生死。此菩萨者,名先修奢摩他,后修禅那。

【讲】 以静慧心上,有先取至静,故得静极生慧。所以能用此静慧之力,证至至静之性,性即圆觉妙性也。既已证到觉性,则烦恼不断自断,故云便断。烦恼,因也。生死,果也。因尽则果丧,故断烦恼,即出生死时也。故永出生死。即此一观深入,任运进修禅那,可以

297

不必改弦易辙矣。此跨节之修也。

【记】 须久修静慧功夫，方能证至静性。此至静性，即圆觉妙性。证得觉性，则觉性本无烦恼，故云便断。不然，岂能如此易易？断见思出分段，断尘沙出变易，烦恼永断，二种生死，自然永出。

〇壬二　具修

〇癸一　空假中具修

若诸菩萨，以寂静慧，复现幻力，种种变化，度诸众生；后断烦恼，而入寂灭。此菩萨者，名先修奢摩他，中修三摩钵提，后修禅那。

【讲】 以寂静慧，先修空也。静而寂，静之极也。复现幻力，次修假也。谓即以静慧照诸如幻之众。复于觉心性中，现起幻化之力，甚至种种变化，度诸幻众。此从空而出假也。以种种变化，必从假观中得故。然虽种种变化，度诸众生，惟恐身入尘中，为尘所染，故又期断烦恼而入寂灭。此由假而修中也。

【记】 云寂静慧,可见静极而后慧生。

○癸二　空中假具修

若诸菩萨,以至静力,断烦恼已;后起菩萨,清净妙行,度诸众生。此菩萨者,名先修奢摩他,中修禅那,后修三摩钵提。

【讲】 以至静力,空观也。断烦恼已,中观也。谓深修空观,任运入中,最密切故。谓即至静之力,静极发光,便能观诸烦恼,最密切也。从此出假度生,最极稳健,故云后起等。

【记】 此空中假修,又云不次修。

○壬三　融修

○癸一　空融假中修

若诸菩萨以至静力,心断烦恼,复度众生,建立世界。此菩萨者,名先修奢摩他,齐修三摩钵提,禅那。

【讲】 融修谓只以空观,而融入诸观,后先不定也。

以至静力,空观力也。心断烦恼,本中观也。结名中,中观在后,而今置于静力之后。以空中有密切之关系故,故预为兼带于此。谓以至静之功,逼拶到底,致使无始念虑,顿然歇灭。故云心断烦恼。则自利之力具足。然后出假度生,建立世界。乃至进修中观,则一举而得,不遗余力矣。

【记】　此融修也。谓以一观融修余二观,建立世界,即建立道场。

　　○癸二　空假融中修

　　若诸菩萨,以至静力,资发变化,后断烦恼。此菩萨者,名齐修奢摩它三摩钵提,后修禅那。

【讲】　以至静力,修空也。资发变化,兼修假也。谓即空观极静之力,资助开发,发起变化作用,以度众生。所谓不起寂灭定,而现诸威仪。如云东方入定西方起,北山下雨南山云。即此意耳。意谓虽空假双修,二利具足,尚恐不得圆满。故又深修禅那,永断烦恼,成就无上菩提。如是则二利之德,不期圆而自无不圆矣!

【记】 先用空观,得真谛理体。后起如幻作用,是为体用双修。

　　○癸三　空中融假修

　　若诸菩萨,以至静力,用资寂灭,后起作用变化世界。此菩萨者,名齐修奢摩它禅那,后修三摩钵提。

【讲】 谓仍以此空观极静之功,资助于中观寂灭之力,而令烦恼先断。然至静即寂,偏属于定。资于寂灭,则并寂亦灭,其定更深。唯恐慧心不朗,故复进修假观,便能起全体之妙用,故可尽际度生矣。

【记】 空观之至静,即中观之寂灭。

　　○辛二　假观统修

　　○壬一　复修

　　○癸一　假空复修

若诸菩萨,以变化力,种种随顺而取至静。此菩萨者,名先修三摩钵提,后修奢摩他。

　　【讲】　谓假观必从起幻入手,因除幻而用变化之力,随顺众生而度脱之。以众生根性乐欲不同,故言种种。菩萨之随顺亦尔。而取至静者,知其如幻如化,有即非有,而心则湛然不动。虽任运度彼,而我自如如。所谓随缘赴感靡不周,而恒处此菩提座,是也。然变化必仗假观之力,至静之功,非空观不就。故先修假,次修空也。

　　【记】　种种随顺而取至静者,外随众生根机,内随自己觉性。正度生时,不取度生之相,即随顺觉性之义也。是谓正当修假之时,而兼修空。虽终日利他,而不失自利。虽自利而不失利他。必如此方可度生,此之谓二谛融通。

　　○癸二　假中复修

若诸菩萨,以变化力,种种境界,而取寂灭。此菩萨者,名先修三摩钵提,后修禅那。

【讲】 仍即此变化之力,幻化种种境界,教化众生,显假观已成也。假观既成,则大悲轻安,永不至沉空滞寂,误入二乘境界。而言取证寂灭者,为自身永断烦恼故也。

【记】 以变化力云云,可见假观已成。虽变化种种境界,而取证寂灭,烦恼永断。此正如来境界。非永断烦恼,即不能度生。

○壬二　具修

○癸一　假空中具修

若诸菩萨,以变化力,而作佛事,安住寂静,而断烦恼。此菩萨者,名先修三摩钵提,中修奢摩他,后修禅那。

【讲】 以变化力,假观也。为度众生,而作种种事业故。安住寂静，空观也。虽作种种佛事，而心自常如故。而断烦恼，中观也。虽空观不动，而任运断惑证真。此三观具修也。

【记】 文显易知。

○癸二　假中空具修

若诸菩萨，以变化力，无碍作用，断烦恼故，安住至静。此菩萨者，名先修三摩钵提，中修禅那，后修奢摩他。

【讲】 仍即以此变化之力，显现无碍作用。此假观力也。虽能如是作用，不以度生为累。重起静虑，进修禅那，以断烦恼，入中观也。虽断烦恼，而变化作用之迹难忘。故须安住至静，重修空也。

【记】 安住至静，则上求下化之迹皆无，并不住中道。夫先修假观，次修中观，最后更修空观者何故？以假观须忘，即中观亦须忘，不忘即著迹。若不修空观，如何便忘耶？自断烦恼是上求,教化众生是下化。

○壬三　融修

○癸一　假融空中修

若诸菩萨,以变化力,方便作用,至静寂灭,二俱随顺。此菩萨者,名先修三摩钵提,齐修奢摩他禅那。

【讲】　谓先以变化之力,为度众生,开诸方便,起诸作用,假观成也。设遇大小两乘行人之机来扣者,是故必以空中齐修,方能应之。至静空观,寂灭中观,故曰二俱随顺。谓空中二观,俱以随顺而修也。

【记】　修空观方能教化二乘。修中观,方能教化菩萨。故二俱随顺。

○癸二　假空融中修

若诸菩萨,以变化力,种种起用,资于至静,后断烦恼。此菩萨者,名齐修三摩钵提奢摩他,后修禅那。

【讲】　仍即以变化之力,随诸众生,应缘起用,而资于至静。以假助空,而得空力。假得空力,则应缘无滞。
此假空相济也。只以此二观相济成功,则修中不劳费
力,可任运而进。故烦恼后断,即入中观矣。

【记】 将利他事业,利于自行。故曰资于至静。二利圆
满,修中自易。

○癸三　假中融空修

若诸菩萨,以变化力,资于寂灭,后住清净无作
静虑。此菩萨者,名齐修三摩钵提禅那,后修奢
摩他。

【讲】 即以此假观变化之力,资助中观寂灭之功。
使假不滞有,中亦易成也。盖以种种变化,悉同幻境。
当体皆空,唯是寂灭,则不须更灭矣。即中观功成,中成
则假观亦成矣。二观既成,便是无功用道。自是以后,
则安住无作静虑,而转成妙空观矣。

【记】 假不滞于有,假即中也。以妙中印于妙空,则妙
空自成。

○辛三　中观统修

○壬一　复修

○癸一　中空复修

若诸菩萨,以寂灭力,而起至静,住于清净。此菩萨者,名先修禅那,后修奢摩他。

【讲】　寂灭,中观也。至静,空观也。谓先以中观寂灭之力,唯恐永取寂灭,而起于至静住于清净之地。此即所谓以法性身,受享法乐者是也。

【记】　中观二俱不取,唯取寂灭。中观既成,更以空观荡其迹,则清净矣。

○癸二　中假复修

若诸菩萨,以寂灭力,而起作用,于一切境,寂用随顺。此菩萨者,名先修禅那,后修三摩钵提。

【讲】　仍即以中观寂灭之力,而不断烦恼。先修假观,而起诸作用,度诸众生。一切境者,即指所度众生也。以众生为菩萨所度之境故。如是则中易成,而假易就。二俱随顺,故曰寂用随顺。寂即中,用即假,随顺者,相成也。

【记】 以寂灭体,起变化用。由变化用,归寂灭体。是为寂用随顺。

○壬二　具修

○癸一　中空假具修

若诸菩萨,以寂灭力,种种自性,安于静虑,而起变化。此菩萨者,名先修禅那,中修奢摩他,后修三摩钵提。

【讲】 寂灭力,修中也。安静虑,修空也。起变化,修假也。言菩萨不似二乘耽寂,而不思度生。故又见众生有种种性,在所应度。虽在所应度,必先以空观安定其心,然后依假而起诸变化,随顺自性而度脱之。

【记】 中观成,是圆成实性。而圆成实性,不离依他起性。依他,相也。而种种相皆起于自性,故曰种种自性。

○癸二　中假空具修

若诸菩萨,以寂灭力,无作自性,起于作用,清净境界,归于静虑。此菩萨者,名先修禅那,中修三摩钵提,后修奢摩他。

【讲】　修中观时,以寂灭之力,亲见自性本来具足,不假造作。从此修于假观,起诸作用,度诸众生。正度生时,不住度相,故曰清净境界。此即空观垂手而得矣。

【记】　由中起假,故是清净境界。归于静虑,摄用归体也。

○壬三　融修

○癸一　中融空假修

若诸菩萨,以寂灭力,种种清净,而住静虑,起于变化。此菩萨者,名先修禅那,齐修奢摩他三摩钵提。

【讲】　中观修成,则寂灭有力。即以此寂灭之力,使空有不著,故得种种清净。由是而住静虑之空观,亦不住空,而起变化。即起变化,而亦不住于假。故得以中观而融之。

〇癸二　中空融假修

若诸菩萨,以寂灭力,资于至静,而起变化。此菩萨者,名齐修禅那奢摩他,后修三摩钵提。

【讲】　谓先以中观寂灭之力,而资助于空,使空观成已。然后从空出假,而起变化,则假观成。而后三观俱得矣。

〇癸三　中假融空修

若诸菩萨,以寂灭力,资于变化,而起至静清明境慧。此菩萨者,名齐修禅那三摩钵提,后修奢摩他。

【讲】　仍以中观寂灭之力,而资助于假。作诸变化,而复起至静。则空假不住,所谓一中一切中矣。故得智慧明朗,而复清净。此则正修中观时,假观不必另修,而一举两得,乃自觉觉他之功就。尚恐自力不足,大智未能速成。故于后转修空观,起于至静之力,得于清明之慧。则悲智相成,自觉觉他两俱圆矣。

【记】 此三段,文显可知。

○庚三　圆修

若诸菩萨,以圆觉慧,圆合一切,于诸性相无离觉性。此菩萨者,名为圆修三种,自性清净随顺。

【讲】 上来二十四观,均是一往之谈。若再往而论,佛设二十五轮,非无深意。皆为末世众生,有大乘根性,能修习止观者而设也。前三观单修,专为别教当教之人,住位发心修习者,须从奢摩他入手。以奢摩他是空观,注重自利。此观成时,任运粗垢先落。即以此观渐次增进,便可进破无明也。行位人修习,必从三摩钵提入手。以三摩是假观,注重利他。此观成时,即破界外尘沙。即以此观增进,便可进破无明。故前静观,后灭观,二俱不失也。向位人修习,即可从禅那入手。以禅那是中观,先须双舍前二。必俟中观成后,豁破无明,然后双收前二。即成圆融三观也。中间二十一观,特为三种人入道不同,更须种种施设而接济之。言三种者:一别接通,二圆接通,三圆接别。以通教当教,有教无人。以彼乍入门时,三人同以离言之道而入之。其钝根人,但见于空,不见不空。与藏教同,所以云通前藏教。所修观道,犹较胜于藏也。其利根人,不但见空,兼见不空。此一类人,即可通后别圆。所以能受别圆两教人接,即可以别圆二教之法而教导之。所以此中前十四观,是别圆之止观,而接通教利根人也。后七观,是圆教接别之法也。其施教之法,复各有三种不同,以受接人有三根异故。其上根人,在八人地见地被接,即今文空观统修中复修二科是也。中根人至薄地离欲地,方能被接,即文中具修二科是也。下根人必至已办地辟支佛地,始能被接,即文中融修三科俱是也。此空观统修中,共有七科之文。乃以别教之法,接通教之人也。其假观统修之文,是以圆教之法,接通教之人。三根按位施教,例上可知。然教法仍有少不同处，不可不知。所以道通教者，大乘之初门也。虽藏通之理，同名二谛，而藏教以实有为俗谛，实有灭为真谛。所谓真谛，在四谛外。以灭谛尚非真谛，况苦集道三谛乎？是以局为小乘，不能受大乘教，故无被接之机。通教以幻有为俗，幻有即空为真。其二谛中，密含中道第一义谛。所以能受别圆二教接济也。若以别教之道而接之，仍须教以识取真谛之理，依理起修。今之空观统修之文，所以判为别接通也。若以圆教之道而接之，必须教以依俗谛之理而起修。以俗谛之理是幻有，既称幻有，便非实有，乃假有也。故以假观之法，而教以入手修也。今之假观统修之文，所以判为圆接通，且无贰疑矣。其中观统修之文，是圆教之道，接别教之机也。前通教接圣不接凡，以凡位惑全未破，烦恼障强，不能受接故。今别教接贤不接圣，以圣位证道同圆，无须接故。今论接者，惟接别之内凡位也。外凡信位，事障强故，亦不能受接。所以但接内凡三十心位也。上根住位被接，中根行位被接，下根向位被接。今之中观统修之文，判以圆接别，亦无疑矣。上根教以复修，中根教以具修，下根教以融修，例上可知。唯此一科圆修三观，专为圆教本教人而设也。谓末世众生，果有圆教根机。即使一时未悟净圆觉心，不妨于名字位中，闻得净圆觉心之名。即是现前一念之心，直须诸缘放下。用此现前一念之心，还照现前一念心性，即是以圆觉慧圆合一切，一切，即指三谛理也。以现前一念心性，即具三谛理故。则前二十四观，皆得多罗摄入一观之中。是为一修一切修也。于诸性相无离觉性者，谓前二十四观，皆以净圆觉心而为其性。其单复统具等差别，而为其相。相虽差别不同，皆不离于净觉之性。是故但以圆觉慧修，即圆合一切而并修之，岂非一修一切修乎？菩萨，即指能修人也。名为圆修三种者，谓修空时，一空一切空。假中俱空，空外无假中，则一观即三观也，假中亦尔，可以例知。如是则圆觉自性，清净无碍。二十四观，皆随顺而俱成矣。是则足见二十五观，皆为末世大根人，未悟净圆觉心者，而设修观之法也。是故前文佛示末世众生，依于未觉幻力修习，尔时便有二十五种清净定轮。佛语证之，无足疑矣。

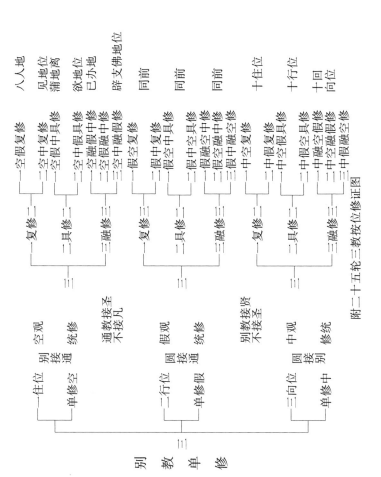

附二十五　轮三教按位修证图

圆　　教

初徒　圆　修一　观　即　具　三　观
五品　位　乃至　位　究　竟　妙　觉位

一空假复修　八人地

二空中复修　见地位

一住位　空观　一空假中具修　薄地离

单修空　统修　二空中假具修　欲地位

一空融假中修　已办地

三融修三　二空假融中修　位

通教接圣　三空中融假修　辟支佛地

不接凡　一假空复修　初

一复修二　同前　从

圆　二假中复修　圆五

二行位　假观　一假空中具修　修品

三　接　三　二具修二　同前　圆　一位

单修假　统修　二假中空具修　观乃

通　一假融空中修　教　即至

三融修三　二假空融中修　同前　具究

别教接贤　三假中融空修　三竟

不接圣　一中空复修　观妙

一复修二　十住位　觉

二中假复修　位

圆　一中空假具修

三向位　中观　二具修二　十行位

接　三　二中假空具修

单修中　修统　一中融空假修

别　三融修三　二中空融假修

三中假融空修

【记】　圆修为圆教当教之人所修。至前二十四轮,系何人当教? 向来各家注释,皆未发挥。山僧此番煞费研究。知佛所说之二十五轮,大有意思,实为末世众生起见。何以故? 上文云,依于未觉幻力修习,尔时便有二十五种清净定轮。盖已明明道破矣。前威德章,每观之首,必有悟净圆觉一语。今此二十五轮,则未提及,正为未觉者而设。佛所以设此二十五轮,可知轮轮必有当机之人。大约从寂静下手者,必是空观。从幻化下手者,必是假观。从不取下手者,必是中观。修圆观者,以悟净圆觉下手,观观皆圆。今之二十四轮,则亦必皆圆。从此研究,则可知前之单修三观者,乃专为别教人设也。盖别教是界外钝根,空假中三观不融。故教十住位次者修观,因其本是空观中人,则令从奢摩他下手。从此悟空理,以破见思。悟不空之理,以破尘沙。悟空不空之理,以破无明。一观到底,便可融三观也。若教十行位次者,本是假观中人,就其本分,须从三摩钵提下手。不失寂念及诸静慧,自然融得三观。若教十回向位次者,空假已是过来人,故须从禅那下手。修至破无明,登初地,自然能融空假二观。此二十四轮中,所以首列三种单修也。领二十一观,首七观以空观统之,次七观以假观统之,后七观以中观统之。此非学过台宗之人,不易领会。何以故?佛所说法,本只有真俗二谛。俗谛是事相上说,真谛是理性上说。俗谛在世间为真,出世则空。真谛在世间是空,出世则中。故空与中,有密切关系。了得空是不空,不空即中,则以一观统七观之理,可以明矣。既为末世众生而设,则末世众生,根器利钝不一,大约可分为三:一通教机,二别教机,三圆教机。圆教是上等利根人,别教是中根人,通教是下等利根人。而此三等人中,又有差别,所以开出二十一观。本经为顿教大乘,非顿教根器,不易领悟。然教相是顿,教义是圆。须知此首七观,从奢摩他下手者，为利根中之钝根，是通教机。通教从无生观入手，当教虽是顿教。而彼但见空，不见不空，不能融化。因末世众生，多界内凡夫，其中有一种利根。利根中又分上中下三等。上等者，在当教非但见空，亦见不空。然彼不知不空即中，故必须出世之别教十地大士来接引之。此别教接引通教之机也。别教十地大士，在十住位，即修奢摩他观。故其接引通教人入别教，乃教以无生观，即我教之奢摩他观。用此一观到底，即可破无明。复修中两种，空与不空，同时而修。是但接通教利根人，在八人地见地，已可接引。至两种具修，是接通教中根人，须薄地离欲地，方可接引。三种融修，乃接通教钝根人，须至已办地辟支佛地，方可接引。通教人以幻有是俗，幻有即空是真。别教接通教，就其本有者，教以从真谛入手，故以奢摩他居首也。次七观从三摩钵提下手者，是圆教人接引通教最利根人也。通教人以幻有是俗。圆教人根器利，与别教人不同，故教以即从俗谛下手。此中细为分别，则两种复修，可从八人地见地接引，是最利根人。两种具修，是接引薄地离欲地者。三种融修，乃接引已办地辟支佛地者。后七观从禅那下手者，乃圆教人接别教也。别圆接通，接圣不接凡。凡虽有外内之别，而为烦恼障所碍，故接不到。必须破惑之后，方可接。圆接别，则接贤不接圣。盖既已登地，无劳接引也。然虽接凡，亦必至十住位破惑后方可。利根者则于十住位中接之。中根者则于十行位中接之。下根者则于十回向位中接之。圆教本属中位人，一中一切中，开口便讲中道，故从禅那下手。别教十住修空，十行修假，十回向修中。割裂而修，不能融会。又别教幻有，幻有即空，皆名为俗谛。不有不空，名为真谛。俗谛即通教之究竟证，故圆教人可以中观接之。世间真俗二谛，在别教人视之，同一俗谛。今圆教人来接，教以所观二谛，当体即是中谛。上根令为两种复修。中根令为两种具修。下根令为三种融修。于此看来，可知佛所说话，均有至理在其中。惟须用心参究，方得了了。至末后圆修三观，乃圆教当机人之修证法门也。故云以圆觉慧，圆合一切。净圆觉性，本不可离。唯因众生未悟，不得不设二十四轮。其实一切性相，皆不离净圆觉性。圆教人修一观，即具三观。如修空，则一空一切空，假中俱空。修假，则一假一切假，空中俱假。修中，则一中一切中，空假俱中。中外无空假，空假外无中，故谓之圆。至其位次，则自五品位乃至分证菩萨地尽，位位皆修之。唯究竟妙觉地，既云无修，乃亦可云无证矣。

○己三　结示修法

善男子！是名菩萨二十五轮，一切菩萨修行如
是。若诸菩萨，及末世众生，依此轮者，当持梵行，
寂静思惟，求哀忏悔。经三七日，于二十五轮，各安
标记，至心求哀，随手结取。依结开示，便知顿渐。
一念疑悔，即不成就。

【讲】　准前总标云，依于未觉幻力修习，尔时便有
二十五种清净定轮。尚未说明云何二十五轮，今则由单
修，统修，具修，融修，以至圆修，一一别明已竟。故此结
云，是名菩萨等。一切菩萨，随其本具根性，依之修行，
不过如是而已。若诸下，示修法也。谓不论现前新学，
及末世初心。设欲依此轮而修者，当先持诸戒品，而修
清净梵行。以戒为菩提之根本故。寂静者，收摄其心。
思惟者，正念思惟二十五轮，当依何法修也。尚恐宿障
深厚，正修难成。仍须敬礼三宝，求哀忏悔。经三七日，
自知感应道交。希示正修，于轮各安标记。标记者，以

纸为标,注记轮名。随轮各安,以备结取也。随手结取者,随手以标为结而混和之,仍复取结在手而展视之。随彼所展之结,开示应修何轮。故曰依结开示。便知顿渐者,以结中诸轮,有顿渐偏圆义故。取此结者,便知自根或顿或渐,依结而修也。一念下,斥疑不成。然知既顿渐,径修必成。若才起一念,疑而不修,或既修复悔,则便于圆觉而不成就。宜痛忌之!勿自弃也!

【记】 随其本具根性依之修行者,如通教人必用前十四观,然后圆别教人可来接。若当会诸菩萨,则有融根者是通教,有顿根者是别教,有圆根者是圆教,可各依之以修也。戒根不净,虽有禅定功夫,反增长魔力。此魔王所以居于六欲天之上也。因戒生定,方是正定。所生之慧,方是妙慧。不但婬欲一戒要持,戒戒要持。不过婬欲最易破定耳。持戒者,身口意三业,方得清净。梵,清净也。当持,言必要持,非仅应当之意。梵行是戒,寂静是定,思惟是慧。然末世众生,虽戒定慧三法齐修,而宿业重,去佛远,非佛力加被不可。故须求哀忏悔。忏悔必克期。否则终日扰扰,焉能下手?故必一七日二七日三七日,经过二十一日,打七圆满,有根器者,自然感应。

○戊二　偈颂

○己一　略颂二十五轮

尔时世尊,欲重宣此义,而说偈言:

辩音汝当知:一切诸菩萨,无碍清净慧,皆依禅定生。所谓奢摩他,三摩提禅那,三法顿渐修,有二十五轮。

【讲】　无碍清净慧,谓或从顿修顿得,渐修渐发,无不皆依禅定生也。既皆依定而生,足见二十五轮之观,不能不速修,以其非禅不智故也。

【记】　此八句中,最重无碍清净慧皆依禅定生二句。慧是根本智,人人具足,即所谓如如智也。根本智乃是性德。今云无碍,乃是修德。本来清净,今有染污,故必须修。无碍清净慧,唯释迦世尊;及十方诸佛有之。所谓我为法王,于法自在。此慧因何生? 乃从禅定生。众生本来无碍,唯为三惑所障,蔽妙明为无明。虽有世智辩聪,小小智慧,说渐说顿,皆不能无碍。若由禅定生,则能破惑。破得一分惑,能说一分法。如阿罗汉说世出世法,固能无碍。说菩萨道,则有碍。菩萨说当分固无碍,说佛法则有碍。因三惑未尽故。唯佛证一切智,故无说不圆。所谓二字,承上文定字来。以下三观,修法不同。或以顿教机修,或以渐教机修,故有二十五种。

　　〇己二　显示应修拣人

　　十方诸如来,三世修行者,无不因此法,而得成菩提。唯除顿觉人,并法不随顺。

　　【讲】　如来,已成正觉人也。修行,未成正觉人也。已成者先因此成,未成者后因此成。在所应修,不待言而自可知故。后二句,拣不随顺人。顿觉人有二种:一是初生顿成,不见随顺。二是因感示成,无容随顺。法不随顺,亦有二种:一者外道,所修之法不随顺故。二者阐提,无佛种性,暂不随故。此皆约现在言,若推过去久远,或至当来后后,总在随顺中收。

【记】 顿觉人二种：一初生顿成者，随拈一观，无非三观，不必拣择。即上文所言，于一切时不起妄念，是也。二因感示成者，乃菩萨示化，因众生机感，自己分上，拈来皆是。所谓圣性无不通，顺逆皆方便，是也。外道心外取法，依自己邪见，处处执著，故不随顺。然过去久远，外道遇佛，亦能弃邪归正。阐提亦是众生，亦有本具之佛性。今云不随顺者，只指现在言之。

〇己三　结示随顺速证

一切诸菩萨，及末世众生，常当持此轮，随顺勤修习。依佛大悲力，不久证涅槃。

【讲】 前三句，指人劝持。谓无论现在末世，常应当持此轮而修习之。后三句，随修蒙益。谓随顺勤修，蒙佛加被，不久自当证涅槃也。为中根人示圆修竟。

上来两章三观修法，虽甚明显，亦必预明三观正义。兹当揭示于下，幸留意焉。夫一念心起，起无起相，彻底唯空。三际寂然，了不可得。无见闻觉知之相。无眼耳

325

鼻舌身意之相。即空观也。一念心起，有三千性相，百界千如，所谓国土世间一千，山河大地，日月星辰是也。五阴世间一千，谓染净一切色心是也。众生世间一千，谓四圣六凡假质是也。一念心起，三千性相一时起。一念心灭，三千性相一时灭。念外无一毫法可得，法外无刹那念可得也。然则一念具足十界，一界又具十如。而念性镕融，每一界必具十界。如介尔一念心起，必落一界，而一界显起，九界冥伏，非是没有。如是则十界即有百界，百界各具十如，则百界即有千如。既论三种世间，各有千如，所谓介尔有心，便具三千。即假观也。一念心起，起而无起，三际寂然。无起而起，三千宛尔。非空非假，双照空假。即中观也。说即有三，照无三一。念念见自心性，任运非一非三。不用破除身心，不须安立观境。只要念想息处，一切时中，任运心常三观也。直须默照心源，澄心寂虑者始得。万不可落在言诠，徒以口头为得耳。

【记】　常当持此轮，即指上文所云经三七日各安标记，随手结取依结开示而修也。随顺有二：一随顺觉性。于二六时中,直照心源。二随顺诸佛开示法门,佛令修何轮,即修何轮。修习须勤。然吾辈有事之人,必不能于二六时中,一刻不间。然有事便做,无事便修,即是勤也。诸佛开示,皆从大悲心流出,有慈力加被。故照此修持,不久必有感应。

上来威德辩音两章,皆言三观。唯威德章为已悟净圆觉心者,发明修证功夫。辩音章为未悟净圆觉心者,发明修证功夫。末世众生,但闻圆觉之名,是为名字即。及发心进修,则为观行即。良由众生根器不同,机缘各异。故特说此二十五轮之法,所谓药多病广也。然欲修三观,无论悟与未悟,均须识其精义。兹特为附述于此。三观所依之理,即真俗中三谛。而能依者为三观。夫吾人现前一念之心性,不起则已,起则人人知为妄念。然究竟从何而起?如何起法?系自起耶?他起耶?自他共起耶?自他不共起耶?四者谛思,了不可得。盖心本无念,念因何起,于此大可研究。须知凡夫心不孤起,因境而起。有境斯有念,无境斯无念。心,自也。境,他也。既因境起,则因者明明是他,与汝何干?汝何故必因他而起?他起,汝独不可不起乎?切实研究,自他皆无有起,乃由因缘和合而有。既曰和合,便是自他共起。然自与他若各有生性,何必共而后起?若皆无生性,即共亦不起。

譬之沙无油性,虽多沙亦不能榨油。既非自他共起,便由虚空妄起。然空无自性,如何能起?如此研究,则起无起相,彻底皆空。求前念及后念,皆不可得。何则?前念已灭,后念未生,谓为现在,则现在无相。是以当前一念,三际寂然。内无根相,外无尘相。即空观也。染一切色心,为六凡实法。净一切色心,为四圣实法。合为五阴,开为实法。四圣六凡,皆称众生世间者,盖佛为无上众生,菩萨为大道心众生,缘觉为孤调众生,罗汉为沉空众生,诸天为著乐众生,人为苦恼众生,三途为极苦众生也。假者假名,质者实质。若念若法,无非因缘和合而有。有则俱有,无则俱无。离念无法,离法无念。一念不动,则十法界了不可得。既动一念,便落一界。故须从动念时观照。凡夫念念不停,不善则恶。恶念为三途之因。善念又分上中下三种。如微小善念,则落人界。中等善念,则落阿修罗界。上等则为天界之因,落于天界。若起自度之念,求出生死,则落于阿罗汉界。

若再欲与眷属同出生死,则落于辟支佛界。若一念起时,不为我而为人,发愿度生,则落于菩萨界。若一念平等,普度众生,则落于佛界。一界之中,任指依报正报,皆足十如。十如者,即法华经所谓如是相,如是性,如是体,如是力,如是作,如是因,如是缘,如是果,如是报,如是本末究竟是也。一念之性,性无性相,当体镕融。如前念恶,后念善,或又发出世心,故念念皆具十界。冥伏者,众生心无二用。起善则恶伏,起恶则善伏,起出世念则世间伏。并非无有,不过冥伏。既是冥伏,自然理具。故曰介尔一心,便具三千。此即假观也。要说宛尔,则当体了不可得。要说寂然,则三千历历明明。当现前一念起时,直照起处,了不可得,即空也。然起处历历明明,即假也。历历明明,体不可得。非空非假,双离两边。即空即假,双照两边,故曰中观。三观之法,凡夫不可不知。知之即应实行。盖人人皆有此心,即人人皆可修此三观。直须放下身心,直照心源。现前一念起时,正好下手用功,寻他起处。念无起相,空观也。念起时历历明明,假观也。虽无起相,而历历明明。虽历历明明,而本无起相,中道观也。如此用功,三观具足。即三即一,则念念见自心性矣。诸君勉旃!

〇乙四　为下根人显真性

〇丙一　示离相显性

329

○丁一　谢前请后——净诸业障章

　　于是净诸业障菩萨,在大众中,即从座起。顶礼佛足,右绕三匝,长跪叉手而白佛言:大悲世尊! 为我等辈,广说如是不思议事,一切如来因地行相,令诸大众得未曾有。睹见调御,历恒沙劫,勤苦境界;一切功用,犹如一念。我等菩萨深自庆慰。世尊! 若此觉心本性清净,因何染污? 使诸众生迷闷不入。唯愿如来广为我等,开悟法性。令此大众,及末世众生,作将来眼。作是语已,五体投地。如是三请,终而复始。

　　【讲】 初是众中具仪。大悲下,是谢前受益。谓前威德章是次第修,辩音章是交互修,此皆为现前新学末世初心。故称大悲世尊。次第三观,已为我等广说,尚可以心言仿佛。二十五轮,又为我等详辨,诚所谓不可思议。前章偈云:十方诸如来,无不因此法,而得成菩提。故称为因地行相。令众同闻，各欲随顺，故云得未曾有。然正行才修，邪魔竞起。如我释迦调御，历恒沙劫，勤苦修此境界。一切磨炼功用，实难寻究。今则睹见，犹如一念之顷，炳然齐现于心。其庆幸欣慰，为何如哉？莫可形状，故以深自为言也。世尊下，是请后除疑。按前章总标轮数中云：一切如来圆觉清净，本无修习等，然既曰本无修习，是显本性由来清净。是故当机菩萨，即蹑此以为发问之端，而云若此觉心本性清净。前又云一切菩萨等，依于未觉幻力修习；然未觉即是不觉，必有染污。是故当机菩萨，即蹑此以为致疑之由，而云因何染污，使诸众生迷闷不入。迷即不觉，闷即不通，不入者不能证入。较之古人，殊类天壤！如此深疑，非佛不能释除，故云唯愿如来等也。广为者，祈勿辞劳。我等者，总该时机。开谓通其迷，悟谓觉其闷。既通其迷，复觉其闷。则法性现前，不期证入，而自能证入矣。然法性即是圆觉，以能为诸法之性故。《大疏》云：若直谈本体，则名觉性。若推穷诸法，则无自性。同于一性，即名法性。今推破四相，豁融诸法，令同觉性，故云开悟法性。

令此大众等者,谓此间众生证入,展转传至末世。末世
众生证入,展转传至将来。如是展转相传,乃至尽未来
际,令最后际众生,永不致迷闷不入,故曰作将来眼也。
余可知矣。

【记】 上来为上中二根人说性修已毕。本章及下普觉
章,则为下根人显真性。又下圆觉章,则为下根人示期修。
本章与下章,虽同为下根人显性。但本章是离相显性,下章
是除病显性。性,即净圆觉心也。离相者,即离我人众生寿
者四相也。人人同具此净圆觉心,但为四相所障,故不得显。
末世之人,业重根钝。业有种种,如三途之恶业,人天之善
业,色无色界之不动业,二乘之无漏业,菩萨之两边业。此种
种业,皆能成障,故曰诸业障。今此当机菩萨称为净诸业障
者,因一切诸业,皆由我相而生。我相若除,业障即净矣。调
御者,佛称为调御丈夫,喻如良师之调御群马。盖一切诸佛,
教化众生,不外二种法门:一为摄受门,说一切善法,使人生
欣羡心。一为折伏门,说一切恶法,如三途果报等 使人生畏怖
心。调是调和,即摄受也。御是驾御,即折伏也。我释迦世
尊及十方诸佛,无不历恒沙劫,勤苦修行,方能成道。今发明
止观双修,若顿若渐,无法不备。于一时间,在大众前,和盘

托出。令此大众,于一念顷,睹见调御历劫勤苦之一切功用。故曰得未曾有,深自庆慰。作将来眼者,以现前大众,作未来之眼;以未来众生,作末世之眼也。

〇丁二　师资缘合

尔时世尊,告净诸业障菩萨言:善哉善哉! 善男子! 汝等乃能为诸大众及末世众生,咨问如来如是方便。汝今谛听,当为汝说。时净诸业障菩萨,奉教欢喜,及诸大众,默然而听。

【讲】 为求入觉,故曰咨问,咨者谋义,谓有所谋而问也。方便者,入觉之善权法故。

【记】 看讲义自明。

〇丁三　应求开示

〇戊一　长行

〇己一　示迷执四相

〇庚一　示迷识四相

○辛一　迷识执相

善男子！一切众生，从无始来，妄想执有我人众生及与寿命。

【讲】　众生言一切者，赅六道与小乘也。始指最初，无始者，遥指最初晦昧真心。从此以后，展转变起八识业相，流出七转现相。复以境界为缘，渐渐由细至粗，乃有智相续等诸相。从一念不觉之根无明，名为因中痴，是俱生法执。次则出生本无明，名为缘中痴，以不了现相之境界不实，妄解为实，是分别法执，即界外尘沙惑也。继而又生枝无明，名为俱生我。后而又生末无明，名为分别我。即此二种无明，即界内之见思惑也。今云妄想者，且指第六识中虚妄想念，以凡小众生，但知有第六意识，不知有五七八识之名故也。为此妄想所迷，固执五蕴身中虚妄，立为主宰，故称为我相。其实无相可指，以无相妄计为相，而展转趣于余趣，名为人相。又复计我盛衰苦乐，种种变异相续，名众生相。计我一报命终,不断而住,名寿者相。此四相中,后三虽随境转计,要皆以我相为本。《金刚论》云:此四相迷识境也。

【记】 此科以下,文相极细,宜用心研究。前问云:若此觉心,本性清净,因何染污? 与金刚藏菩萨所问,若诸众生,本来成佛,何故复有一切无明? 语意正复相同。然彼为中根,此为下根,故语句稍异。而世尊酬问,亦大不同。我人众生寿者四相,根本皆从我执而起。吾辈开口即说我,究竟全身谁是我者? 既执我相,对待则有人相。对待之范围愈广,则为众生相。执此我相,相续不断,则为寿者相。若欲净其业障,当先空我相。我相空,则后三相皆空。以后三相,皆由我相而建立故。众生而云一切者,盖赅六凡三圣而言。六道凡夫,为迷识四相。三乘圣人,为迷智四相。六道所执者人我,粗四相也。三乘所执者法我,细四相也。其实我本无我,凡夫妄执色心为我,是为迷识。小乘妄认变易生死为涅槃,不肯度生,是为迷智。如金刚经发明四相皆空,其第十五分以前,破粗四相,第十五分以后,破细四相,前后语略同而意大异,不可不知也。始字,指最初。我相起于何时,不能觅得,故曰无始。皆因一念妄动,迷本觉而成不觉,故有无明。由此无明,变起八识之业相,即微细我相。亦即根无明。又曰因中痴。遂有能见所见,而起转相现相,即有境界,由此而起智相相续相。是为缘中痴。缘者,境界也。亦即本无明,两种法执,生于第八识。俱生我,即执取相,生于第七识。分别我,即计名字相,生于第六识。是故种种妄想,皆由业识而发。由此妄想,结聚而成五蕴。色蕴为坚固妄想,受蕴为虚明妄想,想蕴为融通妄想,行蕴为幽隐妄想,识蕴为微细妄想。于是造业招果,展转轮回。夫蕴虽有五,彻底看来,即一念之妄想。一念妄想动,即身心世界俱有。一念妄想空,即身心世界俱无。而众生念念迁流,在妄想中,并不自觉。色心迁流之妄想,固不能觉。世界迁流之妄想,更不能觉。故谓之幽隐妄想。可怜自最初一念不觉,执到如今,在众生为见思,在二乘为尘沙,在菩萨为无明。若论修证功夫,必至等觉已后,妄想方尽。何以故? 一念生相无明未破,即由无明成业识。由业识成妄想,由妄想成遍计。内执身心为我,外执世界为我所,总不外乎我相而已。因不了身是四大假合,心是六尘缘影,所以妄执。身心者,所执也。妄想者,能执也。病在能执,故此处单提妄想二字。

○辛二　别成凡小

　　认四颠倒为实我体。由此便生憎爱二境。于虚妄体重执虚妄。二妄相依，生妄业道。有妄业故，妄见流转。厌流转者，妄见涅槃。

【讲】　本无四相，妄计为有。计执不舍，故名为认。非有计有，故为颠倒。由迷识故，认取固执以为真实，故称为实我体。此又颠倒之甚也。由此认为实我，于违我者，便生忿怒曰憎。于顺我者，便生贪著曰爱。故曰便生二境。然我人等相，本属虚妄。乃又执违我者为可憎，顺我者为可爱，岂非于虚妄体上，重起一重虚妄之相？故云于虚妄体重执虚妄。此又妄之至也。虽妄之至，而卒不可断，故云二妄相依，谓妄体与妄境相依而住故。或耽著有为，而造有为之业。或趣向无为，而修无为之道。故曰生妄业道。然业之与道，而俱称妄者，以二俱不了识心如幻，谓不特有为之业如幻，而无为之道，亦如幻也。以二俱如幻，故皆称为妄。造有为业者，堕落凡夫，流转分

337

段生死。循有为业因,故受报于天上人间。故曰妄见流转。而能见此流转者,生诸厌离,志求免诸流转,而修无为之道。循无为道为因,而感果于声闻缘觉,又生取证涅槃之想,故云妄见涅槃。殊不知彼二乘人所作灭度之想,仍非真也。故仍名为妄见。此不过灭见思烦恼,度分段生死而已。而不知无明烦恼,变易生死,尚未梦见。此真变易生死,而妄认为涅槃,故曰妄见耳。

【记】 此先明粗四相也。迷识,为粗四相。迷智,为细四相。我者,主宰之谓。必如世尊天上天下,唯我独尊,方是真我。试问众生所执之身心,身不能无病,心不能无习气,常有不能自主之时。可见此我,并非真我。乃复由我相转计而成人相,更由我人转计而成众生相。利衰毁誉称讥苦乐八相,皆所谓众生相也。活到八九十岁,仍然畏死。此由我相相续执持,而为寿命相也。须知六根为我乎?则有六我。十八界为我乎?则有十八我。可见一向妄想认为我者,乃颠倒见也。人与众生寿者,无非倒见,故曰四颠倒。憎爱,并非属境而实属心。然皆对境而发。爱因顺境生,憎因逆境起,故曰憎爱二境。众生所执之我,本是虚妄。今又加以憎爱,是为重执虚妄。由憎爱妄心,生美恶妄境。既熏心而成种子,复熏境而成现行。现行复熏种子,种子复熏现行。二六时中,二妄相依。相依者,心不离境,境不离心。心,因也。境,缘也。因缘从来不离,故曰相依也。于是因惑造业,因业招报,遂有天道,人道,阿修罗道,地狱道,饿鬼道,畜生道,种种流转。皆由于妄想执我,所以妄见流转。复次。业道二字,业是有为之业,道是无为之道。有为业者,世间之善恶业,上界之不动业,是也。无为道者,阿罗汉之无漏业,是也。然虽无为有为之不同,以佛眼观之,皆是幻化虚妄境界,皆是妄见。何以故?见流转者,以妄想因,得妄想果,并非真见,以生死即涅槃故。而声闻辟支,不知此理,以为有流转可厌,有涅槃可欣,一欣一厌,妄想俨然。既有涅槃之相当情,是即我相未除也。故皆以妄见斥之。

〇辛三　总斥迷闷

由此不能入清净觉,非觉违拒诸能入者。有诸能入,非觉入故。是故动念及与息念,皆归迷闷。

【讲】　首二字蹑前,谓由此流转涅槃二俱妄见故。

即以此妄见为障，便不见本有清净觉性。以不见故，则不能入。故曰不能入清净觉。并非觉性而有违逆拒阻，不许人入。然觉性不唯不违拒，且亦无随顺，入与不入，与觉性无预焉。即如前文，彼圆修三观之菩萨，即能证入圆觉净心者。自彼修德有功，而能证入，亦并非觉性使之能入。故曰有诸能入，非觉入故。以是之故，彼凡夫动念，起惑造业，而妄见流转者，固然迷闷。此二乘息念，沉空滞寂，而妄见涅槃者，亦属迷闷。故曰皆归迷闷。迷者不觉，闷者不开。《大疏》云：此文正是结答前问。前云因何染污，迷闷不入。今答云由认四相，展转生过，纵离六道，复堕二乘，是故不入。次云非觉违拒等者，由前问云：因何使诸众生不入，故此答云：非觉违拒，使之不入。但由认我，故不入也。

【记】 不但凡夫不能入清净觉，即声闻辟支，亦不能入。何以故？见流转，见涅槃，有此妄见，何能见本有之清净觉心。然则不入由于障，入则由于修。此清净觉不能拒之不入，亦不能使之能入。二乘视生死如冤家，视世间如牢狱，诸念皆息。不知净圆觉中，本无有念，何必更息。所以动念固是迷闷,息念亦是迷闷。

〇庚二　示迷智四相

〇辛一　承征引说

何以故？由有无始本起无明,为己主宰。一切
众生,生无慧目。身心等性,皆是无明。譬如有人
不自断命。是故当知,有爱我者,我与随顺。非随
顺者,便生憎怨。为憎爱心养无明故。相续求道,
皆不成就。

【讲】　首句承前征起。《大疏》云:动念许背觉,息
念即合契真,何故动息俱称迷闷。由有下,约本起无明
为释,引起重说迷智四相义也。《直解》云:本起无明,谓
最初一念不觉生相无明也。又名根无明。前云因中痴,
即指此无明耳。净圆觉心,本无有我及与无我。只由根
无明不觉,迷本净圆觉心,转成阿赖耶识,成为我相根
本。自此已后,皆是无明用事,自立主宰。故曰为己主
宰。主宰,即我也。以我者是主宰义也。一切众生,通

指凡小。生无慧目者,从父母受生已来,便无有智慧眼睛,不自照见内外心身,皆是无明变现幻影。所以一向认四大假合为自身相,六尘缘影为自心相,故云身心等性,皆是无明。谓依于无明而建立故,从此无明,永不能断。盖以无明不能断于无明,所以佛说动念息念,皆归迷闷者,正此意耳。恐犹不信,故仍以喻明。譬如有人不自断命者,喻显无明不断于无明,为可信故。是故云者,以是无明不断之故,不惟动念息念,皆归迷闷,即从此发菩提心,行菩萨道,亦不能脱离迷闷。故教以当知,令其自行审验,试看有爱我者,则我与随顺,随顺即是无明。非随顺而违我者,便生憎怨,憎怨亦是无明。为缘憎爱心之枝末无明,养于从无始之根本无明。如是从观行以去,经相似,入分证,乃至菩萨地尽,相续求道,不免为智所迷者,仍堕四相。故曰皆不成就。足见忘我之不易也。

【记】 此明细四相也。迷智由迷识而来,粗相若不空,细相即不露。故上文破斥凡小粗相已竟,即接明细相。由根本上生起之无明,故曰本起无明。即所谓根无明也。因真如不守自性,一念妄动,并不知是无明,所以永不能断。由此一举一动,无非无明用事。即发心用功,亦是无明。无明岂能自断无明,犹如自己不能自断其命。然则谁能断之?须用真智。即现前一念之慧,所谓圆照清净觉相。用此圆照,照彻内外身心,即知无明性空。若无此真智,便是古德所云,欲除妄想却成病,趋向真如亦是邪也。《楞严经》云:妄想无性,此语最要!了得妄想无性,原是依他。只须不生遍计,便是圆成实性。何必生心息之。所以上文云:动念息念,皆归迷闷。是故不了无明性空,纵使发菩提心,行菩提道,亦不离迷闷。了得性空,用此观智进修,方能成就也。

○辛二　次第别明

○壬一　征释我相

善男子!云何我相?谓诸众生心所证者。善男子!譬如有人,百骸调适,忽忘我身。四肢弦缓,摄养乖方。微加针艾,即知有我。是故证取方现我体。善男子!其心乃至证于如来,毕竟了知;清净涅槃,皆是我相。

【讲】　文有三节:初承征标定。上云相续求道,皆不成就。意显为智所迷，仍堕四相。故此征云何我相者，此承上而起，以作问题也。下乃标定云，一切众生心所证者是也。谓此之我，不同迷识之我也。此我之相，根自心起，极其隐微，必于若理若事，有所证取者，其相方现耳。善男下，引事证释，承上所以隐微难见，必有证而方现者等语。恐其未甚明晰，故又引事以证释也。譬如二字，不可作喻看，当作设若义，谓设若有一件事也。百骸者，人之身分百骨四肢。调适者，谓调和顺适，即通身无恙。忽忘我身者，谓身全无恙，不觉有自己之身，忽然如忘生也。四肢，即两臂两腿。弦是直不能屈。缓是软不能伸。此皆摄护将养，乖于方法。或略用针刺，或少用艾灸，故曰微加针艾。以必证取其事，即知有身自觉其痛，故曰即知有身。由此一事，可以证知。故前云有所证取，方现我体。善男下，取理深明。摄前不唯于事，心中有所证取，是我相。纵使其心，乃至证于如来，毕竟了知清净涅槃，犹是我相也。毕竟了知四字，直彻底深证的话。清净涅槃者，俨似无明已脱也。殊不知纵使果证如来，毕知有清净之相在，犹是心中有所证取，仍然还是我相，足见忘我之非易易也。

【记】　此下别明四相，极其微细。即《金刚经》第十五分以后所明者是。宜用心体究。众生二字，不是凡夫，乃指三圣而言。从二乘直至十地等觉止。心所证者，即是我相，即下文所云，证取方现我体，是也。此中譬如两字，不能作喻看，当作引事看。以微细我相，必引事证释而后明也。证取方现者，谓须在用功上见之。譬如用功至身心清净，本是好境界，乃忽生欢喜心。此欢喜心，便是我相。然此尚是六识分别，并不微细。乃至证于如来清净涅槃，仍是我相，此则微细矣。此皆菩萨境界，何以仍是我相？以其有清净之相当情故。病在毕竟了知四字。既有能了知心，便有所了知境，能所宛然，未能理智一如，是最初之根无明仍在也。由此可知，功夫愈做愈细。所以初心人，用功不久，便以为见好境界。即真有此境界，正是无明变现，岂可执取。此理不可不知。譬如下，忽忘我身四字，并非真忘，乃相似忘我境界。

○壬二　征释人相

　　善男子！云何人相？谓诸众生心悟证者。善男
子！悟有我者，不复认我。所悟非我，悟亦如是。
悟已超过一切证者，悉为人相。善男子！其心乃至
圆悟涅槃俱是我者，心存少悟，备殚证理，皆名
人相。

　　【讲】　文亦有三节：初标定。谓诸众生心悟证者，
意谓悟由心发，称为心悟。从心发悟，悟得彼之能证者
是我。此悟不忘，即为人相，对彼我故，非我即人。次详
释。悟有二句，谓既然悟得彼能证者，便是为相，自不复
认彼能证者以为我也。如是则彼我全空矣。所悟二句，
意谓彼我既空，即无所悟之境，纵有所悟之境，已非是
我。以是例知，能悟之智，亦应了不可得。如是则能所
既空，心境两忘矣。设使转计能悟之智，业已超过一切
能证之者。是依然为智所迷，对彼我相，建立人相之名。
故曰悉为人相。然证者而云一切，人相而云悉为者，正

显凡有所证,不忘能证之智者,皆名我相。凡有所悟,不忘能悟之心者,皆名人相也。后以理深明。蹑前不唯悟彼证者是我,名为人相。即使其心,乃至圆悟彼所证涅槃俱是我者,亦为人相者。即人耳。承上漫说圆悟,设或心存少悟不忘,纵使备悉殚尽逐位所证之理,皆名人相。由悟证是我故也。

【记】　此段更细于前。上云心所证者,乃是能证之智,并非本体,故曰我相。此段悟证之证字,即指上文心所证者。悟者,谓悟得心所证者之为我相,而不取著,以为无我相矣。不知有一能悟之想在,仍然有相。此相纵不是我相,便是人相。病在悟字。何以故?心境两忘,无所谓悟故。人字乃是假名,其实仍是微细之我,莫道不能圆悟,纵能圆悟,但微微有一能悟之心在,皆名人相。菩萨修功,证至此地,尚不离微细我相。然则我辈凡夫,以无明除无明,无非无明用事,我相之重可知矣。

　　○壬三　征释生相

347

善男子！云何众生相？谓诸众生，心自证悟所不及者。善男子！譬如有人，作如是言：我是众生。则知彼人说众生者，非我非彼。云何非我？我是众生，则非是我。云何非彼？我是众生，非彼我故。善男子！但诸众生了证了悟，皆为我人。而我人相所不及者，存有所了，名众生相。

【讲】 文亦有三：初标定。即谓诸三句，谓设使于自心发起照了，了得彼我人二相俱非，自是所证所悟不及于心。以有此心在，即名众生相。盖以了我了人，心迹愈多故也。次借常人所言，比例而知。譬如有人，例彼自心作如是言。我是众生，例彼心存了智，卓然独立。则知彼人说众生者，非我非彼，例彼心存了智，卓然独立，自然非彼能证及与能悟。能例云，云何非我？所例中即是云何非证。释以我是众生，则非是我。例了智独存，则证所不及，故是非证。能例云：云何非彼？所例中即是云何非悟。释以我是众生，非彼我故。例了智独存，则悟所不及，故是非悟。此借常人语词，以为义势。

显第三了智卓然,非证悟所能及也。后结成生相之名。了证两句,谓了彼心有所证者为我相,心有所悟者为人相。但以有我者必有人,有人者必有我。故浑言皆为我人。我人不及,即指了智卓然。存有所了者,则是了证了悟之心迹未忘。由心迹未忘,必至起灭不停,展转滋多。由此结成名为众生之相如是。

【记】 若了得能证之智是我相,能悟之心是人相,则二俱不存,诚为证悟所不能及矣。不知二虽不存,然尚存有了得之心,便是众生相。病在了字,此段尤细。

○壬四　征释寿相

善男子! 云何寿命相? 谓诸众生心照清净,觉所了者。一切业智,所不自见,犹如命根。

【讲】 文只有二。先标定。即谓诸三句,意谓承上了证了悟,皆是自心体上,发起智照之智,而我人二相所不能及。故得心照清净。心字,即指业识而言,以四相未空故。因心照清净,而众生相现。故对众生相上,发起觉照。觉彼所了之我人二相,所有能了之智,俱属我执而欲断之。次一切下,正明寿者相也。谓殊不知即此一念觉心,便是一切业智。业智,即业识也。是第八识上微细分别之念。不言识而言智者,此属修证,反妄归真,转有漏识成无漏智也。所不自见者,谓此微细分别,原从本识上起,所以不能自见。虽不自见,常在其中潜续。犹如人之命根,常在身中潜续寿命,而人不自觉知,由此所以名寿者相。

【记】 此段细之极矣!觉得证是我相,悟是人相,了是众生相。殊不知此一觉字,仍然是病。此觉是第八识之业智,所谓微细分别,虽八识亦不能自见。譬如命根,谁能自见。必至等觉地后,用金刚智,断生相无明,方能破尽我相。所谓金刚道后异熟空,亦名如来藏如实空义。此虽大菩萨境界,然凡夫不可不知。知此,用功时方可无病。总之,无论功夫如何深,境界如何好,皆不可执取。执取即是我相,即存一不可执取之心,亦是我相。切记切记!

　　○辛三　总以结示

○壬一　结示同尘

善男子！若心照见一切觉者，皆为尘垢。觉所觉者，不离尘故。如汤销冰，无别有冰，知冰销者。存我觉我，亦复如是。

【讲】　初一行法说，若心照见者，则是于自心上发起智照，照见前之一切觉者。一切觉，指前三相。心照见，指后一相。皆为尘垢者，总属迷智之妄境也。此先标定。下乃承释。盖以能觉之后一相，与所觉之前三相，俱于自心中分自分他，立能立所，障于胜进，不得真修。故云觉所觉者，不离尘故。尘以染污为义，谓染污于清净心也。次一行喻明。如汤销冰者，汤喻智照，以火煎水而成汤，喻正念悟心而成智。冰喻我执，因寒凝水而成冰，喻妄念迷心而成执。用汤销冰喻以智断执。谓冰既销矣，无别有冰。喻执断矣，无别有执。知冰销者，显汤亦不存，谓冰因汤销而成水，此汤随冰销亦成水矣。至此之时，则冰汤俱忘，唯一清水，更有谁能知冰为汤销者。此是异喻，反明前文。觉所觉者，皆为尘垢，染污净心。果其执空智泯，能所双忘，当下，唯一清净真心，又谁能知我执为智断者？向下以法结合。存我觉我，亦复如是，先正合。谓能觉之我，与所觉之我，二俱互存，则染污净心，不得显现。合彼前喻能销之汤，与所销之冰，二俱互在，则障碍净水，不得澄清。次反合。如其一念不生，能觉所觉，二俱互泯，则尘垢销灭，唯一净心矣。合彼前喻汤水互融，障碍全销，唯一清水矣。

【记】　此章精义，在离相显性。离相，即离我人众生寿者四相也。四相有粗有细，众生迷识四相不空，则不能出世。圣人迷智四相不空，则不能证无上法王之果。必四相空而后法性显。然空粗相易，而空细相难。此全就功用上说。必须破无明后方空。若我相尚在，余三相亦在，即为尘劳垢污，圆觉妙性，不得清净矣。照见一切觉句，谓用功人正在定中，自心发起智照工夫，有境界当前也。照是能见，一切觉是所见。觉所觉者句，前一觉字，指能见之智，即后一相。此觉是觉照之觉，与圆觉之觉字不同。所觉者，即前三相。谓此自心中之觉照，能觉我相是证，能觉人相是悟，能觉众相是了。是第四相为能觉,前三相为所觉也。然尚有觉在,则能所未泯,境智不空。境是境,智是智。境为所,智为能。境为他,智为自。处处对立,总是迷智忘境,能染污清净心。故云觉所觉者,不离尘故。存我觉我句,我字,指能觉之我。觉我,指所觉。存,谓二者俱存也。

○壬二　结示不断

○癸一　不断不成圣果

善男子！末世众生,不了四相,虽经多劫勤苦修道,但名有为,终不能成一切圣果。是故名为正法末世。

【讲】　正像已过,名为末法之世。此际众生,尤在可愍。故偏言之,不了四相,粗细二种四相,俱不详知也。以不了知,何以知断。若不知断,则我法二执全在。所以虽经多劫勤苦修断。但名有为。有为者,自执由我作为,唯我能之,是造世间因也。世间之因,还酬世间之果,则不出世间。在天上,生人间,酬因答果。为善者或作轮王小王,或为宰官长者。次之或为居士人民,以至贫穷乞丐。如一念失觉,则堕三途。纵使修禅习定,上生欲界天宫,或入四禅四空。纵饶修到非非想天,报尽还来,散入诸趣。古德有言:六欲诸天受五衰,三禅尚是有风灾。假饶修到非非想,不及西方归去来。故知不空四相,欲成出世圣果,终不能也。然出世圣果有二,若唯不了迷智四相,自不能成十地等妙等大乘圣果。设复不了迷识四相,虽小乘有学无学等二三四果,亦不能也。结句,有以衰例盛之意。谓以是末世众生,不了四相,不成圣果之故。则知汝等虽生佛世,面奉慈尊,若不了四相修因,亦可名为正法中之末世众生耳。可不慎哉。

【记】　正法虽不遇佛,犹有诸大菩萨临世。众生闻道易。像法虽不遇诸大菩萨,犹有诸大祖师及善知识。唯末世众生最可怜,若非住相,便是有为。故《金刚经》中,世尊开示须菩提,处处以不住相为言。盖我相不空,虽无为亦是有为。有为是世间之因,必得世间之果。末世众生,离圣虽远。然若闻圆觉,能了四相。则虽末世,亦无异于正法之世。

　　○癸二　展转征释其过

〇子一　一向错认

何以故？认一切我为涅槃故，有证有悟名成就故。譬如有人认贼为子，其家财宝，终不成就。

【讲】　谓以何故不了四相，使久修不成圣果耶？此征词。下释其错。谓四相皆我，名一切我。既不了知，反生保爱。认妄作真，一错百错。殊不知此正生死根本，妄认以为涅槃。古德有言：学道之人不识真，只为从来认识神。无量劫来生死本，痴人唤作本来人。实可哀欤！如前我人二相中云，有证有悟，名成就故，即其相也。不言有了有觉者，可例知故。譬如下，借喻发其错，所以圣果不成也。四相皆我，有损于道，义似乎贼；而乃妄认我相，可以成道。故以认贼为子喻之。《大疏》云：贼若在外，犹可提防。养之为儿，如何检慎。又知贼是贼，贼无能为。养之为儿，宁无损败。如六根取境，犹可制御。藏识妄我，难以辨明。因致如来藏中功德之宝，念念衰耗。故以其家财宝终不成就喻之。所谓久修不成圣果者,以此。

【记】　后三相皆由我相而生。一我一切我,故云认一切我。此皆由用功时发现。所以参禅功夫,莫道现在末世,就是前辈,误以识神为本来面目者,亦不少,是即认我相为涅槃也。我辈用功,非处处证以大乘经典不可。因末世具正知见者少,矫正无人。我之定中现量境界,若有少分相应,被自己知道,即落于分别。能分别是妄想,所分别亦是妄境。有证有悟,即是我人二相。本未成就,而自以为成就。修证工夫,到得百尺竿头,不能再进一步,多坐此病。

○子二　我不解脱

何以故? 有我爱者,亦爱涅槃;伏我爱根,为涅槃相。有憎我者,亦憎生死;不知爱者,真生死故。别憎生死名不解脱。

【讲】　谓以何故为一向错认也。此征,下释。我爱者,四惑之一。相宗指第七识,随缘执我,与四惑相应。一者我痴。谓愚于我相,迷无我故。二者我见。谓于非我法中,妄计我故。三者我慢。谓恃所执我,心高举故。四者我爱。谓于顺我者,深耽著故。今云有我爱者,即是第七识随缘执我,常与四惑相应,自应不断我爱,故云有我爱者。既有我爱,于顺我者便爱,故应亦爱涅槃。但势必伏我爱根,为涅槃相。今现有我爱,所爱者岂真涅槃。谓之错认,不亦宜乎?又顺我者,既已取爱于我。违我者,必应取憎于我。是又有取憎于我者,为我所憎焉。如是则有憎我者,亦憎生死。然憎生死者,必爱涅槃。乃不知爱者,真生死故。是知为爱涅槃,别憎生死。则所爱涅槃,名不解脱。以未离我爱,是真生死,正为系缚之法。故曰名不解脱。

【记】 四相中爱证爱悟爱了爱觉,皆是我爱。略有少分证取,则障于真修,不能前进。后遇善知识矫正,乃悟证取之非,则又以悟为究竟,不能前进。于了于觉,亦复如是。皆是我相为害。我相极微细,破之极难。用功既久,方得现前。我辈虽未用功,不可不知此理。

　○子三　法不解脱

云何当知法不解脱？善男子！彼末世众生，习菩提者，以已微证为自清净，犹未能尽我相根本。

【讲】 首句征词。与上二大不相同。上二俱是约已说者，未能便了，故但用何以故而征之。谓如上所说者，何故尔耶。此是约未说者，令其明了，故以云何当知等而征之。佛意以前说经劫修道，不能成就圣果。必是我相法相，俱未解脱。然我不解脱，如上已明。云何当知法不解脱，故次呼召而释成之。末世习菩提者，即求成圣果人也。以已微证者，我相中证，人相中悟，生相中了，寿相中觉，皆有分证之相，称之曰微。然证则自计蕴净，悟则自计我净，了则自计人净，觉则自计生净，故云为自清净。唯余觉所了者，即是一切业智，正是我相根本，故曰犹未能尽。然既以已微证，为自清净，即是法相。虽是法相，仍未离我相根本，谓是我之法故。既我相根本犹未能尽，法相岂能解脱。以此应征，义可思知矣。

【记】 前就我执粗四相，说不解脱。此复就法执细四相,说不解脱。夫我执未空,不能出世。法执未空,不能证大乘圣果。修菩提之道,必先明无我之理。苟有微细之相未尽,便是我相根本。有此我相,便是生死根本。上来证悟了觉,本是好事。但自以为能证能悟能了能觉,则所证所悟所了所觉,便成法执。是犹未能尽我相根本也。

〇癸三　验知我根未尽

若复有人,赞叹彼法,即生欢喜,便欲济度。若复诽谤,彼所得者,便生嗔恨。则知我相,坚固执持。潜伏藏识,游戏诸根,曾不间断。

【讲】　此虽验知我根未尽,实借此以证法未脱也。赞美彼法,即生欢喜,正是法执未脱。便欲济度者,方便开示,济其怠惰,度令精勤,欲其修习彼法,望其同得也。若复诽谤彼所得者,便生嗔恨,亦是法相未忘。便欲诃责,不待言而知故。则知我相坚固执持者,谓执所得之法,不令遗忘也。藏识,即是第八阿赖耶识。相宗云:第七内缘第八见分为我,既是第八见分,自应潜伏藏识。

359

又潜伏者,对下游戏而言。盖以诸根不动,无法可执,故曰潜伏。及至诸根才动,随于彼之六尘境上,任运执我,故曰游戏。如世间贼人。无可盗,则潜而伏之。有可盗,则任运无畏,如玩游,如行戏也。曾不间断者,恒审思量我相随故。

【记】 此正试验善知识之人也。一顺一逆,于此便可验其我根之尽与未尽。盖从无量劫来,我相根本,伏于八识田中,一时如何易断。时时宝爱,时时守护。宝爱是执,守护是持。潜伏于藏识。游戏于六根门头,六根门头之见闻觉知,是八识之见分。六尘是八识之相分。《金刚经》云:"凡所有相,皆是虚妄。"唯圆教大士,当下打破。虽遇好境界当前,不可以言言,不可以识识者。亦决不生取著心,方能破我相根本。诸君以后用功,切宜留意。即遇微妙境界,不可取著。取著即是我相。浅则不能出三界,深则不能成菩提。要紧要紧!

○己二　斥迷无功劝修

○庚一　分类为斥

○辛一 斥有我无功

善男子！彼修道者，不除我相，是故不能入清净
觉。善男子！若知我空，无毁我者。有我说法，我
未断故。众生寿命，亦复如是。

【讲】 初承上正明。谓如上所说观之，而彼末世之
修道者，必要断除我相。设若不除我相，则证悟了觉，不
离我人众生寿者。以是之故，不能入清净觉。赞喜谤
嗔，即其证焉。其次下，据理反显。谓反显能入净觉。
恐谓不除我相不能入觉，已知彼修道者，虽修无功矣。
且毕竟如何能入耶？故曰若知我空。谓证知空无我理，
既能证知空无我理，自然闻毁不嗔，故曰无毁我者。既
已闻毁不嗔，闻赞又复何喜？设若闻赞生喜，许以济度
说法。则是有我说法，是人之我未断故。既我未断，人
等亦然。故尔超略人相，而云众生寿者，亦复如是。以
是而知，我相既空，则后之三相，一齐俱空。如是则证悟
了觉，乃随分入清净觉矣。

【记】 前发明两种四相,若粗若细,皆须断除。不修道则不能断除。不知病则亦不能修道。四相是病,劝修是药。然必指明病源,方可服药。末世众生,病根不除,服药无功。故先须斥迷。斥迷即折伏门,劝修即摄受门也。我是生死之根。不除我相,莫道生死不了,即世间法亦不能成办。知我空,便证我空真如。真如绝对待故。

〇辛二　斥说病无功

善男子！末世众生,说病为法,是故名为可怜悯者。虽勤精进,增益诸病,是故不能入清净觉。

【讲】 末世众生,不了四相。为度众生,而说自所得法。任尔说得天华乱坠,殊不知所说者是病,非正法也。何者？以彼说自所证之相,境界难思。若有境界当情,便是我相。如其说己所悟情形,以教人依之悟道。若有所悟情形可露,便是人相。说了说觉,即是众生寿者二相。岂非说病为法耶？如此则是以盲导盲,是故名为可怜愍者。以其说者听者,两无功故。然说者虽精勤说法,为度众生,作净觉因。而听者亦精勤研究,信解修习趣净觉果。皆为增益诸病。盖以我相未断,人等相因。以是之故,不能入觉者此也。

【记】 末世众生,智钝见浅。不知证悟了觉,即是四相。故所说皆病。

〇辛三 斥窃德无功

善男子!末世众生,不了四相,以如来解及所行处,为自修行,终不成就。

【讲】 首句,谓彼于我相根本未尽,不能了达四相皆空也。以如来解行处为自修行者,谓如来于因地,久空四相。有所解者,名为净解。有所行者,名为净行。而众生不了四相,乃依佛所说之理而解,依佛所说之行而修,便执为自己修行。是为窃取如来之德,以为己德。殊不知四相不了,俱堕有为。清净解行,终不成就。亦何益哉!

【记】 如来所证,是清净涅槃。所悟,是清净妙行。虽有所解，并无境界当前，是为净解。虽有所行，并无住行之相，是为净行。末世众生，不了四相。虽以如来解行自修，不能清净。便是窃取如来能解之智能行之德，于己终无所益也。

　　○辛四　斥增慢无功

　　或有众生，未得谓得，未证谓证。见胜进者，心生嫉妒。由彼众生未断我爱，是故不能入清净觉。

　　【讲】　首句，即指增上慢人也。未得谓得者，约涅槃断果说。谓此人乍断迷识四相。才离分断生死。相似涅槃，而实未得清净涅槃。即便自谓已得。未证谓证者，约菩提智果言。谓此人乍断我执烦恼，才证偏真觉性，相似菩提，而实未证圆满菩提。即便自谓已证。设见有胜于己，更希前进者，则心生嫉妒。谓嫉我不能，妒彼胜我。此皆依于我相。故曰由彼众生未断我爱，细相我爱也。是故者，以是未断我爱之故，四相竞生，净觉如何能入。故以不能结之。

【记】　嫉妒,是恶心所,即烦恼也。全是众生见解,故曰未得未证。

〇庚二　警策正修

善男子!　末世众生,希望成道,无令求悟,唯益多闻,增长我见。但当精勤降伏烦恼,起大勇猛!未得令得,未断令断;贪嗔爱慢,谄曲嫉妒,对境不生;彼我恩爱,一切寂灭,佛说是人渐次成就。求善知识,不堕邪见,若于所求别生憎爱,则不能入清净觉海。

【讲】　文有三节:初警示趣果迷因。末世希望成道,则是已发菩提心者。既发心希成道果,应须先悟自心。依本经即是净圆觉心也。依此心修习,即是成佛正因。今乃无令求悟,则是迷于正因。漫说不修,纵使修习,终不成就。况且唯是要益多闻,仍复以文字之学,便谓自己发明,故谓增长我见。是反成所知障,自障其道矣。但当下,策令应急断惑。但当精勤者,不管悟与不

365

悟,但当精一其心,而无异缘。勤劳其身,而无怠志。准下文即唯以断惑为急务也。降伏烦恼者,谓先空迷识四相,略显我空真如。得相似涅槃,救燃眉之急故。虽救燃眉,犹虑焚身。故又劝以起大勇猛!勇,谓进修不退,猛,谓冒难不屈。未得清净涅槃,务须令得。未断迷智四相,务须令断。果其贪嗔爱慢等,对境不生,则是清净涅槃,所谓未得者已得也。果其彼我恩爱等,一切寂灭,则是迷智相尽,所谓未断者已断也。谄曲嫉妒,即小随烦恼。各别起故,名小。但随贪等分位差别等流性故,名之为随。而对境不生者,种习俱尽故。设不尽者,未必对境不生也。上来理由顿悟,事必渐除。若是人者,先空迷识四相,证我空真如。次断迷智四相,证法空真如。所以佛即许以渐次成就矣。求善下,教以亲友输诚。谓毫厘之差,千里之谬。渐次成就,恐落歧途。故须求善知识,开导指示,方能不堕邪见。又求知识,但取其知见真正,不论其种性高低。设若于所求时,不取知见,别于种性高低处而憎爱,犹是我相未尽,故云不能入清净觉海。觉而云海者,以海出众流,流流入海。喻彼

366

大觉心,出生一切诸法,教化众生,成就大圆觉心。如首章云有大陀罗尼门,名为圆觉,流出一切等。今取喻如海,良有以也。

【记】 末世众生。不肯用功者,固不必说。即肯用功者,往往先欲求悟。此最不宜,故世尊说无令求悟。此一语最关紧要!即如近来参禅之人,未曾真实用功,但看几部语录,打几句机锋,究与自己何干?须知我相未忘,任汝阅尽三藏十二部,但就文字上讨生活。纵有一知半解,皆从他人学来,并非自己证得。有何益处?既欲希望成道,须依自己一念不生之心而修。降伏烦恼者,烦恼,即见思惑也。既断烦恼,已破粗相我执。然不过脱离分段生死,不可即以此为究竟。故曰起大勇猛。欲知涅槃得否,无明断否?自己亦可试验。即如平常临事之时,境界当前,对于顺境,能不起贪否?对于逆境,能不起嗔否?对于眷属,能不起爱否?对于他人,能不起慢否?贪嗔爱慢,为根本烦恼。谄曲嫉妒,是小随烦恼。若根本虽除,而对于富贵者,能不谄曲否?对于胜我者,能不嫉妒否?此等微细之相,难保不生。故亦须加注意。果其贪嗔痴等,对境不生,便是涅槃已得。果其彼我恩爱等,一切寂灭,便是无明已断也。

○戊二　偈颂

○己一　颂示迷执四相

尔时世尊,欲重宣此义,而说偈言:

净业汝当知:一切诸众生,皆由执我爱,无始妄流转。未除四种相,不得成菩提。

【讲】　首句告以当知,我爱不可不除,四相不可不断也。次二句,正显我爱当除,无始妄流转者,谓从无始来,凡夫执我爱,而起惑造业,流转于分段生死。皆如空华,同归虚妄。后二句,正显四相当断。四相皆由我起。长行云:伏我爱根,名涅槃相。今既四相未除,我相仍在。涅槃断果非真,菩提智果焉成,故不得也。

【记】　粗相我爱尚在,不能了分段生死。细相我爱尚在,不能了变易生死。

○己二　颂斥迷无功劝修

○庚一　颂分类斥

爱憎生于心,谄曲存诸念,是故多迷闷。不能入觉城。

【讲】　准长行分类斥有四:一有我。二说病。三窃德。四增慢。今以爱憎二字,乃义颂有我。谓顺我者爱,违我者憎故。谄曲句,义摄后三。以说病为法,有谄媚听者义故。窃德增慢,有曲护己短义故。是皆有碍胜进,故多迷闷。既迷且闷,觉城安入?故总以不能斥之。觉而言城者有二义。一谓途中多迷。进城则觉。喻已证圆觉,如金出矿,再不复重为矿故。二谓门通四路,出则可行。喻既证圆觉,仍思度生,随方皆可到故。

【记】　爱憎谄曲,皆是我相。不除,则心不清净。故多迷闷。

○庚二　颂警正修

若能归悟刹,先去贪嗔痴。法爱不存心,渐次可成就。我身本不有,憎爱何由生?此人求善友,终不堕邪见。所求别生心,究竟非成就。

【讲】 准长行有四,首则警示趣果迷因。今既若能归悟刹。归,即顺也。悟刹,即所悟之境,以圆觉妙心为悟境故。若能反彼无令求悟,归顺圆觉,而为悟刹。则成佛之正因具矣。何迷之有?次则策令应急断惑,先去贪嗔痴者,劝空迷识四相。四相总由我起,今云贪嗔痴,皆属我相。准长行尚有爱慢嫉妒谄曲等病,皆在三毒中所收故。此皆迷识而有,四相亦依此而建立。法爱不存心者,劝断迷智四相。然证悟了觉,皆为法爱。存心,则执成四相。不存心,则解入净觉。三则许以渐次成就。即今云渐次可成就是也。四则教以近友输诚。我身本不有者,净觉成就,了达五蕴皆空,是已达空无我理也。既达空无我理。则违我者不以为违,憎何由生。顺我者不以为顺,爱何由生。如是则求近善友,必能输诚。蒙彼开示正见,终不堕邪。设若于彼所求。别依种性高低等,而生憎爱之心。纵有所得,究竟非真成就。以彼既有憎爱,即是我相之根本犹未尽故。

【记】 迷识四相,皆以贪嗔痴为本。遇顺则贪,遇逆则嗔,遇中庸则痴。三毒皆属我相。然皆因境而起。当其起时,正可用法对治。如起一念贪心。试思此贪为自生耶? 为他生耶? 自他共生耶? 自他不共生耶? 若为自生,何须对境方起。若是他生,则又与我何干。若为自他共生,则自他既各有性,何必共生? 倘各无性,虽共亦不能生。若为自他不共生,则是无因而生。内既无心,外又无境,又安能生? 然则虚空生耶? 虚空无性,何从而生? 如此四处推寻,则贪心自空。其余可以类推。法爱既空,微细四相亦空。盖我身是无明变现,无明性空,所以我身不有。身尚不有,憎爱从何而生乎? 此章将六凡众生以至出世三圣之病,切实道破,说得干干净净。若能依此用功,何患不能成就! 所谓离相者,要不外乎断除我相而已。

○丙二　示除病显性

○丁一　谢前请后——普觉章

于是普觉菩萨,在大众中,即从座起,顶礼佛足,右绕三匝,长跪叉手而白佛言:大悲世尊!快说禅病,令诸大众,得未曾有。心意荡然,获大安隐。世尊!末世众生,去佛渐远,贤圣隐伏,邪法增炽。使诸众生,求何等人,依何等法,行何等行,除去何病?云何发心,令彼群盲,不堕邪见?作是语已,五体投地。如是三请,终而复始。

【讲】 文有四节,一、于是至佛言,众中具仪。二、大悲至安隐,谢前成益。为怜末世众生,说病为法。今假现前大众,预为开导。故称大悲世尊。快说禅病者,快字,应作庆幸之意。是菩萨代众庆幸之语,犹云快哉!佛之所说,真为末世之禅病语也。盖以证悟了觉之四相,皆由禅定而得。执则成病,不自觉知。今蒙如来开示,深悟迷智四相,快何如之。一向未曾说者,今乃说之,故云令诸大众得未曾有。四相融于胸襟,故心意荡然,谓空洞无碍也。净觉入于言下,故得大安隐,谓解脱自在也。三、世尊至邪见,虑后详请。众生去佛渐远者,谓正法流行之际,虽则去佛,犹未及远。至于像法,则去佛可谓远矣。况今更历末法,则去佛渐远,愈趋愈下,卒至不可返矣。当斯时也,贤友逃形,圣师不作。或潜形于岩谷,或伏藏于海隅。正教既其衰微,邪法自尔增盛。如火炽然,鲜有不被其焚者。然亦有乘大愿力,来度迷津。故上章教以求善知识,不堕邪见。但彼之顺行逆化,道迹良多。设不得如来明示,难免误认。故初问使诸众生求何等人。盖求佛于顺行逆化众多人中,明明说出,当求何等样人,为善知识也。然既求其人,必依其法。但恐其所说之法,未必如其所得。故次问依何等法。谓求佛说出于彼所说法中,当依何当之法而为教仪。又既依其法,必行其行。但虑其行有多门,习难并技。故三问行何等行。谓求佛说出于彼所行多门行中,当行何等之行,而为专习。又既行其行,必有所得。但虑所得之中,道分真似,药病双关。故四问去何等病。谓求佛说出于彼所得真似道中,当去何等似病,而存自他两利之真药。又既得其道,还须自己发心。但发心有权、实、顿、渐、偏、圆,故后问云何发心。

谓求佛说出于权、实、顿、渐、偏、圆、中，当云何发因地之心。令彼群盲不堕邪见者，自明所问意也。言末世众生，无智自辨，动陷邪途，犹如盲儿。故今详问。果蒙如来开示，自令不堕邪见。四、作是至复始，至三显殷可知。

【记】　此为下根人除病显性。所说四种病，皆是用功时所起之妄想。各人妙明本性，本自圆明。为病所障，故不得现。除病即所以离障。普觉菩萨知此，故代众请问。圆觉经中，所谈修证，定功为多。任修何法，只要一门深入，皆可得三昧，三昧，即定也。然禅定功夫，执则成病。前章教凡夫空迷识四相，固是除病。教圣人空迷智四相，亦是除病。盖前章四相，是出于一念之妄想。此章四病，亦是一念之妄想。虽一是离相，一是除病，文相不同。而破妄想以显觉性，其意则一也。《金刚经》云：云何应住？住真觉也。云何降伏其心？即降伏妄想也。现会大众皆圣贤，无此等病。普觉专为末世而请，故开口即云末世众生。觉者，知觉也。普觉菩萨，自己分上觉照，原无此病。然在当初用功时，诸病皆有。盖修禅者无人不犯此等病也。何以故？以有所得心故。除非圆觉大士,内不执心,外不执境,离能所,绝对待,方能免此。大凡在用功中,无非犯得少为足之病。若遇善友良师指导,则诸病不生,即生亦易除。普觉菩萨为怜末世众生,为师者说病为法,为弟者将病作法,故发心请问。不但自觉,并欲觉诸未来,故称普觉。佛灭度后初五百年,用功者多一生可得解脱,故称解脱坚固。第二五百年,禅定坚固,得解脱已不易。第三五百年,惟尚多闻,好在文字上着力。莫道解脱,即禅定亦不多得。第四五百年,则多闻者亦寥寥。仅知建塔造像,求福者多,修慧者少。此正法像法二千年中,去佛渐远之患已如是。今则正值第五五百年,为末法时代。众生根器,愈趋愈下。邪欲炽盛,争斗繁兴。智眼从来未开,于人于法于行于病于发心,一切莫辨。而尤以求得师友为难。盖末世为师者,徒以病为功夫。学者以邪为正,以病当药。一错百错,蒸沙作饭尘劫难成。此普觉所以代请。直欲觉尽未来际众生,可谓恳切之至。

　　○丁二　师资缘合

尔时世尊,告普觉菩萨言:善哉善哉! 善男子! 汝等乃能咨问如来,如是修行。能施末世一切众生,无畏道眼。令彼众生,得成圣道。汝今谛听,当为汝说。时普觉菩萨,奉教欢喜,及诸大众,默然而听。

　　【讲】　现前大众,因面授而开正知正见。末世众生,因传说而免邪教邪宗。善哉问也,理合重言。若非乘大愿力,发普觉心者,何能如斯致问。故称之曰,乃能咨问。于五问中,独言修行者,以前之求人依法,后之去病发心,皆为成就修行事故。菩萨前来五问。无非求如来施正法眼,令众生开正知正见,游正修行路。众生得眼,则前途无畏,圣道可成。如此道眼,义似普觉菩萨施之。故世尊赞以能施无畏道眼,令彼得成圣道也。诚许喜听可知。

　　【记】　得无畏道眼,是圣道因,故可成圣道果。

　　○丁三　应求开示

　　○戊一　长行

○己一　示求人

○庚一　正示求人

善男子！末世众生，将发大心，求善知识，欲修行者。当求一切正知见人。心不住相，不著声闻缘觉境界。虽现尘劳，心恒清净。示有诸过，赞叹梵行。不令众生；入不律仪。求如是人，即得成就阿耨多罗三藐三菩提。

【讲】　将发大心者，谓欲要发大乘心，尚未敢发。以苦无知识引导，恐堕邪见。其意必是求善知识，欲要依之而修行者。汝前代问，令彼求何等人。吾今示汝，当求一切正知见人。然正知见人，当以二法验之。一者心不住相，不为人天福报所迷。二者不着声闻缘觉，不为小乘因果所滞。依如是人，自不被邪见所惑。虽现下，指出所求之人，以明利益。孔子曰："三人行，必有我师焉。择其善者而从之，其不善者而改之。"每见近时学者，亲友知识，偏责知识之短，不取知识之长。才舍此而至彼，复嫌彼而逝他。徒费草鞋，空劳身力。试看世尊开示金言，虽现尘劳，心恒清净。尘劳即是烦恼，如贪嗔痴慢等是也。此言知识为度尘劳众生，必先显现尘劳之相，与之相亲相近，乃以权巧方便等而摄化之。至观知识之心，恒常清净，而尘劳不与焉。又云示有诸过，赞叹梵行。不令众生入不律仪。过即不律仪等事。此言善知识为度有过众生，必先示有诸过。与之相依相附，乃为之赞叹梵行，而开导之。至观其依附之久，再不令彼众生入于不律仪中。此皆示现同事，新学宜应知所辨焉。亦即所谓四依中依法不依人也。求如二句，乃世尊结答之语。汝前问求何等人。我今示汝必求如是具大乘根，有德操之人，方堪引发大心，导以正修。即可因此正缘，得成无上正等菩提。由是观之，善知识为益良多，诚不可不求也。

【记】 末世正衰邪盛，发大心最不易。且不宜骤发。若要发大心，先求善知识，请其开示。不要一念高兴便发。故世尊说出一将字，最妙。何以故？若无善知识开导，不知如何方谓大心也。即遇善知识已，初不知果是正知见之善知识耶？抑否耶？故当以二法验之。且末世善知识，有有功夫而无辩才者，有口才利而所说皆是病者。知见正，口才好，虽有此类人，又不易值。此末世之苦也。正知见已难得，其上再加一切两字，则尤难！盖有通宗而不通教者，有教义明白，功夫少用，宗眼未开者。有宗教俱明白，未能博览经典，但通性宗不通相宗，或但知相宗不知性宗者。又有议论甚好，不曾实行者。若语言句句是正，实行步步是正，此等人岂易得哉。世尊特因普觉之问，不得不如此说耳。心不住相，不著声闻缘觉，此二语乃用以验善知识之法也。末世善知识，有见地未深，为师太早，不免为天人福报所迷者。如僧家当参学时，非不清高。迨出而任事，大则方丈，小则当家，只知建丛林，造大刹，一味以福利劝人。是即住相之病。此等长老，学者可不必亲近。因其不能了生死也。声闻是阿罗汉，闻四谛而悟道。缘觉是辟支佛，闻十二因缘而悟道。二者皆能超出生死，岂非甚好。然无大悲心，堕无为坑。若亲近之，莫道不能得果，即得果矣，而末世苦恼众生，谁去度耶？故须不著其境界。以上二种人，住相则堕人天，小乘则堕无为。皆以不亲近为是。虽现尘劳以下，乃世尊指示所求之人。善知识有顺行逆化二种。顺行者，语言动作，端端正正，易于辨识，逆行者,往往现出种种尘劳。如从前句容赤山,有法忍老人,为宗门善知识,常令参学者搬石运木。稍不如意,立加呵责,即是尘中劳相。然面虽热恼,心本清凉,特借此以试人之有无真诚与否耳。善学者肯耐烦为之作苦,及事毕,此老乃为之说法。则一片清凉,引人入胜,此真善知识也。更有一种示现诸过者,若聆其说法,则尽力赞叹持戒之梵行。可知其示诸有过,乃是逆化权现。学者,当善为分别。末世众生,往往学善知识之顺行则难,学其过则甚易。须知亲近善知识,有法戒二义。法其善而戒其不善,方可无病。所谓依法不依人也。况示有诸过,必大乘菩萨,方敢如此。因其四相皆空,为度生故,示如幻之行。乃其苦心引诱众生,乌可以常情测度耶。本经至此,方出阿耨多罗三藐三菩提,应当略为解释。此句是梵语,须由下讲起。三菩提,华言正觉。为现前一念之觉心,是真性菩提。此性众生同具。惟为妄念所蔽,而不能现。妄念为邪觉,对邪说正,故云正觉。正觉者,二乘之实智菩提也。然不平等,但求自利而不利人,故不能加三藐二字。三藐,华言正等也。必如菩萨之上求下化,一切平等,而后得称三藐。然菩萨位次甚多,上复有上,纵可称耨多罗,而不能加阿字。耨多罗,华言上也。阿,华言无也。无上正等正觉，唯佛独称。可见此之成就，乃言末世众生，须发大心成佛果也。

○庚二　兼示承事

末世众生，见如是人，应当供养，不惜身命。彼善知识，四威仪中，常现清净，乃至示现种种过患，心无憍慢，况复抟财妻子眷属。若善男子，于彼善友，不起恶念，即能究竟成就正觉，心华发明，照十方刹。

【讲】　文有二节，初明承事，见如是人，已知得成菩提正缘。故应当供养。谓敬修四事，不敢有违故。然又以诸供养中，法供养最。如是拚舍身命，修行其法，故云不惜身命。谓纵有丧身失命因缘，亦不顾惜也。彼善知识，见其能如是故。则示之以顺行。于行住坐卧四威仪中，常现清净，为其作准作则，令彼众生依而习之。乃至转为种种过患众生，则示之以逆行。于四仪中，示现种种过患，如杀盗婬妄等。乃急于为之赞叹梵行，而作折伏。彼诸众生，虽见此等，心亦无有憍慢。谓已知其先以欲钩牵，后令入佛道故。设不知者，必生憍慢。憍，谓矜己胜彼。慢，谓轻彼不及我也。然知则必能仿行，顺逆皆能修也。不知则唯堪顺修，则劣于知识远矣。况复句，以重况轻之意。言种种过患，事赅杀盗婬妄，乃违犯律仪之最胜者。见之尚不生于憍慢，况复出家知识，贪著拎食及与财物。在家知识，爱染妻子及与眷属。纵有违犯律仪，尚无大过。见之不唯不生憍慢，而一切恶念皆不起也。善男子，次明获益。亦世尊结答之语。谓汝等当知，于彼善友，所示过患，不起恶念。足见此人正念纯熟，心地清净，随因感果即能究竟成就正觉，契真心也。从此智慧心华，开发明曜，普照十方刹土。成佛度生，不外是矣。

【记】 此文承上来，仅依附善知识，不算亲近。更应承事。承事者，承奉其内外之事也。末世善知识，原是凡夫。其肉体与承事者无异。故于衣食住药四事，皆应供养。因此善知识之正缘，获闻正法。秉法修行，将来得证正果，亦受人天供养。今安得不供养善知识耶？修行人须福慧双修,求法于善知识,是修慧。供养善知识,是修福。我辈若得生正法时,则得见诸大菩萨。若生像法时,则得见诸大祖师。今在末世,求遇善知识,实最难。苟遇其人,当以供养佛者而供养之。故云应当。法者无漏之因。寿者有漏之果。若能得法,宁愿舍寿。纵有丧失生命之事,亦所勿惜也。末世众生,正知见未开,遇顺行易知,遇逆化则不易知。若心不坚固,一味简择,此为分别妄念。善知识即不来化导之。须知善知识之作用不同。示顺示逆,皆有所为。其种种化导过患,乃缩德露疵,以试学人有无憍慢心,非真自己有过患也。示现二字,最宜留意。盖彼见一法器,而惜其习气甚重。恐以顺行导之,未易入道。特示现过患,引令亲近,然后折伏之耳。亲近善知识者,本为求正法眼,得正法藏。学长不学短,依法不依人。依然供养恭敬,方为正道。若能对逆化顺行,不起憎爱。只此一念,当体即是圆明。故云究竟成就正觉。

○己二　示法病

○庚一　示依法离病

善男子！彼善知识，所证妙法，应离四病。

【讲】 承上业已开示，于彼善友，不起恶念，即成正觉。今复指示，于彼善知识所证妙法，应当离于四病也。妙法，即圆觉。以其包罗法界，涉入无碍，故称妙法。若依此法，不堕邪见。此正示依何等法也。四病如下别示。若能离病即是正行。依此修习，皆可入圆。此正示行何等行也。据前问处，分条别问。而今世尊答处，总示。以事善知识中，善知识所证妙法，即是可依之法，无别有法可依也。不离病正行，即应行之行，更无别行应行也。故示劝以应离。净名云：但除其病，不除其法，亦此意也。

【记】 此酬上文依何等法行何等行除去何病三句。

○庚二　示离病即正

○辛一　历明四病

○壬一　作病

云何四病？一者作病。若复有人，作如是言：我于本心作种种行，欲求圆觉。彼圆觉性，非作得故，说名为病。

【讲】 首句寄言总征。次句标定。若复下释成。若复有人，指一类修观者言。显不修者无此计故。作如是言，盖是从心起念，发如是妄计之言。我于本心作种种行，此是错会前三摩钵提章中之义，起种种幻行，欲求圆觉也。实不曾达彼先悟净圆觉心，了知知觉及与根尘，皆因幻化，所以即起诸幻，而开幻众。观彼幻众，而起幻行，乃至幻相永灭，方满菩萨清净妙行。今乃虚妄计度，谬仿彼行。欲求圆觉，岂可得哉。当知圆觉清净，本无修习，岂容作得。故曰彼圆觉性，非作得故。说名为病，固其宜矣。

【记】 照文相看来。四病非修时所生。皆是初修时，先存此妄计。故云作如是言。既有妄计，则修时必生此病。此妄计乃自己对自己说，非对他人言也。本心作种种行。或因阅大乘经而起，或闻人说而起，不外眼耳两根。

385

○壬二　任病

二者任病。若复有人，作如是言：我等今者，不断生死，不求涅槃。涅槃生死，无起灭念。任彼一切，随诸法性。欲求圆觉，彼圆觉性，非任有故。说名为病。

【讲】 我等今者，是妄宰已先定于中矣。如此而曰不断生死，则生死常轮。而曰不求涅槃，则涅槃永背。而又云二俱无起灭念者，谓涅槃由他永背，而无求起之心。生死由他常轮，而无断灭之念。一味任彼一切，随诸法性。生死者任他生死。涅槃者由他涅槃。此错会第三章之文，觉成就故，当知菩萨，不与法缚，不求法脱，不厌生死，不爱涅槃等义。而自作此无可无不可之妄计。而乃以之求圆觉，岂可得哉？当知彼圆觉性，虽本无修习，不妨以幻修幻，岂是任用随他之所能有。故曰彼圆觉性，非任有故。说名为病。

【记】 末世众生。并未实悟，而妄发大心。乃有此不断不求之言,至谓涅槃生死无起灭念。果能如是,是已成佛矣。何以故? 离念境界,即虚空性故。乃今曰无起灭念,实为一种妄念。直是无求涅槃之念,无出生死之念耳。如何能随顺诸法性耶? 必也不随诸法相,念念照常寂,方得谓随顺法性。岂易及哉!

　　○壬三　止病

　　三者止病。若复有人,作如是言:我今自心,永息诸念。得一切性,寂然平等。欲求圆觉,彼圆觉性,非止合故。说名为病。

　　【讲】　夫一切妄念,无不由心而起。今欲永息诸念,岂从外招。故曰我今自心永息诸念。其意以由诸念故,见一切法起动差别。设若永息诸念,则得一切性寂然平等。若果肯永息不起,则心体寂然,真智圆明,未尝不是圆顿妙观。但恐未必永息,而惟有妄计虚想而已。如此必是错会第六章末文云,居一切时,不起妄念等义。而自表此永息诸念之妄计。殊不知息愈勤而念愈多,才

387

起一息念心，则是妄念上又添一个妄念。一念既尔，念念皆然。欲求永息，岂可得乎？而乃以之欲求圆觉，实不能尔。当知圆觉清净，本自离诸妄念，何庸更止念以求合乎。故曰彼圆觉性，非止合故。说名为病。

【记】　果能永息诸念，原是极好。但作如是言，并未实行。即实行矣，而起此息念之心，即是妄念。以妄心求合圆觉，愈合则愈妄。须知圆觉者，一觉一切觉，息念是觉，动念亦未尝不是觉也。

〇壬四　灭病

四者灭病。若复有人作如是言：我今永断一切烦恼。身心毕竟空无所有，何况根尘虚妄境界。一切永寂，欲求圆觉。彼圆觉性，非寂相故。说名为病。

【讲】　作如是言：谓从自心中起诸妄计，作此永断烦恼之言。其意以身心受报，皆由烦恼所使。今欲断之，使不再生。故曰永断一切烦恼。既烦恼永断，则不起惑。无惑则无业。无业，宁有身心受报？故曰身心毕竟空无所有。然身心为根尘总相。根尘为身心别相。今身心既空无所有，何况六根六尘及与法尘之虚妄境界，又安所存？故云一切永寂。若如果断烦恼，忘身心，实行做去，未尝不是。今则但有妄计，无济于事。如此则是错会禅那章中之文，断诸烦恼，随顺寂灭等义。实不达彼以净觉心修习，则自无诸妄计。今则妄计一切永寂，欲求圆觉。既曰永寂，又曰欲求，岂非自语相违乎？故曰彼圆觉性，非寂相故。说名为病。

【记】 圆觉体虽不变，而作用繁兴。觉体圆融，岂能永寂？永寂则堕于空坑，如菩萨之堕法爱。十方诸佛放大光明，尚不能度他出来。即实行之，尚属不是，何况仅作此妄计耶？此四病澈底看来。实非因修而得。乃未修时之妄计。普觉请世尊开示，乃使末世修圆觉人，得预先警醒耳。

○辛二 总示邪正

离四病者，则知清净。作是观者，名为正观。若他观者，名为邪观。

【讲】 首二句，结示清净。谓果而能离四病者，则

389

知彼是清净修行。后四句,评分邪正。谓上来所谈四病之相,先须一一了知。如我所说。无上四病,而修习观行,乃是成佛之正观。否则不免错入歧途,背涅槃城,为魔外行,名为邪观。有志修行者,不可忽之!

【记】　看讲义自明。

　　○己三　示行病

　　○庚一　示修行入圆

　　善男子!末世众生,欲修行者,应当尽命供养善友,事善知识。彼善知识,欲来亲近,应断憍慢。若复远离,应断嗔恨。现顺逆境,犹如虚空。了知身心,毕竟平等,与诸众生,同体无异。如是修行,方入圆觉。

【讲】　末世,则去佛遥远。修行,则多招障难。不假善友提携,难免不入邪径。应当尽命等,正诫勉之语。尽命供养者,尽其形命,供给所须,勿朝勤而夕惰,及日亲而月违也。寻常称善友为知识,呼知识为善友。随说者便,不甚分疏。今经文既两用,释当类别。盖既称为友,应指同学等侣。但取其赋性善良,与之共住,有彼此互相劝勉之益。故以善友称之。必令尽命供养者,恐彼四事不足,不能安心办道,相与切磋规箴,成其益焉。善知识者,应指亲近师承。乍亲则解粘去缚,久近必拔楔抽钉,故称为善。教以执弟子礼,善侍巾瓶,故名为事。欲来亲近者,或因其执礼善侍,或见其时至机熟,不待请而来教故。应断憍慢者,憍谓自高,慢谓轻彼,愚昧无知者,间或有之。如云知识尚来近我,我又何必往求。只此二语,则是憍且慢矣。若复远离者,或折兹憍慢,或应他机感。去就两有所益故。应断嗔恨者,嗔谓立时生忿,恨谓结怨在心,愚而无知者,亦或有之。任去不复追随,自此永不求彼,只此二语,则是嗔且恨矣。然此憍慢嗔恨,皆为障道因缘,故各以应断嘱之。现逆顺境者,顺谓戒定慧等,逆如贪嗔痴等。皆谓曲顺机宜,权巧示现。逆故非逆,顺亦非顺。故曰犹如虚空。既顺逆皆如虚空,自能了知善知识之身心,毕竟平等。并不因善人而现顺,亦不因恶人而现逆。盖与诸众生同一圆觉性体,无有异视，又何容生憎生爱于其间哉。如是修行方入圆觉者，谓如我所说，如是供养善友，事善知识。依之修行，离于障道因缘，故云方入圆觉。

【记】 病多从修行而生。修行无病者甚少。盖以八识田中，无量劫来，种种习气种子，因修行而始发现也。上文已指示所求之人，所依之法。既已得人知法，自应着手修行。然末世众生，多虚少实。故世尊叮咛告诫！应以真实心，承事善知识。尽命，即实心之谓也。今去佛世已二千九百余年。修行人往往内魔与外魔齐起，内障与外障并发。必须良师善友，时时提撕惊告，方不至误入歧趋。善知识有三：一外护善知识。二同行善知识。三教授善知识。三缘不可缺一。既求得善知识。则彼既能成就汝之道业，汝亦当供给彼之需要。事是承事，比供养更进一步。善知识或现顺境，如戒定慧。或现逆境，如贪嗔痴。贪嗔痴是根本上病，戒定慧是根本上药。在善知识示现顺逆，皆有作用。逆顺无性，当体即空。故曰犹如虚空。所现逆顺，虽有不同。然其身心，皆为度生起见，原无二样。故曰平等。文中现逆顺境二句，乃就善知识说。身心毕竟平等，亦就善知识说。了知二字，就学人说。此二字贯上下文，谓了知其境如虚空身心平等也。憍慢嗔恨发现时,于善知识毫无所损,于学者大有所害。

　　〇庚二　示解脱除病

　　善男子!末世众生,不得成道,由有无始自他憎爱,一切种子,故未解脱。若复有人,观彼怨家,如己父母,心无有二,即除诸病。于诸法中,自他憎爱,亦复如是。

　　【讲】　上文以供养善友,事善知识,依之修行,方入圆觉者,谓其无怨亲憎爱等诸障缘故。以是而知,末世众生所以不能成道者,非无所因,故云由有无始等也。无始者,直指最初一念不觉。至今远之又远,不得其始,故称之也。由最初不觉之一念,以为无明之根。依根无明,迷心成识,而计我之心生焉。由计我故,妄分自他。设有违自而顺他者,便生憎心。有违他而顺自者,便生爱心。于人既尔,于法亦然。由此而于人中法中,起憎起爱。熏成一切憎爱种子,纳于八识田中。漫说不知修行,纵使能修能行,亦不过除其现行;而识田之种子,仍

393

未解脱,道云何成?以遇缘即兴,能为障道缘故。是知欲成道果,必将识田中之种子,尽解脱也。得尽解脱,其相云何?故云若复有人,为借人以示相故。怨家者,怀胜怨于心,遇则有损,乃人中之最可憎者。父母者,系至亲于身,依则有益,乃人中之最可爱者。今云观彼怨家,如己父母。则非唯不起憎,而又转至憎以成至爱,则憎种尽矣。憎种既尽,则爱种不言可知。种子既尽,则现习不言亦可知矣。种现习既得俱尽,则历一切逆顺境缘,自然不生取舍二念。故曰心无有二,则诸病悉除。于一切法中,自他憎爱,俱不现前,故曰亦复如是。

【记】 末世众生,往往修行数十年,而不能成道者。皆由八识田中,留有无始以来爱憎种子。种子未空,念念受熏,发为现习。现习,谓现行习气也。此种子即是我执。我尚不空,何况于法?此科发明自他平等之相,即《圆觉经》中之大用。

　　○己四　示发心

善男子！末世众生，欲求圆觉，应当发心，作如是言：尽于虚空，一切众生，我皆令入，究竟圆觉！于圆觉中，无取觉者。除彼我人，一切诸相。如是发心，不堕邪见。

【讲】 如来面告菩萨，末世众生，欲求圆觉，应当发四种心。何等为四？一者广大心。今云尽虚空界一切众生，则十类俱赅，平等普度，不择怨亲难易，即广大心也。二者第一心。又云我皆令入究竟圆觉，言究竟则跨越始末，是到家法，即第一心也。三者常心。又云于圆觉中无取觉者，即不见有生可令之相，如是乃能常令，即常心也。四者不颠倒心。今直云除彼我人一切诸相，即不颠倒心也。末云如是发心不堕邪见，显示我人等相，皆邪见故。此段经文，可与《金刚经》中开示降伏其心同参。

【记】 此段文与《金刚经》中云何降伏其心一节，全然相同。《金刚经》举十二类生，皆令入无余涅槃而灭度之，又云实无众生得灭度者，即是此意。广大者，无量无边之义。上中两根人，知竖穷横遍，尽虚空界，无非我之心性。一切众生，无非自性中之众生。此之谓广大心。末世凡夫，虽力量不足，然亦不可不发是心。大乘经中，皆说此义。从初发心，中间须历观行相似，而直到究竟觉谓之到家法。不见有生可度者，即是终日度生，不见度生之相。盖既知所度者，为自性之众生，则度众生即度自性，并无自他之别。我人之相既除，而众生寿者，更不待言矣。修行人能顺此而行，方为正知正见。

〇戊二　偈颂

〇己一　单颂正示求人

尔时世尊，欲重宣此义，而说偈言：

普觉汝当知：末世诸众生，欲求善知识，应当求正见，心远二乘者。

【记】　此应上求人一语。正见，即心不住相。住相者，凡夫也。远二乘句，即不著声闻缘觉境界。

396

○己二　合颂依法离病

法中除四病，谓作止任灭。

【记】　此应上文依法一语。四病皆在执字，不执则无病。

○己三　合颂修行解脱

亲近无憍慢，远离无嗔恨。见种种境界，心当生希有。还如佛出世，不犯非律仪，戒根永清净。

【讲】　首二句，略颂修行入圆义。若能于知识边无憍慢嗔恨之心，即是修行可以入圆也。亲近者，知识俯就机宜，学者易生憍慢，是障道缘。故以无字诫之。远离者，知识别应他缘，学者易生嗔恨，亦障道缘。故又以无字勉之。后五句，颂长行解脱憎爱，即除诸病。文不甚同，乃义颂也。见种种境界，即见知识，或现逆，或现顺，种种境界不同。心当生希有者，谓见顺不生过爱，见逆不生过憎,总以难遭难遇之幸,而希想之。纵有恶行,还作如佛出世想。既能如是用心以近知识,则知识现逆行时,亦不生犯非律仪之见。现顺行时,定知其戒根永清净矣。如此亲近知识,非自他憎爱种现俱尽者,不能为也。

【记】 此应上文修行解脱而言。现顺境,固当生希有想。现逆境,非大菩萨不能,更须生希有想。心生希有,如佛出世,则善知识亦将转逆化为顺行矣。

○己四 颂示发心

度一切众生,究竟入圆觉。无彼我人相,当依正智慧。便得超邪见,证觉般涅槃。

【讲】 首句,即平等普度,广大心也。次句,究竟是到家法,即第一心也。三四两句,无我人相,依正智慧,即不颠倒心,由于常心也。发此四心,常用正智正慧。依之修行,自能离于自他憎爱。便得超出邪见,以成正因而证妙果。故云证觉般涅槃。

【记】　既发广大第一不颠倒三心。是度生而无生相,即常心也。从此直证妙觉果海,便入无余涅槃。故云证觉般涅槃也。

○乙五　　为下根人示期修

○丙一　　谢前请后——圆觉章

于是圆觉菩萨,在大众中,即从座起,顶礼佛足,右绕三匝,长跪叉手,而白佛言:大悲世尊! 为我等辈,广说净觉种种方便,令末世众生,有大增益。世尊! 我等今者,已得开悟。若佛灭后,末世众生,未得悟者,云何安居,修此圆觉清净境界? 此圆觉中三种净观,以何为首? 唯愿大悲,为诸大众,及末世众生,施大饶益。作是语已,五体投地。如是三请,终而复始。

【讲】　初至而白佛言,是众中具仪可知。大悲至增益,是谢前受益。广说净觉种种方便者,通指前来显性示修之文。如来重重开示,皆令三根先悟后修,不但现会受益,亦令末世众生,依之修习,而获大善利也。世尊至饶益三行文,是请后方便。菩萨自陈我等亲从佛前,耳提面命,乃已得开悟。所云开悟者,闻佛开示,悟得上根人顿悟顿修,中根人渐悟渐修,或次第修,或圆融修,乃至轮观随修等,无不了知。唯我等下根人,荷蒙大慈垂诲,道亦悟矣。修尚未甚了了。若至佛灭度后,正像犹可。唯以末世众生,未得亲聆金言。不知云何是净圆觉心,又未知如何依悟起修。故曰未得悟者,即不悟性修二门也。彼等既未得悟,必仗如来预为开示,展转传为未来众生,使之依教修行。故今代为启请大慈,俯垂方便。即今现前未了之众,设逢夏首安居之期,大小如何攸分。故以云何为问。谓或大乘安居修习,或小乘克期取证,必有一定芳规,乃敢遵依修持。若不然者,恐误修徒劳无益耳。圆觉清净境界者,明知本来,烦恼不能杂,生死不能系,弥满清净,中不容他,此圆觉之境界也。此中三种净观者,谓前来已说之修习法门,一一皆约已悟者说。如云清净圆觉,以净觉心,取静为行等是也。

今约末世未悟,但不知于此三观修习之时,各各皆有下手方便。还希大悲,近为现前大众,远为末世众生,令其随顺取法,奉教修行。故云施大饶益。后四句显殷。

【记】　此为下根人示修行方法,与上中二根,迥然不同。盖虽同一法门,下手亦同。而上根人则念兹在兹,朝斯夕斯,初则以悟为期,既悟复以证为期,故可不必定须克期。中根人可上可下,其根利者,可随上根人修法。根钝者,则随下根人修法。故上根者可顿修顿得。中根则有圆修随上根人修随修随下根人修两种。唯下根人定非克期修行不可。近日僧人闭关,往往以三年为期,就中所得好处,固不胜言。然亦视其人之根基功行,各各不等。至于短期,有三七日者。今圆觉经定为三期。上期百二十日。中期百日。下期八十日。良以欲修圆觉,至少须有此期限,方望有效。若更长则恐力量不及,人不敢行。更短则圆觉法门,又难成就也。上来净诸业障及普觉二章,一言离相显性。一言除病显性。皆兼有修证功夫。本章则纯谈修证,盖对于上根人,可但言悟法而不言修法。因其不悟则已,既悟净圆觉性,则修行可不待言。至下根人未悟圆觉,非言修行不可。本章当机大士,号称圆觉者。因此经名为圆觉。所谈者圆觉之义,所显者圆觉之理。悟者悟此圆觉。修者修此圆觉。证者证此圆觉。即如来所究竟圆满者,亦此圆觉。舍圆觉外更有何事?然所谈虽是圆觉,而进修法门,直至此章方现。盖此当机大士,最初闻圆觉之解,悟圆觉之理,修圆觉之行。既能自利,复欲利人。深知末世众生,必须克期修行。故为下根请佛开示。真可谓过来人也。我辈欲修圆觉者,亟当以此为师。或圆修,或次第修,即一期不证,再行克期,亦无不可。净觉,即净圆觉心也。既悟此净圆觉心,尚须修证,譬如天王赐我华屋,若不得其门而入,安能受用?当日会中大众,犹尚如此,何况末世众生。故已悟须修,未悟亦须修。唯已悟者为真修,未悟者为缘修耳。例如大乘能克期收效。小乘虽不能克期收效,亦可下大乘种子。故无论悟与未悟,修皆不可少也。圆觉清净境界。本尽人同具之家宝。但就现前一念观照,一切妄念,全然放下。则此境界,自然独露。所谓青山常不动,白云自去来。故曰烦恼不能杂也。生本无生,死本非死。生死与圆觉,毫无关涉。故曰生死不能系也。盖现前一念之心性。无法不具,法法全彰,即之则万法全是。离之则万法全非。既属人所同具,亦即尽人可修。三种清净妙观,各各有下手方便。故请世尊说之。又以前所言,皆为已悟圆觉者说。并非为未悟者说。末世众生未悟者,应以何为首。亦望世尊开示。为现前大众说法,欲其展转传于未来,仍是为末世众生也。末世众生,甚可怜悯。何以故?一无正知正见,二无良师益友故。

〇丙二　师资缘合

　　尔时世尊,告圆觉菩萨言:善哉善哉! 善男子! 汝等乃能问于如来如是方便,以大饶益,施诸众生。汝今谛听,当为汝说。时圆觉菩萨,奉教欢喜,及诸大众,默然而听。

【讲】　如是方便,略明有二:一通相方便,指修习圆觉之通方便。二别相方便,指三种净观之别方便。下文佛答处自知。得别方便,则三观可成。得通方便,则圆觉可证。是为菩萨以大饶益,施诸众生。

【记】　通相是总答,别相是别答,二者相成而不相反。盖通即通其别,别即别其通也。三观成而圆觉自证,圆觉证而三观自成。以大饶益施诸众生者,因圆觉菩萨之请,如来方为说法,故世尊归功于圆觉菩萨。谓此饶益,非如来施之,乃圆觉菩萨施之也。

　　○丙三　应求开示

　　○丁一　长行

　　○戊一　示通相方便

　　○己一　随分思察

　　善男子!一切众生,若佛住世,若佛灭后,若法末时,有诸众生,具大乘性。信佛秘密,大圆觉心。欲修行者,若在伽蓝安处徒众,有缘事故,随分思察,如我已说。

　　【讲】　一切众生者,不论在佛世时,在灭后时,但有具大乘性者,皆总赅之。若佛住世,指佛世时也。若佛灭后,通指正法像法,及末世时也。若法末时,别指末世之后后也。谓法运有三:一正法时,去佛不远。法未邻邪。教理行果,四皆有之。二像法时。去佛渐远,像教仅存。教理行三虽有,证果者几希矣。三末法时。去佛遥远,空剩似量。教理虽在,行果两忘。今乃当此末法之后世时,有教而无人翻阅,有理而无人参悟。尤在可怜悯者。有诸众生者,有字,谓佛世时多有。以亲从佛闻,耳提面命,发菩提心者多故,正法时亦多有,以法未邻邪,发心者亦多故。像法时虽有不多。以仅存像教,发菩提心者少故。至末法时,间或有之。有则名为具大乘性。既具大乘种性,必能信佛证圆觉果。良以大圆觉心,唯佛独证,故称秘密,以余众不能究竟知故。虽余众不知,唯有具大乘种性者,亦能信佛必证,并信自己若成佛时亦必证。因而发心修习,故称欲修行者。梵语僧伽蓝,此云和合众园。谓方来僧众,和合可住清净园林。德腊俱尊者,可以主之。故云在也。四缘务令无阙,徒众方能安处。如是则未免攀缘,故曰有缘事故。不能一向修习,故云随分思察。谓随其所应修之分限,思惟体察也。如我已说者,指普眼章妄尽还净随顺还圆等,逐一说过了也。

【记】 此为不能克期修习者,说随分思察方便。诸居士正宜依此用功。即如出家人,或充住持,或领徒众,各有缘事,亦只好用此方法。何况在家人,或家道不甚充裕,或眷属诸多负累，又或公务羁身，自以随分思察为宜。随时得暇，随时思察。无论时间之长短多少，皆可用功也。一切者，自菩萨二乘以至六道凡夫皆是。正法一千年，像法一千年，末法一万年。中间又以五百年为一期。第五之五百年，为末法之初。今已在第六之五百年，又过其大半。然当此时，尚可修圆觉也。教者，如来所说之法。理者，古今不变之理。行者，依教所修之行。果者，由修所得之果。宗门人往往排斥教乘。果能大澈大悟，自可不用文字。否则盲修瞎炼，不以教乘印证，岂不堕于邪见，真所谓可怜悯者！然时至今日，乃有号称禅和，而并禅亦不参者，真末法之时也。具大乘性，不必其能悟净圆觉心，即对大乘经教，能发心信仰者是也。有_{此有字指原文有}诸众生从何见？因信而知其有。此大圆觉心，众生本具，迷而不知。唯佛独证。因其迷而不悟，故曰秘密。其实圆觉并非秘密，因迷而成为秘密耳。知此圆觉，人人皆具，而能觉照不迷，即为觉。然一念觉，一念不觉，则其觉不圆。须是一觉一切觉，方得为圆。大者，大而无外，遍满十方，更无余觉。故学者信得佛是究竟证，我虽未证，而莫不具足。若能修则必证。因此而发心修行，即是具大乘性也。伽蓝，即大刹丛林。饮食衣服卧具汤药，是为四缘。上文第三普眼章中所言，皆是随分思察功夫。圆觉经讲到此处，正是我辈末世众生最紧要法门,切须注意!

　　○己二　克期修习

　　若复无有他事因缘,即建道场,当立期限。若立长期,百二十日,中期百日,下期八十日。安置净居。若佛现在,当正思惟,若佛灭后,施设形像。心存目想,生正忆念,还同如来常住之日。悬诸幡华,经三七日,稽首十方诸佛名字,求哀忏悔。遇善境界,得心轻安。过三七日,一向摄念。

　　【讲】　文有三节:初道场期修。既不主持伽蓝,亦不匡领徒众,故云无有他缘。以上科主持伽蓝,匡领徒众,皆为利他分中事故。利他事繁,不能一向修习,故令随分思察。今既无他缘,唯以自利为重,故令即建道场。修道之场而云建者,或方圆丈六,或大小周围,标定分际,内外结坛,务令与外人外事不相涉故。当立期限者,克期奋勇,道易成故。长期百二十日者,约上根力胜。限期内誓修必证,谅其期须得四个月也。中期百日者,约中根力少胜者。恐过长则力不胜,反生疲倦。无如合中,促其期于两旬日也。下期八十日者,约下根力更不胜。恐一期不就,还容再修。于彼中期,复促两旬。此如来量根量力,以定其限也。然如来既定三期,非无所为。盖以人根不齐,务令下根者种,中根者熟,上根者脱。设不然者,则上根自能远图,中根或可勉就,至于下根,则鲜有不望岩者矣。安置净居者,于道场内,安置修净之居。如结戒坛,大界为不失衣界,内又结小界,为作法办事处也。若佛至忏悔二行半文。礼佛求忏。言若佛现在者,如来住世时也。如来住世,道场不能往礼,唯当正念思惟。谓思惟佛之法身,遍一切处。随所礼处,即是佛故。若佛灭后,如来去世时也。如来去世,礼佛应须设像。佛像不过木雕泥塑,唯在心存是佛,目睹想佛。生正忆念者,谓念法身常住,本无有灭。即此木雕泥塑,还同如来常住之日。幡悬于前,中为幔而结构之。华悬于空,类天散而飘鼓之。如今之设坛礼忏,务期尽美尽善,极力竭诚。即真供养,谨运一心。经三七日,稽首十方佛名,求哀忏悔。忏谓忏除前愆。悔谓悔不更造。身心既净，道果堪成。如涤净器，以备盛贮甘露法味。遇善四句，获效径修。善境者，或礼应光华，或梦验嘉祥，不作圣心，名善境界。自然获得身心轻安，谓既不昏沉，亦无掉举也。然虽如是，亦不过三七日，以感应道交，理方定故。一向者，蓦直而去，绝拟议，永不退故。摄念者，收摄妄念，成正观，契圆觉故。

【记】　克期者，克定期限。使期中修习功夫，必定取证也。克期修习，亦谓之真修。而真修以前，又必有前方便。诸方等经中皆说有日期，大概以三七日为最通行。本经云经三七日及过三七日，皆指前方便言。此三七日，在克定长期之外。现今道场，如天台国清寺打七，以二七为期。高旻寺以四七为期。金山寺亦然。过长过短，皆不宜，适中最好。何以须克期修习，因末世众生勇猛尚易，精进则难。勇猛譬如以一人敌万人，冲出重围，属于一时。精进则须专一不杂，心愈细而愈精，属于久常。经中所定三种长期，乃普为上中下三根而设。至上科所言随分思察，乃不能定期者。何以故？利他事多故。此科则为先自利而后利他者言也。《首楞严》第七卷中，有建立道场法，与此所言略同。《楞严》言徒众多则十人。如无清净同志，宁缺无滥。盖此系清净功夫，非求外耀也。长期百二十日，似颇不易。然昔高峰禅师，闭关三年，室中空无所有。立而修行，不坐不卧。又如道宣律师，修般舟三昧，昼夜经行，不眠不坐。所以宗风远振，以彼较此，百二十日，何足为多！如来说法，未种者令种，已种者令熟，已熟者令脱。今定三期，亦有此三义在其中。大界在外界之内，内界之外，为修道人更衣之所。无论袈裟等一切物件，置于此处，不必分心，故名不失衣处。盖外界非外护善知识不许入，内界并外护善知识亦不许入，唯同伴修行之人，方得入也。期内只许礼佛求忏端坐静观。众生真妄二念，流动不已。于此克期修证时，须痛下功夫，将八识田中一切妄念逼出，很费一番交攻。正念起，当安住。妄念起，当降服。《金刚经》云："云何应住，云何降伏其心？"正谓此也。降伏之法，即将妄念一切放下。自思我今建此道场，外有护法善神，内有诸佛光照，如何尚起妄念，能勿惭愧乎？且又有同道之人，互相切磋，首座领众，每日必开示一次，如是则妄念能不放下耶？佛在世时，只要择清净地方，有空空洞洞一室，自设坐位，以便端坐。佛像不必设，幡华不必悬，而内外界必须结。克期之内，半步不能离。即佛说法，亦不能往听。正思惟者,即正念思惟。所谓行也参,坐也参,行也禅,坐也禅。放下妄念,唯单提一念。偶有忖度,即不得谓之正。永嘉所云不须知知但知而已即是。诸佛妙法身,湛然应一切。我之正念,与之相应。法身,理也。正念,智也。以智照理,理智一如。则我身即佛法身,原无二致。或端坐,或礼拜,或作观,皆当如此。若佛灭后,设施形像者,所以表信仰恭敬之意。虽设者是形像,实表示佛之法身。若起妄念,一见佛像,自然消灭。目睹圣容。心存正念。自思佛在我未生,我生佛已灭。何不幸不能亲见佛面,则惭愧心生。又何幸而逢像教,得见佛像。佛之应身虽灭,法身尚存,则欣幸心生。此之谓正忆念。佛像即是佛之法身也。三身原是一体,故我今供养法身,即是应身,即是报身。供养以后,即须礼拜。因我无量劫来,业障深重,不求佛力加被,不得忏悔故。忏者,梵语忏摩。悔是华语。后人有解为忏前愆,悔后过者。实则忏时后过尚未发生,何从预悔?可知悔即是忏,乃梵汉双举。悔有惭愧之意。谓从前所造诸恶,今始知悔,誓不再造也。既忏已,不必再悔。若犹存懊悔心,反多一重障碍。日间勇猛精进,无颠倒想。夜间安息,无颠倒梦。或见诸佛放光,或见诸天散花,此正罪垢清净之相,是善境界。然切不可起喜心,致生懈怠，更宜猛进。自思我是凡夫，三惑未断。况梦中幻相，何可执著，著即成邪矣。凡夫身则重浊，心则糊涂。今遇善境界后，外身轻轻飘飘，内心干干净净，是谓得心轻安。夫以至诚哀忏，感应于佛，得此瑞应。则过三期日后，于行住坐卧四威仪中，尤宜注重端坐摄念，以起真修，不可放松。故曰一向摄念。一向者，一直向前也。

〇己三　结夏安居

〇庚一　标大异小

若经夏首，三月安居。当为清净菩萨止住，心离声闻，不假徒众。

【讲】《大疏》云：然建道场，或在伽蓝，或于余处。期限未满，夏首已临。若入众安居，则乖誓约。若自终限满，又犯毗尼。道场中人，由此疑惑。如来远念，故为辩明。设为俗乖律，则非。今因大废小，无失。故决定毗尼经说，持声闻戒，是破菩萨戒。持菩萨戒，是破声闻戒。言当为者，既经夏首，不便出入游化，大小两乘，皆当作安居法也。清净有二,一心性清净,约菩萨说。二境界清净,约声闻说。止住即是安居。然既知克期修习,求证圆觉。纵安居亦当作心性清净菩萨止住。心离声闻者,不必将心又入声闻境界清净场故。又声闻安居,必先集众问和。且安居亦必白僧,须假徒众。今既不入彼众,故不假也。

【记】 大乘修证法门,与小乘异。圆觉是大乘了义经。故标大乘法。佛制夏首安居。自四月十五日起,至七月十五日止。今克期百二十日。若从二月起,则克期未满,安居已来。若从正月起,则结制之期 即三昧期 至正月十五日方满。若从正月十六起,即建道场,则克期满时,亦必涉及安居之期。世尊恐人疑虑,故预为辩明克期事大,安居事小。我今克期,乃为修道,非为俗事。乃修大乘圆觉三昧,则于首夏安居,可不必拘泥。夫安居本为菩萨声闻所并重,菩萨岂得有违!然菩萨重在心性清净,今止住清净,即是安居。所以不必泥于声闻之境界清净,故云心离声闻。且声闻安居,必先拜住持和尚,和尚集众问和合否? 如不和合,即不许安居。今既离彼,自然不假。菩萨发心,全在佛前,不必白僧。故下文言对佛陈词也。

○庚二　对佛陈词

　　至安居日，即于佛前作如是言：我比丘、比丘尼、优婆塞、优婆夷某甲，踞菩萨乘，修寂灭行，同入清净实相住持，以大圆觉为我伽蓝，身心安居平等性智，涅槃自性无系属故。今我敬请，不依声闻，当与十方如来，及大菩萨，三月安居。为修菩萨无上妙觉大因缘故，不系徒众。

　　【讲】　首句遵佛制。顺此方四月十五为前安居日。大小两乘，皆至此日安居。即于佛前者，显是大乘。以小乘作僧事办，白僧即是。今云佛前者，以大乘作佛事办，应白佛故。作如是言。谓对佛作念，如是如是而说，非出声唱言也。我者，显自陈言，非关他故。比丘及尼，是出家二众。塞、夷，是居家二众。按小乘安居，唯许出家二众。今是大乘，且是约心性安居，非关方处，通在家亦无伤。故即约克期同修之四众,而总言之。踞菩萨乘者,谓依踞菩萨大乘之法,修习真如寂灭行故。盖寂灭者,依真如而立名。谓真即无妄,离言说相名寂。如即不变,离心缘相名灭。称此理而修行,名为寂灭行也。同入清净实相住持者。行之契真,名为同入。清净实相,在本经名净觉。约起信即心真如门。清净者,一念不生。实相者,守其自性。即此一念不生,守其自性。便是住持。如道场之安置净居,类戒坛之内结小界。虽理事有异,而分限颇相似故。以大圆觉为伽蓝者,大圆觉性,在本经首称大陀罗尼。依《法华》即是真阿练若。《楞严》名为正修行处。为我伽蓝者,陀罗尼总一切法,阿练若寂静无净,修行证果,总在里许,有伽蓝义。如克期之建立道场,戒坛之不失衣界,其分限亦颇相似。身心安居者,最初原以真如不守自性,变起藏识心海。其次又以境界风动,转生前七识浪。从此前五趋逐外尘,第六内缘影事。因而带累五蕴身心,不能安居。今既同入清净实相住持,前五既不趋外,第六亦不内摇,累不及蕴,故得身心安居。至于第七,向以六识为用,内缘八识为体。今既身心不动,则六识不行分别。是第七无用,外无所缘矣。外无所缘,自不计八识为我,而内亦无所缘矣。内外无缘,则第七末那,居然是个平等性智,而藏识海仍归真如。起信论云:心真如者,即是大总相法门体,即是心性不生不灭。不生不灭,即是涅槃自性。谓涅名不生,槃名不灭故。不生则不系于有,不灭则不属于空,故曰无系属故。据此,则是同安居于圆觉普照寂灭无二性中,无系属于方隅界限故。如上所说以大圆觉为我伽蓝者,意在于此。我今不依声闻者,声闻安居期限,亦属佛制,不敢违故。今所以必先敬请。如蒙慈允,则虽违无过也。今大乘称性安居,与彼不同,是故不依彼法。当与十方如来及大菩萨者,谓佛及菩萨皆住清净实相。圆觉伽蓝,自亦与之同故。定以三月为期,不类声闻有前后两安居故。所以不拘小节者,为修菩萨无上妙觉大因缘故。不系徒众,恐彼不能随大,并小亦失,故不系也。

【记】 四月十五,为前安居日。以后为后安居日。大乘许四众同居。然宜男女分修,各自结界。乘者,象马牛骡皆是。今以喻率由菩萨道也。修寂灭行，即上文之生正忆念及一向摄念。菩萨是心性安居，不是境界安居。心性遍一切处。本来清净，何从染污。本来寂灭，何从喧扰。此修理观法门也。同入者，人人发心修净行，人人发心证实相也。修菩萨行，以大圆觉为伽蓝。竖穷横遍，范围广大非常。此等大乘境界，注重在当下一念不生，故不依声闻。然必自己审察，果能如菩萨之发心与否。若不能住持清净实相，而曰我不依小乘，又焉能无过哉。

　　〇庚三　逾期随往

　　善男子！此名菩萨示现安居。过三期日，随往无碍。

　　【讲】　然大乘既以清净实相为住持，大圆觉性为伽蓝，即是安居。何拘拘于夏首为？盖为借事表法，示现夏首安居。亦为令彼本无大志，邈视夏首安居者，知所耻焉。过期无碍者，大疏云：道场三期日满，小乘夏限未终。以本非小乘安居故，不妨随往无碍。

【记】　此三期日，即上文所克长中短三期也。小乘三月安居期内，不能离坛场一步。而菩萨只须三期满后，不必更满安居期。如有因缘，即可随往说法。故云随往无碍。

〇己四　戒无误取

善男子！若彼末世修行众生，求菩萨道入三期者，非彼所闻一切境界，终不可取。

【讲】　末世修行，邪正难别。求菩萨道，最宜慎之。况夫既入三期，未免尺水丈波。若是彼从佛所闻一切境界，如前顿修渐修、次修、不次修，乃至二十五观等，取之而修，终有巨益。若非彼从佛所闻一切境界。如事火、事水、事天、奉时、奉方、奉尘，乃至二十五冥谛等；取之而修，必招奇损！故以终不可取而示戒之。

【记】　末世修行者，大概业重。所取之法，邪正难辨。毫厘之差，千里之谬。即行菩萨道者，亦宜慎之。勇猛精进，三期克证，末世难得有此人。空中护法善神，必加赞叹，闻于天界，天界亦称善。展转闻于六欲顶天魔王耳中。魔王以为现在众生,皆我子孙,非佛子孙,即来缠扰。于是根基浅者,道力不胜魔力。往往起诸魔事,中道阻止。故娑婆世界,称为退地。大道心者,能感天魔。小道心者,能感人魔。常有比丘,稍有道力,闻于人界。为众供养,今日此家,明日彼家。妨害其修行,致弃前功,此即人魔也。二十五冥谛,西域数论外道所立,为神我、自性、大、我、五唯、五大、五知根、五作根、心平等根,合为二十五也。此土有天仙教、无为教、弥勒教,亦为外道。

○戊二　示别相方便

○己一　修空

善男子！若诸众生修奢摩他,先取至静,不起思念,静极便觉。如是初静,从于一身至一世界,亦复如是。善男子！若觉遍满一世界者,一世界中有一众生起一念者,皆悉能知。百千世界,亦复如是。非彼所闻一切境界,终不可取。

【讲】　初至便觉者,是示方便,谓悟净圆觉,以净觉心,修奢摩他,已闻命于前文矣。若末世未悟众生,欲修奢摩他者,最初作么生下手。故教以先取至静,谓先当忆想一切所有诸法,皆如幻如梦,不生取著,不起恶念,不作有为,自不受报,则至静矣。如此虽能了于生死,仍复取着涅槃。若知涅槃亦如昨梦,则是静极。如是则圆觉妙心,脱然毕露,故曰便觉。如第三章云:证得诸幻灭影相故,尔时便得无方清净等是也。如是初至亦如是,是明修习。言静极非可遽至,修习必由渐来。故先言如是初静。从于一身,谓先从一身静也。如第三章云:我今此身四大和合,乃至四大各离,今者妄身,当在何处。以是而观,即知此身毕竟无体,是为一身静故。如一身既尔,一切身亦然。情世界既尔,器世界亦然。不及细陈,但超略言之。故云至一世界,觉亦如是。如依镜生垢,去得一分垢,即能显得一分光故。善男至亦复如是,是显利益。若觉句,牒上觉遍一界。然觉性灵明,有境必照。故于一界众生,凡有起一念处,皆能了知。如觉遍一界既尔,觉遍百千世界亦然。然此于六通之中。似属他心。若复能于百千世界众生,有念皆知,亦非声闻他心之所能及。他心既尔，通通皆然。佛知佛见，不外是矣。亦如垢尽镜明，凡有临于镜光者，无不照焉。如第三章云：一切实相性清净故。一身清净，多身清净，如是乃至十方众生圆觉清净。一世界清净，多世界清净，如是乃至尽于虚空，圆裹三世，一切平等清净不动。虚空如是平等不动，当知觉性平等不动等文，乃极力发挥此旨。非彼下，是戒误取。准前可知。

【记】前为通相方便，空假中三观，融通而说，总也。今为别相方便，空假中三观，分别而说，别也。上来威德章，必先悟净圆觉，而后以净觉心修三观，乃为佛世诸菩萨说。辩音章所言二十五轮修法，则因众生有通别圆根器不等，故有种种差别。今此专为我辈末世未悟众生而说。文中众生二字，专指末世四众言。凡具出世志发心修行者皆是。末世众生，先悟后修者甚少。有终身修而未悟者，故此特为未悟人说下手方法。本节是教修奢摩他，先取至静，乃修奢摩他方法。菩萨且然，何况于末世众生。然静而曰至，初修行人，岂易作到。故此语不是教人即从此下手，不过先开示其理耳。先取至静为行，则内而身心，外而世界，一切诸法，皆如幻化。

必先有所不取，而后能取静也。凡夫修行，先须不起恶念。不起恶念则无惑，无惑则不造业，不受报，不著有为。如是修行，渐臻至静。然至静亦不过了得分段生死。须是静极不起诸念，即此便是圆觉，非别有圆觉也。至此则内无身心，外无世界，浑是一净圆觉心，故曰净极便觉。如是初静以下，乃言修习。然言虽易而行则难。其详细功夫，须依普眼章修习。大抵末世众生，不能取静，皆由此身不能放下。若了得此身是四大假合，身且不有。身外之物，更何依恋。此身是四大假合，推之一切众生亦然，则正报空矣。再推之世界，亦何曾离此四大，则依报亦空矣。正报空，我空也。依报空，法空也。二执俱空，当体即是妙圆觉心。故曰觉亦如是。末世未悟众生，修此奢摩他一观，若能成就，则有莫大利益。盖一世界有种种解释，凡夫所见甚小，但以南赡部洲为一世界。若稍大则以一小千为一世界。更大则以一大千为一世界。然此犹属二乘所见。至菩萨则更大矣。盖由心量扩大故，所见亦大。觉性既遍满世界，则此世界中，一人起念，我觉性动。众人起念，我觉性亦动，遍世界起念，我觉性亦无不动。何以故？众生皆我觉性中之众生故。如来六通，皆众生性所本具。只须禅定，必有神通。一通既得，六通俱发，见思惑断，则能知八万劫之事矣。虽无明未尽。然能破一品无明，即能通百世界。若破二品无明，即能通千世界。此是具大乘性，发大乘心，修大乘行者，所得之神通，非二乘所能及也。如是说者，名为佛说。不如是说，即是邪魔外道所说。故曰终不可取。

〇已二　修假

善男子！若诸众生修三摩钵提，先当忆想十方如来，十方世界一切菩萨。依种种门，渐次修行勤苦三昧。广发大愿，自熏成种。非彼所闻一切境界，终不可取。

【讲】　初至菩萨，是示方便。众生，指末世未悟言之。未悟众生，欲修三摩者，最初作么生下手呢？故教以先当忆想十方如来，及诸菩萨。所以为如来为菩萨者，无非修因证果而得。如是则为我之师，我之友矣。依种至三昧，是明依修。谓既忆想已，为欲师之友之。即便依彼所说种种法门，渐次修行。设遇心若驰散，即

423

当精勤辛苦,修诸三昧,定慧均等,方成妙悟。广发二句,是希利益。恐现前不悟,更希将来,故教以发广大愿。如第五章云:若诸末世一切众生,于大圆觉,起增上心,当发菩萨清净大愿。应作是言:乃至便登解脱清净法殿是也。自熏成种者,谓发广大愿,自能渐次熏习,以成悟证种子,纳于八识田中。才出头来,一闻千悟者,固有之矣。非彼下,是戒误取可知。

【记】 先当忆想过去诸佛菩萨,乃开示修假观之相。此所云众生,与前文同,指末世未悟者言也。前威德章言修三摩钵提。以净觉心,起诸幻化。是为已悟圆觉者言。今此先言忆想,不是教人便修也。诸佛菩萨,虽已过去。然有大乘经典,可以查考。既忆想既阅大乘经后,若尚不知,则可求教于过来人。良由如来法门甚多,故应依彼所说,就我性所近者修之。既修三昧,而因业障深重,现前不得真实受用。则须广发大愿,于八识田中,自熏成种。希望将来障尽愿满,得登解脱清净法殿。所以我辈用功,无论礼佛诵经持咒,皆须发愿回向。二六时中,常常发愿,自能成就。何以故?诸佛菩萨,皆以愿力而得成就故。愿大则行亦大,所谓愿如海,行如山也。大愿,即四弘愿等。假有三种。因成假,相续假,相待假。修此观者,不可胡乱下手。须依如来开示法门,尤当广发大愿。由此起大行,成大因。即令不成,再出头来,必得成就。试观诸佛菩萨,皆由历劫勤苦修行得来。安有生来弥勒,现成释迦耶!

〇己三　修中

善男子!若诸众生修于禅那,先取数门,心中了知生住灭念,分剂头数。如是周遍四威仪中,分别念数,无不了知。渐次增进,乃至得知百千世界一滴之雨。犹如目睹所受用物,非彼所闻一切境界,终不可取。

【讲】　初至数门,是示方便。众生,仍指末世未悟者言。未悟众生,欲修禅那者,最初作么生可以下手。即是禅那功夫。故教以先取数门,谓数息观也。夫数息法门,原是藏教五种停心之一。为多散众生,不能修四念处观,而先示以调心之法。乃初机最易入手之法门

425

也。今经圆顿大教，又是止观双修最极利根之士，何以如来先示藏教初机之法，而教圆顿利士从此入门，何异压良为贱乎？曰不然。须知圆人修法，无法不圆。彼藏教人，根钝执重，不悟圆理，称为多散众生。谓多散乱故，教以数息，收摄其心，所以为修观前之方便也。今此三观方便，盖以修奢摩它时，先取至静。偏于静，则堕声闻缘觉。修三摩钵提时，先取忆想。偏于想则近外道凡夫。今为末世未悟凡夫。教修禅那妙观。先示之以数息，摄想念于鼻端，超出凡外。化至静于计数，不落闻缘。第七章禅那成时，超出碍无碍境。此数门乃其渐耳。心中下，明修习。了知者，了了分明，知彼一出一入之间，有生念住念灭念之不紊故。念才起为生。念既起为住。念将尽为异。念既尽为灭。四相迁流，前后不乱，了了常知，分剂分明也。又云分剂头数者，生有生的分剂，乃至灭有灭的分剂。微细境界，历历了知。又要从一数至十数。数出不数入，数入不数出，不可出入双数，亦不得出入合数。不缓不急，从头数之，务使了了分明，一数不错。其所以摄散入寂，化寂不住之方便，再无有过于此者。以上约初心修习，静坐时数息言之。如是下，更约久修功纯，四仪不废也。分别念数者，谓分明辨别，于一出一入之间，有生念住念异念灭念之四相分剂。而又合此分剂为一息。如是息息分明，从一至十，无不了知。其所以摄散入寂，化寂不住之功，较前益绵密矣。渐次下，显利益。然摄散入寂，不被事碍。化寂不住，不被理碍。如是渐次增进，绝待灵心，隐隐发现。由彼潜兴密运之力，不唯知息，知念，知数，竟至于无所不知，有法皆了。先且举一最难知为例，故云乃至百千等。佛意以百千世界，最远难知。一滴之雨，最繁难知。此且得知，其余近者简者不待言矣。犹如目睹者，喻明所知了了，如观掌果非依稀见也。非彼下，戒误取可知。

【记】 此观文相甚细。前威德章修禅那，以不取为下手功夫者，乃就已悟者说也。今为未悟者说法，必须有所依傍，方好着手。故特教以数息法门。此与藏教所修数息观不同。彼为钝根人修法，但知摄想计数而已。此则外不取境，内不取心。不取境则超过碍，不取心则超过无碍。初但寄心于鼻息之一出一入，使一切粗念不生。此时唯有生住异灭微细之

427

念。经中但言生住灭而不言异者,简略之辞也。盖一念之中,即有此生住异灭四相,微细迁流。觉得一念来时,初起即是生相,正起即是住相,刹那不住为异相,念已过去为灭相。再就数息明之。例如单数出息,当息,初出,生相也。息正出,住相也。息出将尽,异相也。息出已尽,灭相也。此约观境言。由一而顺数至十,复由十而逆数至一,了了明知,此约观心言。如此理事二俱不碍,故能超过碍无碍境,是禅那也。四相各有分限头绪,须心细之极,如镜之明,方能见到此种境界。总之摄散心归于鼻端,寂然不动,是不住于有。又须计数,是不堕于空。不取有,不取空,即中观也。分是分明。别是辨别。念是念相。数是息数。众生之念,无不了知,为他心通。一滴之雨犹如目睹,为天眼通。推之宿命诸通亦然。一通既成,六通皆就矣。

○己四　遍修

是名三观初首方便。若诸众生,遍修三种,勤行精进,即名如来出现于世。

【讲】　首句总结上三。言未悟之人,先当依我所言之法,而修习之。故云初首方便。若诸众生,仍约末世未悟者言,遍修者,三观圆修一法不遗。精进者,精勤直进,不悟不休。若遇如是行人,虽云未悟,吾必谓之悟矣。所以如来悬记,即名如来出现于世,非浪语也。

【记】　遍修三观,在末世唯最上根人能之。若加以勤行精进,更属难得。故佛许为如来出现也。

○戊三　示钝根修证

若后末世钝根众生,心欲求道不得成就,由昔业障,当勤忏悔,常起希望。先断憎爱嫉妒谄曲,求胜上心。三种净观随学一事。此观不得,复习彼观。心不放舍,渐次求证。

【讲】　前来历谈修观功夫,皆为末世利根人言。设有根性迟钝众生,以既悟觉心,欲求佛道。屡修屡废,不得成就者。盖由昔业障所缠,应当勤求忏悔,事忏须严设华坛,礼佛诵经持咒。理忏则晏坐静室,观察罪性本空。遇善境界,得心轻安。然后一向摄念,常起二种希望。一者希望断憎爱惑。二者希望求胜上心。断憎爱惑者,憎者,于违情境,起憎恶心,亦即根本烦恼中嗔,以憎则必嗔故。爱者,于顺情境,起爱染心,亦即根本烦恼中贪,以爱则必贪故。嫉妒谄曲,皆小随烦恼。以是根本烦恼等流之性,故名为随。虽名为随,乃各别而起,故名为小。嫉者,徇自名利,不耐他荣,妒忌为性,故名嫉妒,嗔一分摄。谄者,罔冒于他,矫设异仪,险曲为性,故名谄曲,贪痴各一分摄。此与憎爱通名为惑者,盖惑以不明为义,不明即痴。如憎之不已,而继之以嫉妒,爱之不已,而继之以谄曲,是即痴之甚也。所以根本烦恼中,但言憎爱,不显痴义者。以痴乃本来有之,无容更显耳。求胜上心者。求即是发,以为求必发故。胜上心,即无上菩提心也。菩提心超出权小,名为胜心。一切心无能加其上,故又名上心。三种净观,乃指从前所说,承悟所修三观,此以钝根,恐其不能兼修,始且教随学一事。谓随其本意,于三观中,且学一观之事,以其事专于一,则易成故。设于此观不得,或因宿习不对,故又教其复习彼观。如是而递互修习,总教以心不放舍,渐次磨炼,必求证入。果到时至机熟，自应推门落臼。如世尊雪岭六年，成道必在腊月初八，即其证焉。

【记】 上来所言通相别相两种方便，皆为末世利根人说。今此乃专为钝根人言。钝根人虽亦参禅听讲，对于修证功夫，也曾略知一二。唯是依稀仿佛，不甚分明。虽知我亦有此圆觉心，希望成佛，发心修行。而每到用功之时，忽进忽退，不能得力。都缘业障深重，力量微薄，末由精进。所谓业障，不第夙业而已，即今生未发心修行以前所作之事，未免有犯禁戒。又不得良师，为之忏悔。业障未净，以致修行不能成就。当此之时，唯有另换一法，即忏悔是也。忏悔亦有二种，一为事忏，即如上文建立道场施设佛像，发至诚心，将平日所作种种罪过，对佛痛哭流涕，深自哀悔是也。一为理忏，安坐静室，默自思惟，我从前所作罪过，由自作耶？ 由他作耶？ 由自他共作耶？ 由自他不共作耶？ 我今忏悔，为自忏耶？为他忏耶？ 为自他共忏耶？ 为自他不共忏耶？ 以此四句观察，了知罪性，当体即空。是为理忏。古昔诸善知识，如此用功者甚多。常起希望者，一希望断惑，即断憎爱嫉妒谄曲，是也。二希望增善，即求胜上心也。随意任学一观，此观不得，虽可复习彼观。然其结果，就三观中，必须择一较近者专修之，不可屡修屡废。须有耐烦心,勤奋心,故曰心不放舍。

　　○丁二　偈颂

　　○戊一　颂通相方便

　　○己一　颂克期修习

　　尔时世尊,欲重宣此义,而说偈言:

　　圆觉汝当知:一切诸众生,欲求无上道,先当结三期,忏悔无始业。经于三七日,然后正思惟。

【讲】　众生虽通说一切,而大悲深怀末世,以彼去佛遥远,正道难行故。求无上道,即已发无上菩提心。先当结三期者,以人根不齐,对三根结上中下期,使其有所希望心故。忏悔无始业者。礼佛求忏,荡其净器,以备承受甘露法故。经于三七日者,宿业已忏,涤器已净,趣求佛道,志方定故。然后正思惟者,离于妄想,修正观,契正觉故。

　　○己二　颂戒无误取

非彼所闻境，毕竟不可取。

【讲】　文云终不可取。偈云毕竟不可取。皆深戒之词。

　　○戊二　颂别相方便

奢摩他至静，三摩正忆持，禅那明数门，是名三净观。若能勤修习，是名佛出世。

【讲】　前三句，各颂三观之三种下手方便。第四句，总结上三。后二句，颂遍修。谓精勤修习，悟本觉而成始觉，是即名为佛出世也。

　　○戊三　颂钝根修证

钝根未成者，常当勤心忏。无始一切罪，诸障若消灭，佛境便现前。

【讲】　初首方便，以悟为期。悟后之修，利根者自

433

能成就。设有钝根不能成就者，定由宿业所障。故当精勤心忏，无始罪障。果能诸障消灭，自然佛境现前。见光见华，验知清净，不作圣心，从此进修，如风帆扬于顺水，再无不成者矣。释大科正宗分竟。

【记】 偈颂观讲义自明。

○甲三　流通分

○乙一　谢前请后——贤善首章

于是贤善首菩萨，在大众中，即从座起，顶礼佛足，右绕三匝，长跪叉手，而白佛言：大悲世尊！广为我等，及末世众生，开悟如是不思议事。世尊！此大乘教，名字何等？云何奉持？众生修习得何功德？云何使我护持经人？流布此教至于何地？作是语已，五体投地。如是三请，终而复始。

【讲】 初众中具仪。大悲下，谢前受益。此大下，请后显殷。此大乘教，指上序正两大宗所说，已知其文义是大乘教法。若为随顺时机，取益当来，应立名字。

敢问此经名字,当称何等。必求佛说者,以名思义,乃可奉命传持。佛若不说,我等云何奉持。此请经名奉持,为第一问也。奉持大法,度生令信,全凭开导经功。佛若不说,我等云何开导。敢问依经修习,能得何等功德?此请修习功德,为第二问也。依经修习,魔心生妒。尺水丈波,要假护持。敢问世尊,以云何力,使我护持经人,此请拥护持人,为第三问也。又持经得护,修习则魔事不生。流通无功,化他则逢难便退。敢问世尊,流布此经,功成至何地位。此请流布何证,为第四问也。作是下,显殷可知。

【记】 凡经皆有序分、正宗分、流通分。然序与流通,皆为正宗而立。将说正宗,必先序其由致,既说正宗,必更期其流通也。悟净觉心,修因证果,全在正宗分。自圣贤以至凡夫,所有修证方法,正宗分中,无不吐露,可谓得圆觉之全体。流通一分,乃由全体起大作用,以普度法界众生也。流而不壅。通而不塞。义赅横竖,横则遍满十方,竖则穷极三际。就今日看来,佛世已成过去。由过去至现在,佛法流传,并未壅塞。由现在推之未来亦然。是竖流通也。世尊在大光明

435

中，说此妙法。从他受用土，流至此土。一方如是，十方亦如是。是横流通也。所以然者，世尊说法，无一语不从大悲心流出。悲心无尽，流出之法亦无尽。悲心遍满，流出之法亦遍满。悲心是体，圆顿大教是用，有是体必有是用。然世尊虽有此大用。亦须众生有大乘根，圆顿机，方得闻此大法耳。法不孤起，仗境方生。故必有大士启请，世尊方能演说。此位当机大士，名贤善首菩萨。论其位则居后。论其功则居首。上来十一位大士，皆等觉菩萨，无不是贤。世尊皆称为善男子，无不是善。本属比肩，然贤善首之功，实超过十位，而同于文殊。何以故？本经非文殊以根本智启请，则此圆顿大教，不能出现于世。然前来所说信解行证法门，皆归自利。而此大士所请，则全是利他。故称为贤善之首，岂非与文殊同功耶？上来序分正宗分所说若悟若修无非不可思议。盖大众悟此圆觉妙心，离言说相，离名字相，此不思议之理也。依理起修，此不思议之事也。然对于三根。显性显修，义既不同，文亦各别。摄别归总，应立名字。令现会及末世众生，闻名即知名中之义。得名得义，方可奉持。故曰名字何等，云何奉持。流至何地有二义。一流布此圆觉大教，应在何地，此问之密意也。二流布此教之人之功德，可至何等地位，此问之正意也。

〇乙二　师资缘合

　　尔时世尊,告贤善首菩萨言:善哉善哉! 善男子! 汝等乃能为诸菩萨,及末世众生,问于如来如是经教,功德名字。汝今谛听,当为汝说。时贤善首菩萨,奉教欢喜,及诸大众,默然而听。

【讲】　文义浅鲜,无庸赘辞。

【记】　上来十一章师资缘合中,世尊答辞,各有深意。此则只赞叹流通者之功而已。如是经教,即序分正宗分是。

〇乙三　应问教酬

〇丙一　答请名奉持

〇丁一　起乐生信

善男子！是经百千万亿恒河沙诸佛所说，三世如来之所守护，十方菩萨之所归依，十二部经清净眼目。

【讲】　初起乐欲心。《法华经》云：诸佛世尊，唯为一大事因缘故，出现于世。今经如是多数诸佛所说，其所为何事？又是三世如来之所同共守护，其用意何为？不可不研究也。足见此经，无佛不说。亦无佛不护。夫诸佛应机施教，说必逗机，所以佛必守之护之者，务令此法久住于世，无使天魔得以坏灭。《法华》《弥陀》等经，咸称诸佛护念，皆斯意耳。必作如是教言，为令现会菩萨，于此经起欣乐心故。十方下，生重信心。首章云：无上法王，有大陀罗尼门，名为圆觉。流出一切，乃至教授菩萨。既称教授菩萨，则应为十方菩萨之所归依。又既称大陀罗尼，则总一切法，持无量义。是知欲证圆觉，便能明了一切法义，故为十二部经清净眼目。佛必作如是言之，为令末世众生，于是经生深信心故。

【记】　起乐生信，列在依问正答之前，世尊具有深意。

盖欲流通经教，必起乐欲之心，无此心则流通不广。此对现会诸菩萨言也。闻此经典，必先生重信之心，方能流通。此对未来众生言也。诸佛无大事因缘，则不出现于世，且亦安能常常出世。如贤劫中有二十小劫。今已过九小劫，只出四佛。一拘留孙佛，二俱那含佛，三迦叶佛，四即释迦世尊也。世尊灭度后，已二千九百四十余年，中间并无一佛。直须至第十减劫，经人寿八万岁时，弥勒佛方降生。可见佛之出世，是不易值。即佛出世，亦不能即说圆顿大教。必先说阿含，引导小乘。若《华严》乃为诸大菩萨说，非为众生说者。今此《圆觉经》，乃佛成道后二十年方说。其理微妙，不易领悟。故世尊在定中说。诸菩萨在定中听。直至佛灭度后，结集经藏时，方有此经传布。我等能闻此圆顿大教，真是幸事。无论何佛，无不说此经。其所为何事？大家不可不研究。三世如来，于此经莫不守之护之，其何以要守护？大家亦不可不研究。足见此经不但为世间之宝，乃出世之宝，可称为宝中之王。修此圆觉三昧者，亦可称为宝王三昧。诸君闻此说，则钦仰之心能不生，乐欲之念能不起耶？佛，果人也。菩萨，因人也。因必得果，能不归依于佛耶？欲研究大藏经者，必先通《圆觉》。盖三藏十二部，无非教人明心见性，超出生死。

而此经则义无不赅，指示正修行路，三根可以普修，岂非十二部经之眼目耶？十二部经者，谓一切经中，文相体裁，有十二类也。部者部类，不可作部帙解。其后恐人误会，乃改翻为十二分教。一、修多罗。此云契经，亦云法本。其义有总有别。总则统摄以下十一分，别则专指契经中之长行。二、祗夜。此云应颂，亦云重颂。即长行中，或中或后之偈颂也。三、和伽罗那。此云记别，亦云授记。诸经中，世尊记别诸弟子未来之事者。四、伽陀。此云讽颂，亦云孤起。不依长行而作之颂也。五、优陀那。此云自说。不待请问而说，如阿弥陀经是。六、尼陀那。此云缘起，亦云因缘。世尊说法之因缘也。如诸经之序分，即是此类。七、阿波陀那。此云譬喻。诸经中说譬喻处是也。八、伊帝目多伽。此云本事。说诸弟子过去之事。九、阇陀伽。此云本生。佛说自身过去之事。十、毗佛略。此云方广。诸经中，宣说广大甚深之法者。十一、阿浮陀达摩。此云希法，亦云未曾有。诸经中，宣说最胜殊特之法，及现不可思议之事者。十二、优波提舍。此云论议。分别诸法体性，宣畅契经宗要。或世尊说，或弟子说，皆名优波提舍。详见《大智度论》及《大乘法苑义林章记》。

○丁二 依问正答

是经名大方广圆觉陀罗尼，亦名修多罗了义，亦
名秘密王三昧，亦名如来决定境界，亦名如来藏自
性差别。汝当奉持。

【讲】 此经佛自定名有五：总题唯取其二。于第一
名，又略去三字，以显摄密，举体与宗而立名故。第二名
修多罗了义，正显此经之高尚，于经藏中之了义经也。
第三名秘密王三昧，是动定无碍之三昧，即如幻三昧之
异名耳。谓静观诸法，皆如幻化，于诸法中，一念不生，
即成三昧，名之为定。既知幻已，即起诸幻，以除幻者。
变化诸幻，而开幻众。得大自在名之为王。众生不知，
故称秘密。第四名如来决定境界，决定境界，即是圆觉
清净境也。唯佛独证，亦唯佛独见，故称如来决定。所
以诸佛无不说，诸佛无不护也。第五名如来藏自性差
别，此名如起信之生灭门中，流出差别之性。如来建此
为一经之名者，令知从真既可起妄，返妄便即归真，就路

还家,更无烦希奇仰异。如本经第五章,教以先断轮回根本,示以五性差别,第六章之四种随顺等,皆约生灭门中曲成圆觉之义。此立名之深意焉。最后一句,兼答奉持。谓奉以自利,持以利人。自他两利,皆须因名思义,故教以汝当。

【记】 经名举体与宗,则用在其中。秘密王三昧,实即如幻三昧。众生不了诸法如幻之理,故称秘密。若了得如幻,则密而不密矣。于诸法中,破我法二执,方能一念不生。自利利他,方能得大自在。唯佛独证独见者,降佛以还,不能全证,不能全见,故说唯佛说,护唯佛护。

○丙二　答流通至地

○丁一　至地之由

善男子! 是经唯显如来境界,唯佛如来能尽宣说。

【讲】 唯显如来境界,足见经义不可思议,是佛亲证之秘密藏也。今番为诸菩萨开示者,犹未尽所怀耳。

若欲尽吐所怀,亦唯佛能之。

【记】 流布此教。菩萨之问在第四。今答在第二。所
谓超答也。是佛之秘密藏,故称大陀罗尼门。等觉以下,未
曾亲证圆满境界。唯佛亲证,故唯佛能尽宣说。此经是佛之
境界。依佛修行,焉有不至佛地之理? 故先说佛境界,为答
至地之由。

○丁二 依问正答

若诸菩萨,及末世众生,依此修行,渐次增进,至
于佛地。

【讲】 此超答流布此教至于何地也。前请辞云:云
何使我护持经人? 流布此教至于何地? 今云菩萨众生,
先叙能流布人。依此修行,正叙所流布教。若但云流
布,唯显利他。今佛嘱以依此修行,兼显二利。盖未有
自不利,而能利他者也。渐次增进者,悟然后能修。修
然后能得,自观行以至相似,由相似至以分证,满证,故
云至于佛地也。前云唯显如来境界。此云依之修行至

于佛地。足见前文是至地之由也。

【记】 流通大法,虽多是菩萨。然末世众生,亦当流通。不但释子应流通,即居士亦当流通。特须自己胸中,先明奥义,有把握方可。否则仅知文字,全无实际。一知半解,误人匪浅!万不可冒昧从事,切记切记!世尊云依此修行。可见不是先教吾辈为流通之事。必须先自修。自修是自利,流通是利他。自不修行,决不能利人。儒书云:"其身不正,虽令不从。"若品行不修,戒律不严,自己毫无观行,何能令人起信修行耶? 本经是顿教。理可顿悟,事必渐修。故云渐次增进。我辈于止观法门,能全修最好。不能全修,修一观亦好。若仍不能,则诵经持咒礼拜,皆无不可。

〇丙三　答修习功德

〇丁一　依问正答

〇戊一　法说

善男子!是经名为顿教大乘。顿机众生从此开悟。亦摄渐修一切群品。

【讲】 是经借言显理。理显言忘,不立文字。但一

444

念不生,即名为佛。不依佛位渐次而说,故名顿教。大乘者,大人之所乘也。非声闻缘觉等之境界故。顿机者,多劫修因,未及证果。今生才出头来,一闻千悟,获大总持。顺行,如善财童子,逆行,如央掘摩罗等。皆顿教之机也。开悟者,一闻此经,顿开心地,悟得圆觉,原非他物也。亦摄渐修者,足见此经是圆教义,无机不收。如大海不择众流,无流不入也。

【记】 修习大乘经功德。唯佛能说,余人不能说。盖此功德,口所不能宣,文字所不能形容也。然今则不能不说。不说则末世众生,谁得闻此大乘经,又谁知此经有不可思议之功德耶?顿教教相。一念不生,即如如佛。本非言说可喻。世尊特借言以显理。理既显,即应忘言。须知理仗言显,言却非理,理在言外。故顿机众生,在如来未开口前,即能触处领会。如我辈听经时,能将世界凡情,一切放下,当体即是佛境。此顿教所以不立文字也。大乘者,譬如象马牛之乘。是大力众生所负,一直可以到家,中间并不停息。非如羊鹿之乘可比。若一闻此大乘经教,便悟圆觉妙心,行住坐卧四威仪中,无不与圆觉相应。此乃多劫遇佛闻法,种有大

445

根。故在此末法时,得闻便悟,悟已便修,故云顿机众生。此经以顿教为正义,以渐修为兼摄,故能收摄一切群品。群,众也。品,类也。品类虽有高低不一,未种者可从此而种,已种者可从此而熟,已熟者可从此而脱。善财遍历烟水百城,五十三参,精勤修习,是为顺行,见《华严经》。央掘摩罗顺恶师教,取千指作鬘。佛往度之,说种种偈,顿得开悟,是为逆行,见《央掘摩罗经》。

〇戊二　喻说

譬如大海,不让小流。乃至蚊虻及阿修罗,饮其水者,皆得充满。

【讲】　大海不唯容纳百川,然亦不让小流。可见此经前云顿教。夫顿教不立文字,离诸言说。必藉圆教,始能收机得普。是故教名为顿,义必属圆也。义属于圆,则不惟统摄诸大乘法,乃至小乘人天等法,亦皆普摄故。喻云不让小流。让、辞也。谓辞之不容入也。海必不尔,故曰不让。然海既纳百川,必能潜流四天下地。

而四天下地上,一任凿井疏河,灌园溉地。所有王臣长者,以及庶民象马牛羊等。一一皆取之不尽,用之无竭。乃至蚊虻及阿修罗,饮其水者,皆得充满。约法谓教顿义圆,既能统摄诸大乘法,必能潜流四位因心。而四位因地上,一任生智流辩,说妙谈玄。所有应被之机,一一皆随心应量,取足无穷。乃至六道众生,以及天魔外道等,但有闻法,佛种纳于识田。时至机熟,无有不修因证果者也。

【记】 小流归海,海不拒,亦不溢,此之谓不让。蚊虻,最小之群品也。阿修罗,身形八万四千由旬,最大之群品也。然无不满腹而归。大乘经普摄群机,亦复如是。故能令小乘回小向大,化有为而入无为。人天转世间而出世也。潜流四位因心者,谓此顿教大乘经义,潜流于圆教十信十住十行十回向四位因地心中,无不随机取足也。

○丁二　校量功德

○戊一　施宝校量

善男子！假使有人，纯以七宝积满三千大千世界，以用布施，不如有人闻此经名，及一句义。

【讲】 直解云：世宝盈刹，但资有漏。至理一言，转凡成圣，故功倍天渊。

【记】 此能校量是如来妙辩。其实大乘功德，非言说可以形容。故设事以明之。假使者，假设也。世宝布施，得之者买田园，长子孙，研究学问，维持国家，固然是好。然亦不过人天小果。若得之者反以长其游惰荒嬉，作种种孽，此岂有功德耶？若听此大乘经，莫道未能全听，只要听得经名，且更能听一句义。其功德已盖过前者。此言财施不及法施，世间功德，不及出世功德也。

○戊二　施法校量

善男子！假使有人，教百恒河沙众生，得阿罗汉果。不如有人，宣说此经，分别半偈。

【讲】《直解》云：小果虽多，终无实证。此经半偈，成佛正因,故难为比量。

【记】 此假设之人,大概是自己悟四谛之法,已登辟支佛地位者。教众生证阿罗汉果,了得生死。此已是无漏功德。然小乘虽了生死,未发大悲心。但能自利,不能利他。住于化城,永不能到宝所。何可与成佛正因比数。此言小乘功德,不及大乘功德也。

　　○丙四　答拥护持人

　　○丁一　显当护因

善男子! 若复有人,闻此经名,信心不惑,当知是人非于一佛二佛种诸福慧。如是乃至尽恒河沙一切佛所,种诸善根,闻此经教。

【讲】 初反显当护。闻经名显非闻义。信不惑,显未受持。此人虽福慧不多,便当护持。况于多佛所种诸福慧耶? 如是下,正明当护。谓此人于尽恒河沙一切佛所,种诸善根,闻经资慧。既福慧俱多,尤当拥护。

【记】　护持佛教之人，必具有大信心者。信心并非今世忽有，必由过去种有信根。此信根非从像法末法时代得来，乃在佛世所种。上来闻此经名及一句义，乃自利功德。又宣说此经分别半偈，乃利他功德。须如此自利利他之人，闻大乘经教，始能信而不疑。惑者，疑也。夫不须读经解义，但闻此能诠之经名，即起信心，不生疑惑。当知此人，必是具有大福大慧。有大福，故得闻经名。有大慧，故信而不惑。且遇佛必曾供养，方种福根。必闻说法，方种慧根。然则此人既于过去遇多数佛，何以仍为众生，直至末世，乃始闻名生信乎？须知遇佛闻法，必须发心修行，勇猛精进，方能开大悟，发大心，修大行，证大果。若闻法而犹贪名利，不肯修行，譬之开花而不结果，虽遇多佛，亦属徒然。我辈生此末法之世，既因夙世善根，闻此经教，必须依文会义，因义起修，将世法抛尽，方可成出世之行也。但闻名而不思义，但能信而不能持，则福慧不多。然世尊已称为应当护持，何况亲近恒沙诸佛，福慧众多之人耶？

　　〇丁二　正答当护

汝善男子！当护末世是修行者，无令恶魔及诸外道，恼其身心，令生退屈。

【讲】　先称汝，附称善男子者：显是面嘱当机。令其注意，非浪答也。准前请云：云何使我护持，是直欲自领其事。故世尊应其请而告之曰：汝当护也。末世修行者，佛意以但闻经名，信心不惑，尚是久供多佛，多福多慧。况复末世，得闻是经，依经修行，自他两利者，又非前人之可比拟。故《直解》云：修习此法者，乃慧命所系。若恶魔恼乱生退，则慧命断绝，故当护持也。

【记】　末世众生得闻此经，已属难得。更能依教起修，尤为希有。真可谓火里莲花矣。诸佛菩萨，安得不欢喜？又安得不加以护持！诸君须知，当此末法时代，能出家已甚不易。出家是大丈夫事，非将相所能为。即使其人平庸，或间有一二败类。诸君亦须看佛面，为之护持。若有正知正见精进修行者，更当护持，不待言矣。无论修大乘者当护持，即修小乘者亦当护持。盖末世发心修行者，定有恶魔外道，来相扰乱。外道诱以邪见，恶魔坏其善根。故佛门中，亦有以正教种子而学邪道者。今世并非无佛法,实无弘法之师耳。故世尊告菩萨注意末世修行者,尽力护持,不令退屈。退者向后,屈者半途而止也。

○丁三　奉教护持

○戊一　金刚护

尔时会中,有火首金刚、摧碎金刚、尼蓝婆金刚等八万金刚,并其眷属,即从座起,顶礼佛足,右绕三匝,而白佛言:世尊! 若后末世一切众生,有能持此决定大乘,我当守护,如护眼目。乃至道场所修行处,我等金刚自领徒众,晨夕守护,令不退转。其家乃至永无灾障,疫病销灭,财宝丰足,常不乏少。

【讲】　金刚者,依手中所持之杵彰名,一个个皆执杵故。又其威力,全在于杵,故以杵立其名也。火首,即楞严之乌刍瑟摩。自言化多婬心成智慧火,乃菩萨示现者也。摧碎者,以功用立名。我以宝杵殒碎其首,天魔外道皆畏惧故。尼蓝婆,古师未详翻译,上首八万,眷属不知其数。皆以三业具仪,对佛发愿,卫法护人。有能持此,即指本经。本经为决定大乘,以是如来决定境界。行人持之,其心亦决定故。如护眼目者,显护之最严,即一尘一沙,亦不使有犯故。道场所修行处,如前建立道场,克期修行之处。谓自领徒众,周界旋护。晨夕守护者,昼夜常巡,使魔鬼不敢有犯,自应无有退转。其家,即私宅也。永无灾障等,显人眷安和。财宝丰足等,显门庭富饶。此金刚守护之福也。

【记】 世尊所叮嘱护持,是贤善首菩萨。然贤善首菩萨,尚有许多眷属,即八万金刚等是。有此眷属,方能任护持之责,否则一人何能为力?即如山僧此次讲经,若无众多居士护法,所讲亦难成就,可见护法必得众多之力也。金刚以护法为其本分。八万金刚,以火首为首领者,婬欲火最足坏定,此金刚以观照婬欲之功,能化欲火而成智慧火也。本可证果,自愿居金刚位,护持三宝。尼蓝婆未经译义,当是蓝面金刚。其相粗勇,故仅右绕而未长跪。无论上中下根人,凡能奉持此经而修行者,金刚皆为守护,故用乃至二字括之。

不仅使徒众往护，且自率领以往。令不退转，以上是护持出家人。其家以下，是护持在家人。

〇戊二　诸天护

尔时大梵王、二十八天王，并须弥山王、护国天王等。即从座起，顶礼佛足，右绕三匝，而白佛言：世尊！我亦守护是持经者，常令安隐，心不退转。

【讲】　大梵，是王大千界之主。佛佛出世，愿为请转法轮。二十八天，总指三界诸天。须弥山王即忉利。护国天王即四王。此中既总举三界，又别举忉利四王者，以其有统众之威，能护持故。

【记】　色界第一天，为大梵天。二十八天，即自四天王天至非非想处天也。须弥山王，即忉利天主，又名帝释。护国天王，即四天王，俗呼四大金刚是也。安隐，指身心言。隐字作静字解。在身则四大调和，故安。在心则不起妄念，故隐。既得安隐，自不退转。

○戊三　善神护

　　尔时有大力鬼王,名吉槃茶,与十万鬼王,即从座起,顶礼佛足,右绕三匝,而白佛言:世尊! 我亦守护是持经人,朝夕侍卫,令不退屈;其人所居一由旬内,若有鬼神侵其境界,我当使其碎如微尘。

　　【讲】　吉槃茶,可畏鬼也。食人精气,其疾如风,变化无端。住于林野,管诸鬼众,故号为王。不属人天,单居鬼趣。一由旬,四十里也。守护方隅,其场围如此。

　　【记】　大力鬼王具有天眼天耳神足等通。阿修罗王,即其死后所化。能与诸天争权,可见若无佛法出世,此等鬼王,必不能发心护法,而扰乱世界矣。大力鬼王,是治鬼之王。天魔外道,非彼所管。

　　○乙四　总结流通

455

佛说此经已，一切菩萨、天龙鬼神八部眷属，及诸天王梵王等一切大众，闻佛所说，皆大欢喜！信受奉行。

　　【讲】　佛本无说，何尝有已。今约一期事竟，名为已也。世尊说法，随处皆有常随之众。谓如舍利弗等四众弟子，内护众也。佛法赖斯传故。天龙八部鬼神，外护众也。大法仗其护故。今经了义大乘，主伴说听，皆在定中。名为独菩萨法。故经序列众中无二乘名。以非彼二人境界故。即有金刚诸天鬼神等众，只好于空中隐形不露。密受其益，至今说听既终，一期事讫，彼等乘愿护法，出众具仪，对佛发愿，护教卫人。所以结集者最后提出。足见平等法会，真俗融通，不可思议！非凡情所可拟度者也。

　　【记】　内护法者，护持说法之人。佛法正传，唯僧是赖，故说法须仗出家人。若居士弘扬教乘，亦可讲经。唯切不可升坐高座，只可平坐。外护众者，护持所传之法。今当末世，天龙鬼神等，虽来护法。然非肉眼所能见，故护持佛法，又必藉居士之力。居士内蕴慈悲，不妨外示威德。故世尊当涅槃时，嘱付国王大臣护法，即是此意。此会皆是菩萨众，而经末特标大众者，显是平等法会，不可思议也。山僧持诵此经，经三十余年。最初并非真发大心。不过因见经中有财宝丰足常不乏少二语，方始发心诵持。在出家人虽不图富厚，然亦须四事具足，庶可安心修道。迨至诵持既久，渐能依文会意。直到今日，且能对诸居士说此经教。是不但财宝丰足，即法宝亦复丰足。可见诵持大乘经之功德，不可思议。诸君勉之！按大师此节，现身说法。意在使听者心生欣羡，引之入道。纯是一片悲心。读者幸勿误会，记者识。诸经之末于信受奉行下，常有作礼而去一语。此经独无者，因此会乃定中说法。诸菩萨等皆入三昧，同住如来平等法会。来既未尝来，则去亦无所去也。结集人不安此句，亦有深意。凡一法会，必有四众。四众者，不仅指出家之比丘比丘尼，在家之优婆塞优婆夷也。一、发起众。即发起此会之人也。二、影响众。谓多年老参，为新学之影响，彼新学见其来而亦来者也。三、当机众。即闻法而能明其理者也。四、结缘众。虽听而不明其理，不过结缘而已。佛说此经，大众皆大欢喜，信受奉行。今山僧既将此经大体说讫，望诸君亦当皆大欢喜，发菩提心，自利利他。使未读者能读,已读者能信受奉行也。讲经听经,皆有功德。此种功德,将归诸谁?是宜回向西方,普愿法界众生,同归极乐净土,同发大心,同修大行,同证大果,则我愿成就,诸居士之愿亦成就矣!

愿此以功德　回向于净土　上报四重恩　下济三途苦
若有见闻者　悉发菩提心　尽此一报身　同生极乐国
弘经功德殊胜行　无边胜福皆回向　普愿沉溺诸众生
速往无量光佛刹　十方三世一切佛　一切菩萨摩诃萨
摩诃般若波罗密

弟子　妙煦、显觉、显琛　手录。

跋（一）

　　自戊午年北京发起讲经会，请宁波观宗寺，谛闲大师开讲《圆觉》大经。大师于讲义之外，称性而谈，别多发挥。维乔与江味农、黄少希二君，按日手录。而由江君编纂成篇，随时呈大师印可，锡名《圆觉亲闻记》，与大师之讲义，别本刊行，亦既有年。读大师之讲义者，罔不以亲闻记参互对观，而咸谓别本单行为不便。维乔等亦拟汇编成书，以便学者。尘俗牵掣，卒卒无须臾之闲，从事于兹，良用内疚！丁卯之秋，海盐徐君肇华兄弟，为其祖母升西祝福，发愿刻经，请于大师，应刊何种。大师指示刊印《圆觉经》讲义、亲闻记汇编。徐君蔚如以编校之責,嘱托维乔。此固维乔之夙愿也。因于戊辰之冬,竭数月之力以成之。唯此编间有数处,删节繁文岐义,与单行本略有出入。至次序之未顺,字句之讹舛者,皆一一厘定而更正之。书成名曰《大方广圆觉修多罗了义经讲义附亲闻记》以示虽汇成一编,仍不失原书本来面目之意云尔。民国十八年岁在己巳孟夏,蒋维乔法名显觉谨跋。

跋（二）

自大法东流，建立教观，至天台而始备。顾智者大师谈玄说妙，若无章安为之记，则后之人虽欲闻法，孰从而闻之？谛闲大师，台宗嫡子。乙卯之岁，宣讲《首楞严经》于都下。都人士闻风兴起，不可胜数也。人事变迁，忽忽三载。曩时曾预法筵，若未预法筵者，靡不渴仰圆音，伫闻明诲。爰于丁巳之冬，发起戊午讲经会。次年春，霬承同人委托，亲迓师甬江。师年六十一矣，又方示疾。鉴其诚意，慨然许诺。孟夏之月，航海达京师。开讲《圆觉》大经于江西馆。手草讲义数万言，亦既彰彰在人耳目。而当宣讲时，就"讲义"中一句一义，触类引申，乐说无碍。江君味农、蒋君竹庄、黄君少希，日依座下，弶笔为之记。视讲义又数倍之。择其尤要者，编次成书。呈师印可,命名曰《圆觉亲闻记》,与"讲义"并行于世。盖用力至劬矣。霨窃维陈隋之季,《圆觉》大经,未入中土。天台承南岳之传,盛弘止观,咸与是经合。唐代是经译成,贤宗圭峰大师撰《大疏》、《略疏》,又各为之钞。由是此经若为贤宗独弘之经。台宗疏解,传者盖寡。师奉斯经为日课,历数十年如一日。出其心得,依天台家法阐扬之。如释二十五轮,用《摩诃止观》圆接别别接通之说,多发前人所未发。至于抉剔迷妄,指导修途,恳切独到之处,精深圆妙。非独与圭峰疏钞,足以互相发明,即天台教观,亦因之而益显。讲义所未及载者,又得是编为之辅。学者合而观之,不翅亲承大师謦欬,弘扬大化。师之愿与三君子之愿,交光相罗,如宝丝网。辗转开导,无有既极。盛矣哉!近百年来,贤宗久不振。独天台一宗,犹如杲日丽空,普照大地,实赖吾师。而师说法之妙,得三君子而愈彰;则师之得三君子,何异智者之有章安哉?霨幸获预校勘之役,不揣固陋,敬识数语,以志钦仰。戊辰仲秋浙西徐文霨谨跋

补跋

　　大师于戊午讲经会自编《圆觉经讲义》。会中蒋维乔_{显觉}、江味农_{妙煦}、黄少希_{显琛}三君随闻记录,又出《圆觉经亲闻记》。分在商务印书馆及佛学书局印行。后蒋维乔居士奉大师命将"讲义"与"亲闻记"汇编,由徐文霏居士刻木板印行,本颇完善,今据此编订。(据扬州宛虹桥众香庵板)

　　　　　　　　　　　　　　　　　　　　　　倓虚